Wolfgang Berger · Business Reframing

Wolfgang Berger

Business Reframing

Das Ende der Moden und Mythen im Management

GABLER

Die Deutsche Bibliothek – CIP-Einheitsaufnahme

Berger, Wolfgang:
Business reframing : Das Ende der Moden
und Mythen im Management / Wolfgang Berger. –
Wiesbaden : Gabler, 1996
ISBN 3-409-18895-9

Der Gabler Verlag ist ein Unternehmen der Bertelsmann Fachinformation.

© Betriebswirtschaftlicher Verlag Dr. Th. Gabler GmbH, Wiesbaden 1996
Lektorat: Ulrike M. Vetter

Das Werk einschließlich aller seiner Teile ist urheberrechtlich geschützt. Jede Verwertung außerhalb der engen Grenzen des Urheberrechtsgesetzes ist ohne Zustimmung des Verlags unzulässig und strafbar. Das gilt insbesondere für Vervielfältigungen, Übersetzungen, Mikroverfilmungen und die Einspeicherung und Verarbeitung in elektronischen Systemen.

Höchste inhaltliche und technische Qualität unserer Produkte ist unser Ziel. Bei der Produktion und Verbreitung unserer Bücher wollen wir die Umwelt schonen: Dieses Buch ist auf säurefreiem und chlorfrei gebleichtem Papier gedruckt. Die Einschweißfolie besteht aus Polyäthylen und damit aus organischen Grundstoffen, die weder bei der Herstellung noch bei der Verbrennung Schadstoffe freisetzen.

Die Wiedergabe von Gebrauchsnamen, Handelsnamen, Warenbezeichnungen usw. in diesem Werk berechtigt auch ohne besondere Kennzeichnung nicht zu der Annahme, daß solche Namen im Sinne der Warenzeichen- und Markenschutz-Gesetzgebung als frei zu betrachten wären und daher von jedermann benutzt werden dürften.

Umschlaggestaltung: Schrimpf und Partner, Wiesbaden
Satz: FROMM MediaDesign GmbH, Selters/Ts.
Druck und Bindung: Wilhelm & Adam, Heusenstamm
Printed in Germany

ISBN 3-409-18895-9

Allen Kindern dieser Welt gewidmet:
„Wenn du zwischen tausend Bäumen verloren bist,
suche nicht den Wald.
Warte, bis der Wald dich findet."

David Whyte
The Boeing Company
Seattle, Washington

Vorwort

„Albert Einsteins gefeierte Gleichung sagt uns, wie wir mit Hilfe der Lichtgeschwindigkeit jeder Masse einen Energiewert zuordnen können", doziert Murray Gell-Mann, Teilchenphysiker und Nobelpreisträger, der für Jahrzehnte die Forschungsthemen der Physik dominiert.

„Rock 'n' Roll, Dinosaurier und Innovationnen nennt Tom Peters das in seinen berühmten Schimpforgien", meint mein Tischnachbar von Ciba-Geigy unter Anspielung auf dessen Managementtrainings-Show „Teaching Elephants to Dance" (Elefanten das Tanzen beibringen).

„Der Tanz von Elementarteilchen und Molekülen schafft Materie und Leben, die Bewegung von Lebewesen und Gestirnen schafft Evolution, und das Tempo der Explosion des Universums schafft Komplexität", bestätigt Francisco Varela, Neurologe und Forschungsdirektor der École Polytechnique de Paris (Technische Universität von Paris).

„Komplexitätsmanagement verbindet die Neurologie mit der Physik", erkennt Mary Cirillo, Vizepräsidentin von Citicorp: „Bei unserem Tempo entspricht jeder Energiewert einer bestimmten Masse – einem bestimmten Gewinn."

„Tempo *ist* das Entscheidende", zitiert ein McKinsey-Partner Eberhard von Kuenheim, den Aufsichtsratsvorsitzenden von BMW: „nicht die Großen besiegen die Kleinen, sondern die Schnellen fressen die Langsamen."

„Es geht nicht ums Fressen", kontert Howard Sherman, Philosophieprofessor und Präsident der Dion Corporation, „es geht um unsere Entwicklung. Die Schöpfung ist nicht abgeschlossen, *wir* entwickeln sie täglich weiter."

„Dabei kann Tempo aber Wunder produzieren", sagt John Holland, Informatiker an der Universität von Michigan: „Wenn ein Affe mit Lichtgeschwindigkeit an einer Tastatur herumspielt, kommen dabei irgendwann *zufällig* die Werke von Shakespeare heraus."

„In New Mexico haben wir einen Affen gezüchtet, der schon nach vier Wochen an der Tastatur die gesammelten Werke von Shakespeare reproduziert hat", schmunzelt Christopher Langton, Biologe und Leiter des Forschungsprogramms Künstliches Leben am Santa-Fe-Institut. Und er fügt hinzu: „Wir haben ihn getötet, weil das nicht sein darf."

„Um Himmels willen, warum haben Sie das getan?" ruft der General der United States Air Force, „Sie hätten ihn an uns verkaufen können!"

„Ein Affe hätte Ihre Probleme nicht gelöst", beruhigt Arie de Geus, ehemaliger Shell-Direktor, „auch er kennt den richtigen Weg nicht."

Und dann zitiert David Whyte, Poet und Berater des Boeing-Vorstands, einen Satz aus seinem neuen Lyrikband, der mich seitdem verfolgt: „There is no path. You lay down a path in walking." (Einen Weg gibt es nicht. Wenn wir gehen, breiten wir einen Weg aus.)

Dies ist eines von vielen Gesprächen, die Manager aus allen Teilen der Welt mit Naturwissenschaftlern und Philosophen geführt haben: auf der „London Conference on Complexity and Strategy" (Londoner Komplexitäts- und Strategietagung) im Mai 1995. Meine Aufzeichnung ist ein Gedächtnisprotokoll, fast ein Jahr später erstellt. Ich kann nicht garantieren, daß die Zitate präzise und den einzelnen Teilnehmern immer korrekt zugeordnet sind.

Nach der Tagung habe ich einen halbjährigen Forschungsaufenthalt in den Vereinigten Staaten vorbereitet. Aktuelle Forschungsergebnisse der Neurologie, der Physik, der Philosophie, der Linguistik und der Biologie versöhnen den Rationalismus mit der Mystik. Auf der Grundlage dieser neuen Erkenntnisse muß das Management radikal verändert, ganz neu erfunden werden.

Die Kernaussagen dieser Revolution sind in zehn Thesen verpackt, die der herrschenden Lehre widersprechen und zur Auseinandersetzung einladen – oder zur Besinnung. Jeder These ist ein Kapitel gewidmet.

Lake Tahoe, Sierra Nevada, USA   WOLFGANG BERGER
August 1996

Inhalt

Vorwort — 7

1. Mythen sind Moden im Management — 11
2. Integrität ist das einzige Tor zum Erfolg — 33
3. Unternehmen sind nicht für den Markt da — 55
4. Erfahrung ist nicht übertragbar — 77
5. Sachkonflikte gibt es nicht — 99
6. Organisatorische Macht ist wirkungslos — 111
7. Planung ist Dummheit — 133
8. Mitarbeiter sind Resonanzkörper — 155
9. Unternehmer sind Neuronenkraftwerke — 177
10. Visionen sind stärker als Dynamit — 199

Literatur — 211

Der Autor — 231

1 Mythen sind Moden im Management

In alten Zeiten regierte der mächtige König Agram ein großes Reich. Sein Volk lebte in Frieden, Freiheit und Fülle. Eines Tages fiel Agram vom Pferd und brach sich beide Beine. Den Ärzten gelang es nicht, die Brüche so zu heilen, daß Agram ohne Krücken laufen konnte. Da verlor er alle Lebensfreude und vernachlässigte die Staatsgeschäfte. Eine Versammlung der Ältesten beschloß deshalb, aus Solidarität mit dem König für jedermann das Gehen an Krücken vorzuschreiben.

Im Laufe der Jahre wurde das Krückengehen so normal, daß es dem Volk seine Identität gab und sich nur noch wenige ein Leben ohne Krücken vorstellen konnten. Diese wenigen begannen zu ahnen, daß nur der glücklich sein kann, der die Krücken wegwirft und lernt, auf zwei Beinen zu laufen. Die Sehnsucht nach einer noch unbekannten Freiheit läutete ein neues Zeitalter ein, in dem das Krückengehen durch eine neue Disziplin abgelöst wurde: „leanes" Laufen.

Die Ökonomie stellt den westlichen Managern ein überschaubares und handhabbares Krückenarsenal zur Verfügung, mit dem diese laufen und ihre Unternehmen führen können. Die Produktionsprozesse sind optimiert, das Marketing ist professionell, das Controlling schaut hinter die Kulissen, Personalpolitik und Organisation sind schlagkräftig, die Unternehmensstrategie weist in die Zukunft.

Und dann kommen asiatische Unternehmer und erzielen in Branchen, in denen sie Ehrgeiz entwickeln, bei ähnlicher Qualität und vergleichbarem Personalkostenanteil einen Kostenvorteil von etwa 40 Prozent. Die im Jahre 1990 veröffentlichte Untersuchung der weltweiten Autobranche durch das Massachusetts Institute of Technology wirbelt die satte westliche Welt durcheinander.

In Amerika und Europa werden die Krücken nun so stabil gebaut, daß die Mitarbeiter damit tanzen können. Die von John P. Kotter hierfür intonierte Melodie „The Management of Change" (Das Management von Veränderungen) verkürzt die Halbwertszeit von Rezepten zur Anpassung der Unternehmen an veränderte Bedingungen. Mode kehrt in das Management ein; nicht im Sinne von Freude durch Abwechslung wie bei Kleidern und Kaffeetassen, sondern in seiner lateinischen Urbedeutung „modus" (das rechte Maß einer Zeit):

- Gemeinkostenwertanalyse und Management-Kybernetik sind die Management- und Consultingmoden des Jahres 1989.

- Lean Production und Chaos-Management sind die neuen Konzepte im Jahre 1990.

- 1991 heißen die Innovationen Lernende Organisation, Just-in-time und Kaizen.

- Zen-Management, Systemisches Management, Evolutionäres Management und Liberation Management folgen 1992.

- Reengineering, Komplementäres Management und Total Quality Management erscheinen 1993.

- Die Fraktale Organisation und das Visionäre Management kommen 1994 auf den Markt.

- Die neuen Modetrends 1995 heißen Empowerment und Dialogmanagement.

- Generatives Management und Transformationsmanagement sind es 1996.

- Complexity Management ist für 1997 im Schüttelbecher, der noch viel durcheinanderwirbeln muß, damit die Not es notwendig macht.

In dem bunten Strauß der Problemlösungsrezepturen ist Substanz von elegant etikettierter Verpackungskunst schwer zu unterscheiden. Wenn es Substanz ist, bringen die Umbrüche, die sie auslösen, dem Innovator Pioniergewinne. Da aber Unternehmen in offenen Gesellschaften durchsichtig sind, stürzen sich sogleich Heerscharen von Beobachtern und Beratern auf die Erfolgsgeheimnisse und vermarkten sie.

> Die Übertragung eines Erfolgsrezepts auf ganze Branchen oder Wirtschaftsräume führt zu gleichförmigen Strategien. Unternehmerischer Erfolg durch strategische Differenzierung ist dem einzelnen Unternehmen so nicht mehr möglich.

Abnehmender Grenznutzen läßt den Einsatz eines neuen Managementkonzepts zur Filigranarbeit werden. Imitation macht Überleben zur Maloche. Der Lebenszyklus neuer Krücken und Konzepte, die Saison der Mythen und Moden im Management, welche die Unternehmen überrollen, wird immer kürzer. Und weil die neuen Probleme, die an jedem neuen Konzept kleben, ohne fremde Hilfe kaum lösbar sind, bewirken diese Modewellen dreierlei:

- sie schaffen ein Maß an Komplexität, das Unternehmen schwer führbar, Staaten schwer regierbar und unser Leben schwer lebbar macht – wir leben nicht, wir werden gelebt;
- sie wirbeln Unternehmen, Institutionen und Organisationen durcheinander, verunsichern ihre Mitarbeiter und setzen die Führungskräfte einem Druck aus, der an Selbstzerfleischung grenzt;
- sie begründen eine langfristige Abhängigkeit von der Gutachter- und Beraterzunft und erfüllen damit wohl ihren tieferen Zweck.

Dem Pionier bleibt nur noch ein kleiner relativer Vorteil, weil er mit den neuen Krücken schon geübter ist, weil er auf seiner Erfahrungskurve mit dem neuen Konzept schon etwas weiter gerobbt ist – ein schwacher Trost für den Schweiß, die Risiken und die Tränen, die mit Managementinnovationen verbunden sind. Nach einer Bemerkung von André Gorz bleibt für den ganz großen Durchbruch dann nur noch eines: „Management by Stress".

Der Begriff „Management" ist von dem lateinischen „manum agere" abgeleitet: jemanden an der Hand führen. Auf Krücken läuft sich's schlecht alleine. Erich Gutenberg nennt diese Führungsfunktion „dispositiven Faktor": die Produktionsfaktoren Arbeit und Kapital werden von ihm disponiert. Der disponierende Faktor ist das Subjekt, die disponierten Faktoren sind die Objekte; so wie in der Wissenschaft der Forscher Subjekt und der Forschungsgegenstand sein Objekt ist.

Im östlichen Denken sind Subjekt und Objekt nicht klar unterschieden. Im westlichen Denken hat René Descartes das Objekt vom Subjekt getrennt und dadurch den Manager über die Produktionsfaktoren gestellt, den Wissenschaftler über den Forschungsgegenstand. Wissenschaftler und Manager sind von ihren Objekten unabhängig und können nun auf der Basis objektiver Wahrheit objektive Entscheidungen treffen. Seitdem erhebt die Wissenschaft den Anspruch auf Unfehlbarkeit – wie zuvor allein die Religionen.

Seit der Erfindung der Objektivität sind im Namen der Wissenschaft gefällte Entscheidungen definitionsgemäß richtig – wie zuvor allein die Entscheidungen der Kirche im Namen Gottes. Um Konflikte mit der mächtigen und unfehlbaren Römischen Kirche zu umgehen, wird das Revier der abendländischen Wissenschaft dreifach eingezäunt:

▶ Jedes meßbare Phänomen kann grundsätzlich auf eine ebenfalls meßbare Ursache zurückverfolgt werden. Die Uhr darf auseinandergenommen werden; die Frage nach den Beweggründen des Uhrmachers bleibt in geistlicher Hand.

▶ Nur meßbare Ergebnisse sind wissenschaftlich relevante Ergebnisse. Die physikalisch nicht erfaßbare Metaphysik, also die Welt jenseits der Physik, bleibt in der Zuständigkeit der Kirche.

▶ Die Wissenschaft ist mit dem Geschehen, das sie beobachtet, nicht verbunden. Beziehungen zwischen Subjekt und Objekt werden ausgeklammert und der Kirche überlassen.

Diese Einschränkungen sind in den vergangenen Jahrhunderten kein Nachteil. Naturwissenschaftliche Erkenntnisse führen zu technischen Erfindungen, die die Welt verändern. Technische Erfindungen sind die Grundlage vieler Unternehmensgründungen. Die industrielle Revolution ist das Ergebnis einer Synthese der neuen Autorität der Wissenschaft und praktischer Managementkompetenz. Die Wissenschaft zeigt, wie die Welt funktioniert. Der Manager übersetzt dieses Wissen in Produkte und Verfahren, Problemlösungen und Vorgehensweisen, Organisationen und Strategien.

Im Rationalismus gibt es ein Richtig und ein Falsch; es muß sich beweisen lassen, nach Karl Popper falsifizierbar sein. Und für den Fall, daß es doch ein Vielleicht ist, hat die Mathematik das wunderbare

Konzept der Wahrscheinlichkeit erfunden, das auch das Vielleicht quantifiziert.

Dieses Denken wird als linear bezeichnet. Die Welt der klassischen Physik ist linear: Isaac Newtons Universum ist ein großes mechanisches Regelwerk. Wenn wir auch jetzt seine letzten Geheimnisse noch nicht erforscht haben, so ist es doch nur eine Frage der Zeit, bis wir alles verstehen.

> Lineares Denken geht davon aus, daß jede Wirkung eine Ursache hat und daß wir die Ursache ändern müssen, wenn uns die Wirkung nicht gefällt.

Auch die Wirtschaftswissenschaft denkt linear. Sie entwickelt Modelle, deren Funktionen mit Daten gefüttert werden, und errechnet das Optimum. Die Ökonomie ist eine Optimierungslehre, die uns lehrt, entweder mit einem gegebenen Einsatz das maximale Ergebnis zu erzielen oder zu einem gewollten Ergebnis mit dem minimalen Einsatz zu kommen. Keynesianische und neoklassische Wirtschaftspolitik – die Antipoden wirtschaftspolitischer Weltanschauungen – unterscheiden sich in der Art ihrer linearen Funktionen, nicht aber im Prinzip der Linearität selbst. In letzter Konsequenz denken alle „Linearisten" wie Alfons X., der – wie er meint – guten Rat hätte geben können, hätte Gott ihn bei der Erschaffung der Welt konsultiert.

Das auf linearem Denken begründete Selbstbewußtsein von Naturwissenschaftlern und Managern wird von zwei Seiten her angegriffen: Zum einen ist nicht sicher, ob es zwischen Ursache und Wirkung eine eindeutige und klare Beziehung gibt. Die Quantenmechanik von Werner Heisenberg hat Wirkungen von ihren Ursachen „abgekoppelt" und die mechanischen Beziehungen in Newtons berechenbarem Universum zu einem Sonder- oder Ausnahmefall erklärt. Der Regelfall ist nach Heisenberg nicht nur unbestimmt, sondern auch unbestimmbar.

Unsere Alltagserfahrung im Management ist oft, daß wir nicht die Wirkungen erzielen, die wir beabsichtigt haben; daß die Dinge uns entgleiten; daß wir die Kontrolle über das verlieren, was geschieht.

Zum anderen ist nicht sicher, ob die Wirkung immer nach der Ursache kommt. Albert Einstein hat Raum und Zeit relativiert. Von einer höheren Dimension aus gesehen ist Zeit, wie wir sie erleben, gleichzeitig. Unser Zeitbegriff entspricht dem, was Sie gerade tun: Sie lesen dieses Buch, Seite für Seite, nacheinander. Eine höhere Dimension erfaßt Zeit – also die Summe von Vergangenheit, Gegenwart und Zukunft – nicht als Nacheinander, sondern als Einheit; sie erfaßt also das gesamte Buch, das Sie vor sich haben, gleichzeitig.

> Unsere Alltagserfahrung im Management legt manchmal nahe, daß Wirkungen sich ihre Ursachen suchen; daß ein Ergebnis, das kommen soll, die Kausalitäten so gestaltet, daß es sich selbst verwirklicht.

Wenn die Beziehungen zwischen Ursache und Wirkung derart ins Wanken geraten, sprechen wir von nichtlinearen Beziehungen. Die Mathematik versucht, diese durch nichtlineare Funktionen zu beschreiben.

Für die Wirtschafts- und Managementlehre hat John R. Hicks schon vor Jahrzehnten vorausgesagt, daß bei Nichtlinearität vom größeren Teil der ökonomischen Theorie nur noch ein Scherbenhaufen übrigbleibt. Weil es keine eindeutigen theoretischen Lösungen gibt, kann die Wissenschaft dem Management nicht mehr sagen, was wirtschaftlich von Vorteil ist und was von Nachteil.

Thomas S. Kuhn zeigt, warum unsere heile lineare Welt aus ihrem Dornröschenschlaf geweckt wird. Er erklärt es mit dem von ihm geprägten Begriff des Paradigmas. Ein Paradigma ist eine Grundüberzeugung, die das Fundament unserer Arbeit ist, von uns nicht überprüfbar und nicht antastbar, gleichsam ihre implizite Voraussetzung. Der wissenschaftliche Pragmatismus zu Beginn des Rationalismus, das taktische Kalkül der Revierabgrenzungen mit der Kirche, hat sich zu einem Paradigma verfestigt, zur Grundlage unserer Wissenschaft und unseres Managements.

Von einem wissenschaftlichen Paradigma abfallen heißt, die Wissenschaft, die sich durch dieses Paradigma definiert, nicht mehr betreiben. Von einem Managementparadigma abfallen heißt, das, was ein

Manager tut, nicht mehr tun. Damit ist der Wissenschaftler kein Wissenschaftler und der Manager kein Manager mehr.

> Solange die Mathematik definiert, daß zwei parallele Geraden sich nicht schneiden, ist jemand, bei dem sie sich doch schneiden, kein Mathematiker. Und solange das Management der Auffassung ist, daß ein Manager Vorgesetzter ist, ist jemand, der kein Vorgesetzter ist, kein Manager. Ein Mathematiker oder ein Manager, der das Paradigma seiner Zunft aufgibt, gibt sich selber auf und ist dann irgend etwas anderes.

Ein Paradigma aufgeben ist ein Akt der Zerstörung der Welt, die durch das Paradigma geschaffen und erhalten wird. Die Zerstörung schafft aber auch Raum für ein neues Paradigma und eine neue Welt.

Wenn Sie dieses Buch, das Sie in Händen halten, loslassen, fällt es zu Boden. Wegen der Schwerkraft? Niemand hat Schwerkraft je gesehen, niemand hat sie je empirisch nachgewiesen. Die Physiker haben das Elementarteilchen Graviton, das sie bewirken soll, nicht gefunden; seine Existenz ist eine plausible Gedankenkonstruktion, mehr nicht.

Deshalb mache ich Ihnen einen anderen Vorschlag: Dieses Buch ist der Mittelpunkt unseres Universums. Der Mittelpunkt des Universums kann durch Sie nicht verändert werden. Wenn Sie dieses Buch also fallenlassen, bleibt es trotzdem der Mittelpunkt des Universums. Daraus folgt, daß die Erde ihm einen Meter entgegengesprungen ist. Sie können mich nicht widerlegen, denn auf der Basis meines Paradigmas beweist die dem Buch entgegenspringende Erde meine Theorie.

Die Gravitation ist ein Modell, das vieles erklärt. Aristoteles hat ein anderes Modell, das erklärt, warum das Buch auf dem Boden landet und nicht an der Zimmerdecke: Der Kosmos besteht aus den vier Elementen Erde, Wasser, Luft und Feuer. Dies entspricht den vier Aggregatzuständen der modernen Physik: dem festen, dem flüssigen, dem gasförmigen und dem sehr heißen Plasmazustand.

Neben diesen vier kosmischen Elementen gibt es bei Aristoteles noch die „quinta essentia" (das fünfte Element) – die Quintessenz, aus der der Stein der Weisen besteht. Über die fünfte Essenz kann jedes

Element in jedes andere verwandelt werden; also auch in Gold, wie es die Alchimisten versucht und die Zauberer in alten Märchen tatsächlich geschafft haben. Dem entspricht in der modernen Physik ein kohärenter Zustand, bei dem die Atome „im gleichen Rhythmus" vibrieren. In diesem Zustand ist die „Essenz" transparent und setzt durchfließendem Strom keinen Widerstand entgegen, besitzt also die Supraleitfähigkeit.

Bei Aristoteles hat jedes Element die ihm eigene Tendenz, zu seinem Ursprung zurückzukehren. Der Ursprung für alles, was von der Erde genommen ist, ist die Erde. Das irdische Material dieses Buches will deshalb zur Erde zurückkehren. Das gleiche gilt für das irdische Material unseres Körpers. Auch er fällt zu Boden und nicht in den Himmel. Wir finden diese Vorstellung primitiv und sehen nicht, daß zukünftige Generationen unser Gravitationsmodell ebenso beschmunzeln werden, nachdem sie erkannt haben, wie primitiv es ist.

Die industrielle Revolution hat das Gravitationsmodell nicht gebraucht. Noch im 19. Jahrhundert glauben die Chemiker, daß gegenseitige Affinität die elementaren Atome zusammenhält: Silber löst sich in Säure auf, weil Säure die Silberteilchen stärker anzieht als die Teilchen der gelösten Substanz sich gegenseitig anziehen. Auch mit diesem Modell läßt sich im Hochofen Stahl gewinnen, eine Dampfmaschine konstruieren und ein Motor entwickeln.

Vielleicht hätte das antike Modell sogar Flugzeuge zugelassen; nicht jedoch die Raumfahrt oder die Landung auf einem anderen Himmelskörper. Diese setzt die Befreiung von der Affinität zur Erde voraus, die irdischem Material nach dem Paradigma des Aristoteles nicht möglich ist. Eine Mondlandefähre muß danach aus Material gebaut sein, das vom Mond genommen ist. Da es uns aber nicht möglich ist, Material vom Mond zu nehmen, ohne zuvor auf ihm gelandet zu sein, ist eine Mondlandung unmöglich.

Dinge, die uns nicht möglich sind, können wir nicht unternehmen. Wir sind in unseren Paradigmata gefangen. Erst Newtons Gravitationsparadigma macht die Landung auf anderen Himmelskörpern möglich. Der Rest ist Ingenieurskunst, die sich früher oder später entwickeln muß, wenn das, was sie anstrebt, denkbar, das heißt durch Denken möglich, geworden ist.

> Ein neues Paradigma ist weder besser noch schlechter als ein altes. Es ist einfach nur neu; es eröffnet neue Möglichkeiten und versperrt alte.

Anthropologen haben zu klären versucht, warum die Hopiindianer Regenzeremonien veranstalten, und keine zufriedenstellenden Gründe gefunden. Niemand hat je eine Hypothese geprüft, nach der die Hopiindianer Regenzeremonien veranstalten, weil sie funktionieren – weil sie Regen bringen. Da das nach unserem Paradigma nicht möglich ist, kann es nicht erforscht werden. Sie schmunzeln?

Was treibt uns in ein neues Paradigma? Im dritten Jahrhundert vor Christus entwickelt Aristarchos ein heliozentrisches Weltmodell und nimmt damit Kopernikus vorweg. Da das geozentrische Modell keine Mängel hat, wird er nicht ernst genommen.

Das Ptolomäische System sagt die veränderlichen Positionen von Fixsternen und Planeten exakt voraus. Doch mit jeder neuen astronomischen Entdeckung wird es komplizierter und schließlich kaum noch handhabbar. Das ist die Krise der Astronomie, in der die Zeit für Kopernikus reif ist. Sein Modell macht plötzlich alles sehr einfach und reduziert die zuvor nicht mehr beherrschbare Komplexität auf ein Maß, mit dem wir fertig werden. „Easy is beautiful" (einfach ist wunderbar). Es ist nicht nur wunderbar, es ist auch wahr: Krisen sind die Hebammen der Evolution.

Die Geophysik lehrt, daß Ebbe und Flut von der Wirkung der Mondmasse auf die Erde abhängen. Aber auch das ist falsch. In Wahrheit pulsiert die Erde im Rhythmus von Ebbe und Flut; sie hebt und senkt nicht das Wasser, sondern den Boden der Meere und sämtliche Kontinentalmassen. Wie eine menschliche Lunge dehnt sie sich aus und zieht sich anschließend wieder zusammen. Der Mond trägt zu dem Atmen der Erde nicht bei. Er ist lediglich ein Zeitmesser, der anzeigt, wann unser Planet sich wie verhält.

Die Geophysik befindet sich in dieser Sache in keiner Krise und bleibt beim Mondmodell der Gezeiten. Sich die Erde als Organismus zu denken könnte Folgen haben, die unbequem sind. Auch der Floh im Elefantenfell meint, alles, was lebt, müsse so hüpfen wie er.

Der Mond taugt als Verursacher von Ebbe und Flut wie Störche als Überbringer kleiner Babys. In manchen Gegenden der Welt klären Eltern ihre Kinder mit einer Geschichte auf, die sich beweisen läßt: Für die letzten 100 Jahre ist nachgewiesen, daß die Population der Störche in Schweden sich ebenso entwickelt hat wie die Zahl der neugeborenen Babys in diesem Land. Statistiker sagen von zwei Zahlenreihen mit gleichförmigem Verlauf, daß sie korrelieren. Korrelation läßt eine Abhängigkeit vermuten. Da Babys zu klein sind, um Störche zu züchten, wird es wohl umgekehrt sein. Aber es ist eine Scheinkorrelation. Sowohl Storchpopulationen als auch Geburtenraten hängen vom Grad der Industrialisierung ab.

Der Wechsel eines Paradigmas ist so schwer, weil sich niemand freiwillig selbst aufgibt; auch nicht in der Krise. Wenn also eine Krise das bisherige Paradigma in Frage stellt, kündigen keineswegs Fanfaren dessen Überprüfung an. Im Gegenteil: das alte Paradigma wird zur Existenz- und Seinsgrundlage erklärt. Ketzer werden in Kreuzzügen verfolgt; wo es machbar ist, mit physischer Gewalt, und wo das nicht machbar ist, mit administrativer oder wirtschaftlicher Gewalt.

> „Eine neue wissenschaftliche Wahrheit pflegt sich nicht in der Weise durchzusetzen, daß ihre Gegner überzeugt werden", schreibt Max Planck, „sondern vielmehr dadurch, daß ihre Gegner allmählich aussterben."

Wir können drei Phasen der Reaktion auf eine solche Krise unterscheiden. In der ersten Phase werden die Schwierigkeiten geleugnet: „Der Deich ist dicht, Wasser ist nicht eingedrungen", wer es nicht glaubt, wird in die Berge verbannt. In der zweiten Phase ist der Deich gebrochen und die Flut überschwemmt das Land. Leugnen funktioniert nicht mehr. Der Katastrophenschutz wird eingesetzt, um die Deiche zu reparieren und die Folgen zu lindern. In der Regel wird damit Zeit gewonnen; das Aussterben wird hinausgezögert, aber nicht verhindert. Erst in der dritten Phase, wenn alle Reparaturkampagnen zusammenbrechen, gewinnen diejenigen die Oberhand, die sich eine neue paradigmatische Heimat ausgesucht haben.

Schauen wir uns die *erste Phase* – die des Leugnens – in der Kirche, in der Wissenschaft, in der Politik und in den Unternehmen näher an: Im Jahre 1616 wird Galileo Galilei von der Inquisition angeklagt und gezwungen, die Physik zu leugnen; Johannes Kepler bezieht seinen trotzigen Ausspruch „eppur si muove" (und sie bewegt sich doch) nicht auf die Schwalbe am Himmel. Erst im Oktober 1992 wird Galilei durch das Papsturteil „Galileo, ich verzeihe dir" gnädig rehabilitiert. Dafür wird jetzt Eugen Drewermann aus dem Kirchendienst entlassen, Ahmed Salman Rushdie vom Ayatollah Khomeini zum Tode verurteilt und die Friedensnobelpreisträgerin Aung San Suu Kyi in Rangun zeitweise in Hausarrest gesteckt. Eine Armee von 300 000 Mann fürchtet sich vor dieser kleinen Frau.

Als Erich Honecker nach dem Scheitern des Kommunismus in der chilenischen Botschaft in Moskau Zuflucht findet und sich als Repräsentant des besseren Deutschland sieht, fragt ihn ein Reporter, ob es denn vielleicht doch irgend etwas gegeben habe, was in seinem Staat schlechter gewesen sei als im Westen. Honecker muß lange nachdenken: „Ja, vielleicht, die Versorgung mit Bananen." Mit dem gleichen Denken hat Lord Kelvin die gerade entdeckten Röntgenstrahlen als geschickten Schwindel bezeichnet.

Viele erfolgreiche Unternehmer arbeiten mit den Verdrängungsmechanismen Khomeinis, Kelvins und Honeckers. Der ursprüngliche Erfolg bestärkt sie, stabilisiert ihr Verhalten und bestätigt ihr Paradigma. Veränderungen, die einen Wechsel erfordern, leugnen und bekämpfen sie. Vielfach dient das Recht der Gewalt als Maske. Eine Flut von Rechtsstreitigkeiten rupft die Streithähne und mästet deren Anwälte. In den Vereinigten Staaten kommt auf 360 Einwohner ein Rechtsanwalt. Recht zu behalten ist wichtiger, als die Existenz des Unternehmens zu sichern. Unternehmen sind vergänglich. Beim Rechthaben aber geht es um die Existenz der eigenen Seele, und die ist ewig.

In der *zweiten Phase*, der Reparaturphase, befinden sich gegenwärtig die Wissenschaften, die Politik, die Wirtschaft und die Unternehmen: Unsere Wissenschaft definiert einen Fisch als etwas, was sie in ihren Netzen fängt. Die Netze der Wahrheitssuche werden immer enger geknüpft, und unser hehres Ziel ist es, daß irgendwann einmal gar nichts mehr durch ihre Maschen schlüpft. Dann schöpfen wir mit den Fischen auch das Meer, mit der Forschung auch das Leben aus.

Ein Paradigmawechsel ist in der Wissenschaft leichter als in der Politik. Wissenschaftliche Paradigmata können mit ihren Vertretern aussterben. Bei Politikern ist es mit dem Aussterben nicht getan. Die Monarchie ist nicht an die Person des Monarchen gebunden; die Erbfolge sorgt für Kontinuität. Die Republik ist nicht an die Person des Präsidenten gebunden; die Verfassung regelt die Nachfolge.

> Politische Paradigmata schaffen sich Institutionen, die per Definition recht haben und ihre Schöpfer überdauern. Ein Wechsel des Paradigmas wird von den Institutionen, die ihm ihre Existenz verdanken, verboten.

Ein neues Paradigma kann sich deshalb nur in einer Revolution durchsetzen. Und Revolutionen haben nur in der Krise eine Chance: wenn die Leute Hunger haben. Neben dem Hunger brauchen sie aber noch genug Kraft . Wo die fehlt, muß sich ein Gemeinwesen solange von den einmal bestehenden Institutionen aussaugen lassen, bis es mit ihnen untergegangen ist.

John Maynard Keynes ist die herausragende Figur bei der Aufarbeitung der großen Wirtschaftskrise, die 1929 beginnt und im Zweiten Weltkrieg endet. Er leitet die britische Delegation bei der Währungskonferenz im Jahre 1944 in Bretton Woods, in den Bergen von New Hampshire. Nach seiner Theorie hätte die Weltwirtschaftskrise durch Geldschöpfung vermieden werden können. Geldschöpfung, so Keynes, ersetzt Arbeitslosigkeit durch Inflation. Inflation aber ist eine Droge, die die Sinne betört und den Körper zersetzt. Als Kritiker Keynes vorhalten, daß seine Therapie nur kurzfristig wirkt und danach die Arbeitslosigkeit durch Inflation steigt, beruhigt er: „Langfristig sind wir sowieso alle tot."

Dies ist das Modell des Borkenkäfers, der sich in seiner kurzen Existenz fleißig vermehrt und von dem Saft eines großen Baumes ernährt, der Jahrhunderte überdauern könnte, würde er nicht von dem Schädling zugrunde gerichtet. Es ist das Modell einer Technologie, die Energie für wenige Generationen durch die Verbrennung von Fossilien gewinnt, welche in vielen hundert Millionen Jahren entstanden sind. Es ist das Modell eines Systems, bei dem 80 Prozent der Energie und der Rohstoffe der Erde von 20 Prozent der Weltbevölkerung verbraucht werden. Es ist das Modell eines Denkens, das in fast jeder Sekunde einen Hektar Regenwald von der Erdoberfläche verschluckt und den Mageninhalt dem Bruttosozialprodukt gutschreibt. Es ist das Modell einer Politik, die unserem Planeten mit dem Plutonium ein Gift hinterläßt, das erst in 700 000 Jahren keinen Schaden mehr anrichten kann.

Unsere Geschichtsschreibung beginnt vor etwa 3 000 Jahren. Glauben Sie, daß sich Sicherheitsvorkehrungen über 700 000 Jahre weiterreichen lassen? Meinen Sie, daß wir uns einem sogenannten Sachzwang beugen dürfen, der dies voraussetzt? Und wenn schon die Logik der Ökonomie alle Lebensbereiche durchsetzt: wenn die Folgekosten in den nächsten 700 000 Jahren korrekt in die Kalkulation eingingen, müßten wir für unseren Energieverbrauch in einer einzigen Stunde unser gesamtes Lebenseinkommen einsetzen.

Auch in den Unternehmen nimmt der Reparaturbetrieb der zweiten Phase globale Ausmaße an: Das Bestehen im Wettbewerb erzwingt permanente Verbesserungen, Beschleunigungen und Kostensenkungen. Vor 200 Jahren haben von 100 Erwachsenen 96 in der Landwirtschaft gearbeitet und sich selbst und den Rest der Bevölkerung nicht satt bekommen. In den Industrieländern sind heute nur noch etwa vier Prozent der Beschäftigten in der Landwirtschaft tätig, produzieren Überschüsse und stacheln ihre Politiker zu Handelskriegen an, die die Entwicklungsländer arm halten.

> Im Laufe des 21. Jahrhunderts wird auch die Versorgung mit industriell gefertigten Gütern in den fortgeschrittenen Regionen der Welt von vier Prozent der Bevölkerung abgedeckt werden.

Das läßt eine neue Dreiklassengesellschaft entstehen: Zur Zeit der industriellen Revolution sind die drei Klassen der Adel, der den Landbesitz erbt hat; das Bürgertum, das den Kapitalbesitz erarbeitet hat; und das Proletariat, dessen Arbeit zu Kapital „gerinnt", wie Karl Marx es nennt. Heute spielt der Adel als soziale Klasse keine Rolle mehr. Das Bürgertum ist geblieben: Es besteht aus den Kapitaleignern, die ihren Besitz erbt oder durch unternehmerisches Engagement erarbeitet haben. „Nachfolger" des Proletariats sind die vermögenslosen Beschäftigten, die einen Arbeitsplatz haben und deren Einkommen von den Kosten des Lebensunterhalts aufgezehrt werden.

Das Wort „Lebensunterhalt" bringt zum Ausdruck, daß das Leben durch dieses Einkommen erhalten wird. Mehr nicht. Während oben eine Klasse weggefallen ist, wird unten eine „angesetzt": die der Arbeitslosen. Damit hat sich die Struktur relativ nach unten verschoben.

Die Politik versucht, die Spannungen, die daraus entstehen, abzufangen. Der Umverteilungsdruck erzwingt Steuererhöhungen, die zur Kapitalflucht führen. Die Kapitalflucht erzwingt Beschränkungen des Kapitalverkehrs, die zu Handelsschranken führen. Die Handelsschranken erzwingen die Kontrolle des Know-how-Verkehrs, die zur Einschränkung des Personenverkehrs führt. Die Einschränkung des Personenverkehrs erzwingt Grenzen, die zu Mauern und Stacheldraht führen. Mauern und Stacheldraht erzwingen eine geheimdienstliche Überwachung der Bevölkerung, bei der es nichts mehr umzuverteilen gibt. So läßt der Umverteilungsdruck das ganze Schlauchboot platzen.

Wenn wir das alles nicht schon erlebt hätten, würden wir es als eine noch immer linear denkende Spezies jetzt erfinden. Denn wir lösen die Fahrkarte für genau diese Reise und glauben, wir könnten die Fahrt nach den ersten Stationen unterbrechen. Es wird ein böses Erwachen geben, sobald wir erkennen, daß es unterwegs keine Stationen gibt. Dann werden wir den Steuermann verprügeln, die Lenzklappen öffnen, das Boot versenken und mit ihm untergehen.

Die Krücke einer künstlichen Beatmung mag den Untergang hinauszögern; aber auch das verlängert nur die Galgenfrist. Wohlstand und Wohlbefinden klaffen immer weiter auseinander. Die klassische Prämisse der Ökonomie, nach der die Mittel begrenzt, die Bedürfnisse aber unbegrenzt sind, wird zum Strick am Galgen für uns alle. Kenneth Boulding beschreibt diese Diskrepanz mit den Begriffen „Cowboywirtschaft" für das Industriezeitalter und „Astronautenwirtschaft" für unsere Wirtschaft im dritten Jahrtausend:

> Im 20. Jahrhundert wird wirtschaftlicher Erfolg am Bruttosozialprodukt gemessen. Deshalb sind hohe Produktion und hoher Konsum gut. Arbeit hingegen ist ein Kostenfaktor, der minimiert, wegrationalisiert, abgeschafft wird. Im 21. Jahrhundert muß es umgekehrt sein: Hohe Produktion und hoher Konsum sind schlecht und müssen minimiert, der Kreativitätsfaktor Arbeit muß maximiert werden.

Diese neue Form des Wirtschaftens und Arbeitens entspricht einer Astronautenwirtschaft. Das Bild vom Raumschiff Erde ist nicht neu. Es bringt das Dilemma zum Ausdruck, in das wir uns hineinmanövriert haben und das dem der legendären Fließbandarbeiterin Lucy entspricht: sie kann mit dem Takt des Bandes in einer Schokoladenfabrik nur Schritt halten, indem sie die Hälfte der Süßigkeiten in ihren Mund stopft – solange, bis sie tot umfällt. Das Band aber läuft unerbittlich weiter – ohne sie.

Das Fließband der wirtschaftlichen Entwicklung, mit dem wir Schritt halten müssen, gehorcht nicht uns, sondern anderen Gesetzen. Unternehmen, Staaten, Körperschaften, Gemeinden, Behörden, Institutionen und Verbände lassen sich nicht beherrschen, nicht kontrollieren, nicht führen – sie lassen sich nicht mehr managen. Unsere Krise ist eine Herrschaftskrise, eine Kontrollkrise, eine Führungskrise. Herrschaft zerbricht, Kontrolle entgleitet, Führung zerrinnt.

Es muß etwas getan werden. Aber selbstverständlich – wegen des irdischen Wohls und des himmlischen Friedens – ohne die eigenen Paradigmata aufzugeben. „Sie dürfen alles in Frage stellen", sagt mir ein Geschäftsführer, um die Grenze messerscharf zu ziehen, „nur mich nicht." Natürlich kann ein Berater genausowenig eine Revolution anzetteln, wie ein Hund seinen Herrn enteignen kann. Er ist Teil des Systems, das nicht mehr funktioniert, und er hilft, es zu stabilisieren.

Søren Kierkegaard erzählt, wie hinter den Kulissen des Theaters ein Feuer ausbricht und der Clown auf die Bühne tritt, um das Publikum zu warnen. Die Zuschauer halten sich den Bauch vor Lachen und applaudieren der gelungenen Einlage. Der Clown wird bleich vor Schreck, gestikuliert entsetzt und erntet weiter tosenden Beifall – bis es zu spät ist.

Die Zuschauer sind im Theater, sie erwarten eine Vorstellung. Wenn ihre Erwartung erfüllt wird, ist nicht die Zeit für einen Paradigmawechsel. Erst das Feuer im Zuschauerraum klärt die Situation und produziert die rettende Krise.

Auf der Ebene des Denkens, auf der wir in das Labyrinth gerannt sind, finden wir nicht wieder heraus. Mit unserem Denken, mit unserem Paradigma, sind wir noch im Theater. Doch die Wirklichkeit ist uns davongelaufen: Wir vergnügen uns inmitten einer großen Feuerbrunst; die Welt befindet sich im Übergang zur *dritten Phase*.

Dem Übergang von der ersten Phase – dem Unterdrücken und Leugnen – zur zweiten Phase im Krisenmanagement – dem Reparaturbetrieb – entspricht in der Mathematik der Übergang von den Algorithmen zu den Heuristiken. Algorithmen sind Lösungsverfahren mit Lösungsgarantie. Heuristiken sind Lösungsverfahren ohne Lösungsgarantie.

Dem Übergang von der zweiten Phase im Krisenmanagement zur dritten – der Anpassung an eine Welt ohne Kausalketten – entspricht in der Mathematik der Übergang von der Heuristik zu den Fraktalen: Es gibt keine Lösungen; es gibt keine Optima; es gibt keinen Weg. „There is no path", sagt David Whyte. Q. e. d., quod erat demonstrandum (was nachzuweisen war), können wir hinzufügen. So schreiben es die Mathematiker unter einen gelungenen Beweis.

Ein Paradigmawechsel führt auf eine neue Ebene der Evolution, und jeder Evolutionssprung verändert die Gesetze, nach denen das System funktioniert. Ein solcher Evolutionssprung hat seinen Preis. Er ist unabdingbar mit einer Krise verbunden: das Wissen veraltet, die Kausalketten zur Vergangenheit werden unterbrochen, die alten Erfahrungen sind wertlos. Management findet die Lösung, erreicht das Optimum, weist den Weg. Wenn es das alles nicht mehr gibt, ist Management kein Management mehr, sind Unternehmen keine Unternehmen mehr, sind Staaten keine Staaten mehr.

Bei diesem uns bevorstehenden Evolutionssprung leistet *Business Reframing* Navigationshilfe. Es ist nicht die erste Erfahrung dieser Art für die Menschheit. Die uns bekannten historischen Beispiele deuten auf die Gesetze des Wandels:

Vor 10 000 Jahren werden Jäger und Sammler seßhaft und beginnen mit Ackerbau und Viehzucht. Dies ändert die Gesetze des Lebens und löst einen Evolutionssprung aus. Mit dem Agrarzeitalter entsteht eine neue Zivilisation. Die Nomaden, die den Anschluß verpassen, sterben bis auf wenige Reste aus.

> Mit dem Beginn der Agrarzeitalters identifizieren die Menschen sich nicht mehr – wie die Nomaden – mit ihrem Stamm, sondern mit ihrem Dorf oder mit ihrer Stadt, der „pólis".

Vor 5 000 Jahren wird das Agrarzeitalter fortschrittlich. Die Menschen lernen, sich ein kosmisches Urprinzip nutzbar zu machen: die Rotation. Das Rad wird erfunden; das Mühlrad zum Mahlen von Getreide und das Wagenrad zum Transport von Lasten. Weltreiche entstehen, weil sie durch die neue Transporttechnik erobert und zusammengehalten werden können. Vor 2 000 Jahren folgt ein weiterer Schub; die Menschen lernen, irdische Naturkräfte zu nutzen: Wind und Wasser. Die Kraft des Windes erleichtert die Fortbewegung; Segelboote ermöglichen die Erforschung der Erde. Die Kraft des Wassers ermöglicht die Bewässerung des Bodens und damit die Kultivierung neuer Anbauflächen, später auch die Energiegewinnung.

Vor 300 Jahren geht das Agrarzeitalter zu Ende. Neue Gesetze werden nutzbar gemacht – Naturgesetze. Maschinen werden erfunden und verändern die Welt. Wiederum entsteht eine neue Zivilisation: das Industriezeitalter. Es ändern sich die Gesetze, die die Welt regieren. Die meisten Großgrundbesitzer, die den Anschluß verpassen, degenerieren zu einem verarmten Landadel.

> Mit dem Beginn des Industriezeitalters identifizieren die Menschen sich nicht mehr mit ihrem Dorf oder ihrer Stadt, sondern mit ihrem Volk oder ihrer Nation.

Innerhalb des Industriezeitalters hat das Informationszeitalter einen ähnlichen Stellenwert wie die Erfindung des Rades und die Nutzung von Wind- und Wasserkraft innerhalb des Agrarzeitalters. Informations- und Kommunikationstechnik führen das Industriezeitalter zum

Zenit, zur höchsten Reife. Offenbar verläuft die Geschichte mit einer konstanten Beschleunigungsrate. Gegen Ende einer Zivilisation nimmt die absolute Geschwindigkeit exponentiell, also mit ständig steigendem Tempo, zu. Schon heute, nach nur 300 Jahren, ist die Zeit reif, um weitere Urkräfte der Natur zu nutzen, die Lebensgrundlagen erneut zu ändern und wieder einen Evolutionssprung auszulösen. Auch der wird eine neue Zivilisation einläuten, die diesmal global ist.

Wie seine beiden „Vorgänger", reißt auch der jetzt anstehende Evolutionssprung alten Wahrheiten das Fundament weg und macht sie zu Mythen. Der Aufstieg auf eine neue Evolutionsstufe ist wie eine Bergbesteigung: Das Tal verschwindet nicht, wir haben es hinter uns gelassen, sehen es von oben und haben unseren Horizont erweitert. Wir erkennen, daß manche, die noch tiefer klettern, einen Weg nehmen, der nicht weiterführt. Wir sehen Zusammenhänge, die uns weiter unten verborgen gewesen sind. Was von unten ein Labyrinth ohne Ausweg gewesen ist und uns zur Verzweiflung gebracht hat, erscheint von oben als netter Spaziergang. Die höhere Perspektive reduziert Komplexität.

> Mit dem Beginn der nächsten Evolutionsstufe – in der Wirtschaft dem **Business Reframing** – identifizieren die Menschen sich nicht mehr mit ihrem Volk oder ihrer Nation, sondern mit der Menschheit.

Reframing bezeichnet die Umgestaltung der Funktionsweisen eines Systems, die Änderung seines inneren Schaltplans, seiner inneren Landkarte, seine Anpassung an neue Gesetze, die Erhaltung seiner Lebensfähigkeit auf einer höheren Evolutionsstufe. Human Reframing hebt das Denken des einzelnen auf eine höhere Ebene; es ist evolutionäre Sozialisation. *Business Reframing* hebt das Denken in Unternehmen auf eine höhere Ebene; es ist evolutionäre Kooperation.

Business Reframing ist keine weitere Managementmethode, keine weitere Problemlösungstechnik, keine weitere Führungslehre, keine weitere Verführungskunst, keine weitere Erfolgsgeschichte, keine weitere Krücke, keine weitere Spezialdisziplin – im Gegenteil:

Seit 300 Jahren ist der Fortschritt durch immer tiefere Spezialisierung geschaffen worden. Enger werdende Fachgebiete führen ein Eigenleben und igeln sich ein. Wissenschaftliche Suboptimierung berechnet 17 Dezimalstellen und sieht das Wesentliche nicht. Perfektionierte Details machen uns blind für Zusammenhänge. Wir sezieren die Welt mit einem Skalpell und zerstören sie dabei. Wir laufen mit Scheuklappen durch die Gegend und sehen den Abgrund neben uns nicht. Fachsprachen erschweren Laien den Einblick in fremde Disziplinen. Experten kultivieren ihre Terminologien, um unzureichende Problemlösungskompetenz zu verschleiern und Herrschaftswissen vor der Kontrolle durch Außenstehende zu schützen.

Als siebenjähriger Bub erlebe ich, wie das funktioniert. In dem riesigen Forstgarten meines Heimatdorfes stehen die Apfelbäume mit den besten Früchten, und wir klettern begeistert über den Zaun und bedienen uns. Eines Tages hängt dort ein Schild: „Achtung! In diesem Garten befindet sich ein taraxacum medicinale." Der Kinderfresser flößt uns Respekt ein. Die Förstersfamilie kann jetzt ihre Äpfel allein essen. Später, als ich Latein lerne, suche ich im Wörterbuch nach dem Ungeheuer – es ist ein wilder Löwenzahn.

Die aktuellen Menschheits- und Managementprobleme sind mit Scheuklappen nicht lösbar. Komplexe Situationen setzen integratives Denken voraus. Integratives Denken erfordert es, miteinander zu reden, sich gegenseitig zu verstehen, auch fachlich. Niemand kann in allen relevanten Disziplinen Experte sein. Kommunikation braucht eine gemeinsame Sprache, die von allen verstanden wird. Wirkung läuft über Mitteilung, und Mitteilung bedient sich der Sprache. Wer sich nicht mitteilt, liefert anderen keinen Beitrag, und wer anderen keinen Beitrag liefert, ist ein Schmarotzer.

Wer seinen Beitrag nicht klar und verständlich vermitteln kann, soll deshalb schweigen. „Wenn wir mit Mühe lesen", schreibt Jorge Luis Borges, „ist der Autor gescheitert." Nicht der Leser.

Den wirtschaftstheoretischen Scherbenhaufen unserer neuen, nichtlinearen Welt haben wir angeschaut. Die Scherbenhaufen in anderen Zweigen der Wissenschaft, im Management von Unternehmen und in der Führung von Staaten sind kaum kleiner. Doch von nicht beherrschbarer Komplexität sind die Dinge nur von unten gesehen. Mit linearen Methoden ist Nichtlinearität nicht beherrschbar. Mit dem Denken von gestern können wir morgen nicht mehr leben.

Erinnern Sie sich noch, wie Sie das Radfahren gelernt haben? Wissen Sie noch, wie Sie einfach nicht verstanden haben, wie Ältere auf diesen beiden schmalen Rädern nicht umkippen? „Du mußt die Balance halten", haben Eltern, Geschwister oder Freunde gerufen. Ja, Balance halten, das ist schlimmer als nichtlineare Gleichungen lösen. Es geht einfach überhaupt nicht. Bis zu dem Augenblick, den wir als Durchbruch bezeichnen. Das ist der Evolutionssprung. Und wenn wir den beim Radfahren hinter uns haben, hat sich das Problem des Balancehaltens aufgelöst, und wir verstehen nicht mehr, was daran so schwer gewesen ist. Schwer sind nur die Dinge, die wir noch nicht kennen oder können. Sobald wir sie bewältigt haben, sind sie wunderbar und eröffnen uns Möglichkeiten, die wir zuvor nicht haben denken können.

Den Durchbruch beim Balancehalten haben Sie nicht erlangt, indem Sie ein Seminar besucht, ein Buch gelesen oder einen Berater engagiert haben. Den Durchbruch können Sie nur erlangen, indem Sie Ihre eigene Wahrheit finden, die nur Sie verstehen; indem Sie Ihre eigene Welt schaffen, die nur Ihnen gehört; indem Sie Ihren eigenen Weg ausbreiten, den nur Sie gehen. „Glaubt nicht den Büchern, glaubt nicht den Lehrern, glaubt auch mir nicht." Buddha hat das gesagt. Und ich darf ergänzen: Glauben Sie auch diesem Buch nicht.

> Sie können, wenn Sie wollen, **Business Reframing** als eine Theorie des Managements verstehen, die Ur-Sachen und Wirkungen in der komplexen, nichtlinearen Welt unserer Unternehmen, Institutionen und Staaten erklärt. Sie können es auch als eine Philosophie verstehen, die die Welt anders sieht.

Eine Theorie kann uns die Wahrheit genausowenig bringen wie eine Philosophie. Jeder Mensch kann seine Wahrheit nur in sich selbst finden. Theorien sind Welten, die den Bewußtseinszustand ihrer Erfinder zum Zeitpunkt der Erfindung spiegeln. Jede Welt spiegelt den Bewußtseinszustand ihres Schöpfers zum Zeitpunkt der Schöpfung. Wenn *Business Reframing* eine Theorie ist, dann spiegelt sie meinen Bewußtseinszustand zu der Zeit und an dem Ort, wo das Manuskript entstanden ist. Mehr nicht. Aber auch nicht weniger:

Wie jede neue Theorie, ändert auch *Business Reframing* das Denken. Wie jedes neue Denken, richtet auch dieses das Handeln der Menschen neu aus. Und wie immer, wenn Menschen – und besonders die mit einer gewaltigen Hebelwirkung ausgestatteten Manager – anders ausgerichtet handeln, verändert das auch diesmal die Welt.

Vielleicht warten Sie am Schluß dieses einleitenden Kapitels noch auf eine Definition des neuen Begriffs. Darf ich es da mit Jacob Viner halten? Als er gefragt wird, was Ökonomie ist, wird er sehr verlegen und antwortet: „Ökonomie ist das, was die Ökonomen machen." Ich möchte diesen Gedanken noch erweitern und – endlich – definieren: *Business Reframing* ist das, was durch dieses Buch geschieht.

2 Integrität ist das einzige Tor zum Erfolg

Im Jahre 1896 breitet Max Weber eine Europakarte auf seinem Schreibtisch aus und markiert die Flächen der industrialisierten Regionen. Dann schlägt er in seinem Atlas eine andere Europakarte auf und legt sie daneben. Auf dieser sind die Verbreitungsgebiete der verschiedenen christlichen Konfessionen eingezeichnet. Sein Blick springt von einer Karte zur anderen und zurück. Plötzlich durchfährt ihn ein Schock: Sämtliche Industrieregionen in England, Flandern, Deutschland, der Schweiz und der Tschechei sind kalvinistisch. Und auch das angelsächsisch-puritanische Nordamerika.

Aus dieser Erkenntnis entwickelt Weber die Theorie der Protestantischen Ethik: Ohne Calvin hätte es die Industrialisierung nicht gegeben. Seit 10 000 Jahren lebt die Menschheit in einer agrarischen Subsistenzwirtschaft auf etwa gleichem Niveau. Warum sollte gerade jetzt und hier eine Saat aufgehen, die die Lebensumstände dramatisch verändert? So wie das Zeitalter der Jäger und Sammler hätte auch das Agrarzeitalter eine Million Jahre dauern können. Zwar hat die Ideologie des Rationalismus der Wissenschaft einen gewaltigen Schub gegeben. Doch Wissenschaftler bauen keine Fabriken. Mit ihren Kenntnissen der Metallverarbeitung hätten die Römer schon vor 2 000 Jahren eine Dampfmaschine bauen und damit Geräte antreiben können. Was ihnen gefehlt hat, war ein Calvin.

Jean Calvin leitet nach dem Tod Luthers von Genf aus den europäischen Protestantismus im Kampf gegen die Gegenreformation; aber er setzt andere Schwerpunkte als Luther. Martin Luther weiß „Wein, Weib und Gesang" zu schätzen und unterscheidet sich in dieser Hinsicht nicht von der Römischen Kirche. Calvin ist Asket, Systematiker und genialer Organisator. Er verachtet die Kunst, verbannt Orgel und Gesang aus der Kirche, läßt wertvolle Wandgemälde übertünchen und Kritiker hinrichten. Luther wendet sich gegen Wucher und Zins;

Calvin hat dagegen nichts einzuwenden. Luthers Gott ist ein Gott der Liebe, der Güte, der Barmherzigkeit, welcher Sünden vergibt; ein Gott, dem wir uns anvertrauen können, der uns in der Not hilft. Calvins Gott ist ein Gott der Allmacht, des Allwissens, der Herrlichkeit, der Größe, der die erbarmungslose Vernichtung seiner Feinde und bedingungslosen Gehorsam fordert.

Allmacht und Allwissen schließen das Wissen um die Zukunft ein und machen den Menschen zu einem Werkzeug Gottes. In der Tradition alttestamentlicher Intoleranz baut Calvin die von Augustin gelehrte Prädestination zur doppelten Prädestination aus: Am Ende aller Tage steht der Mensch vor seinem allmächtigen Richter, der den Daumen entweder nach oben oder nach unten neigt; nach oben bedeutet Eingang in die ewige Seligkeit, „Wandel im Licht zur Ehre Gottes"; nach unten bedeutet Verdammung – bis in alle Ewigkeit.

Wir Menschen sind neugierig: Wir wollen unbedingt schon vor dem Jüngsten Gericht herausfinden, ob wir verdammt oder auserwählt sind. Wie? Das ist sehr einfach: Den Auserwählten wird durch das Bewußtsein der göttlichen Erwählung die Pflicht auferlegt, durch strenge Zucht, selbstlose Hingabe und äußersten Fleiß ihren Auftrag zu erfüllen. Als Lohn gewährt Gott seiner „Gemeinde der Heiligen" schon im irdischen Leben Erfolg. Um sich des eigenen Auserwähltseins zu vergewissern, geht es darum, um jeden Preis Erfolg zu haben. Im Angesicht der Ewigkeit ist der Einsatz dafür eine Investition mit einer unendlich hohen Rentabilität.

Gewinnsucht und Geschäftsgeist unter dem Deckmantel der Frömmigkeit versehen den Reichtum mit einem Heiligenschein. „Wie hoch ist Ihr Jahreseinkommen?", fragt mich mein Nachbar, ein amerikanischer Geschäftsmann, während eines inneramerikanischen Fluges, nachdem wir uns vorgestellt haben. Ich kann zufrieden sein und bin als fast gleichwertig akzeptiert.

Die negative Seite der Prädestination versieht sogar die Ausbeutung mit dem Zertifikat der Unbedenklichkeit: Wem der Erfolg versagt ist, der ist verdammt. Wen Gott verachtet, den braucht die „Aristokratie der Frommen" nicht zu schonen. Das militärische Niederknüppeln von Arbeiteraufständen, Menschenhaltung in der Fabrik wie Tierhaltung auf dem Hof – es ist alles in Ordnung.

„Ein Sklave kostet 1 000 Dollar und hält nicht lange", berichtet Jorge Luis Borges: „Man muß aus der Investition den größtmöglichen Nutzen ziehen und ihn von Sonnenaufgang bis Sonnenuntergang unter der Knute des Aufsehers schuften lassen. Manch einer von diesen verdammten Kreaturen begeht die Undankbarkeit, krank zu werden und zu sterben, bevor er sich amortisiert hat."

„Es ist leichter, daß ein Kamel durch ein Nadelöhr gehe, denn daß ein Reicher ins Himmelreich komme", sagt Jesus. Ich hätte mich schämen sollen wegen meiner Auskunft im Flugzeug.

> Wer sich seines Erfolgs schämt, kann und wird keinen Erfolg haben. Wem der Erfolg heilig ist, dessen Denken setzt Energien frei, die eine Explosion auslösen. Erfolg ist das Ergebnis einer klaren und kraftvollen inneren Programmierung.

Auf der Basis des römisch-katholischen oder lutherischen Denkens ist der Ausbruch der industriellen Revolution unmöglich. Auch der Islam, der Hinduismus, der Buddhismus und die anderen Weltreligionen sind kein fruchtbarer Boden hierfür. Daraus folgt: ohne Calvin wäre die industrielle Revolution jetzt nicht geschehen; ohne ihn würde die gesamte Menschheit weiter so leben, wie sie es Jahrtausende zuvor getan hat. Nichts, außer ihr eigenes, von Calvin angeregtes Denken, veranlaßt sie gerade jetzt zu diesem Evolutionssprung.

Nachdem die Saat an einer Stelle aufgegangen ist, kann sie sich vermehren und verpflanzt werden. Der Anfang, die Schöpfung, bedarf einer sehr präzisen gedanklichen Programmierung. Ist die Pflanze stark und robust, emanzipiert sie sich von ihrem Schöpfer und läßt sich unter anderen Konstellationen nachzüchten. Die Faktoren, die heute den industriellen Entwicklungsstand einer Region bestimmen und von Michael Porter in seiner Untersuchung der Wettbewerbsvorteile von Nationen nachgewiesen werden, haben mit ihrem Auslöser nichts mehr zu tun.

Als Lehrling in den Jahren 1961 und 1962 gehört es zu meinen Aufgaben, fremdsprachige Besucher durch eine deutsche High-Tech-Maschinenfabrik zu führen. Viele Japaner kommen, denen wir unsere Anlagen zeigen, weil wir von ihnen Aufträge erhoffen. Manchmal ertappe ich einen von ihnen, wie er hinter einer Maschine hockt und hastig eine Zigarettenschachtel in seinem Jackett versteckt. Rauchen ist nicht erlaubt. Photographieren auch nicht. Aber ein Photoapparat paßt nicht in eine Jackentasche; ich schöpfe keinen Verdacht. Wenige Jahre später lehrt uns die japanische Billigkonkurrenz auf allen Märkten der Welt das Fürchten. Nachmachen geht ohne Calvin.

Ich predige „Business as usual" (nur keine Aufregung). Unser technischer Stand ist sehr hoch; unsere Entwicklungsabteilung ist innovativ und auf ihrem Gebiet wohl die beste der Welt. Diese lächerlichen, längst veralteten Imitationen aus Fernost haben wir vor zehn Jahren gebaut. An der Konkurrenz erkennen wir, wie gut wir sind. Wer in den Fußstapfen anderer läuft, kann sie nie überholen.

Ein Vierteljahrhundert später ist es umgekehrt. Amerikanische und europäische Manager pilgern nach Ostasien, um das Geheimnis des dortigen Erfolgs zu studieren; um zu prüfen, ob der eigene Schuh in japanische Fußstapfen paßt. Manch einer kehrt zurück und beginnt, den Buddhismus zu studieren.

Meine zweite Erfahrung mit Japan ist ein Schock. Ich bin junger Assistent in einem Chemieunternehmen, und unsere Tochtergesellschaft in Japan bereitet uns Sorgen. Wir haben den Geschäftsführer aus Japan zum Rapport in die Konzernzentrale nach Deutschland gebeten und sitzen um einen großen ovalen Konferenztisch. Der Gast aus Japan hat auf der einen Seite Platz genommen, die hohen Konzernherren auf der anderen. Ich sitze am Rande, wegen des Protokolls. Die Rollen sind verteilt: Betriebsergebnis, Gemeinkosten, Personalfragen, Produktpolitik, Verkaufsorganisation, Verkaufsförderung – der Begriff Marketing ist noch nicht geläufig. Jeder analysiert die vorliegenden Informationen auf seinem Gebiet, fragt nach Ursachen und stellt Lösungen zur Diskussion. Verhandlungssprache ist Englisch.

Der Herr aus Japan läßt sich nicht festnageln: „well"; „could be"; „yea"; „we might consider that"; „perhaps a good proposal" (nun; schon möglich; hm, ja; darüber könnte man nachdenken; vielleicht ein guter Vorschlag). Und dann fragt er plötzlich: „Where is the rest-room please?" (Wo bitte ist die Toilette?) Ich weise ihm den Weg und lasse frischen Kaffee ins Konferenzzimmer bringen. Dort warten wir lange, sehr lange. Hat er ein Problem? Ist er ohnmächtig geworden? Ich gehe ihn suchen. Auf keiner der Herrentoiletten finde ich ihn. Hat er sich verirrt? Ich bitte eine Sekretärin, die Damentoiletten abzusuchen. Auch dort ist er nicht. Vielleicht sind Toiletten in Japan im Keller? Wir suchen sämtliche Winkel des Hochhauses ab und finden ihn nicht. Ich gehe zum Pförtner. Ja, ein Japaner hat vor einer halben Stunde das Haus verlassen und ist in ein Taxi gestiegen.

Im Konferenzraum bricht Panik aus. Die Unterlagen, die unser Gast für die Besprechung mitgebracht hat, liegen aufgeschlagen an seinem Platz, der Aktenkoffer auf dem Nebenstuhl ist geöffnet. Nur die Brieftasche fehlt. Als wir sein Hotel herausgefunden haben, ist er dort bereits abgereist. Mit 50 Mann „besetzen" wir den Flughafen, um ihn wieder „einzufangen". Vergeblich. Unsere Verwaltung in Japan wird mit Telefonaten und Fernschreiben bombardiert: Etwas Unerklärliches sei geschehen; es müsse sich um ein Mißverständnis handeln; er möge doch bitte umgehend anrufen, sofort zurückkommen. Der Umsatz unserer Tochtergesellschaft in Japan beträgt einige hundert Millionen Dollar.

Es ist alles nutzlos. Sein Büro in Japan betritt er nicht mehr; wir sehen ihn nie wieder. Ein halbes Jahr später entnehmen wir einer Pressemeldung, daß er für unseren gefährlichsten Konkurrenten als Berater tätig ist, und zwei Jahre später wird uns klar: an jenem denkwürdigen Montagmorgen haben wir in 30 Minuten eine viertel Milliarde Dollar in den Sand gesetzt. Wir haben uns benommen wie eine Hure, die dem Papst ein Angebot macht.

Durch die Globalisierung der Geschäfte gehört interkulturelle Sensitivität inzwischen zum Handwerkszeug. Westliche Manager konvertieren zwar nicht zum Buddhismus und asiatische nicht zum Christentum, aber beide Seiten lernen, wie sie voneinander lernen können.

> ▶ Asien hat dem Westen eine technisch-industrielle Revolution nachgemacht, die nur auf kalvinistischem Boden hat entstehen können. Der Westen hat Asien eine organisatorisch-strategische Revolution nachgemacht, die nur auf buddhistischem Boden hat entstehen können.

Um diese Wirkung zu verstehen, müssen wir einige tausend Jahre zurückgehen. Amerikaner erschrecken meist, wenn Europäer oder Asiaten so weit ausholen. Das Kloster Haydau im nordhessischen Altmorschen, wo ich aufgewachsen bin, gibt es seit mehr als 1 000 Jahren. Damals weiß dort niemand von der Existenz Amerikas. Weitere Jahrtausende früher, als Europa von einer geschlossenen Walddecke überzogen ist, kleiden sich die Mitteleuropäer in Felle, wohnen in Höhlen und leben von der Jagd.

Was tun Sie als Jäger, mit Pfeil und Bogen bewaffnet, wenn sich im Gebüsch dieses dichten Waldes etwas bewegt? Ist es ein Bär? Ist es ein Wolf? Die Wölfe sind so gefährlich, daß die alten germanischen Märchen voller einschlägiger Schauergeschichten sind. Sie wollen das Tier erlegen und es Ihrer Sippe zum Abendessen bringen. Sie spannen den Bogen, zielen mit dem Pfeil und wissen, daß es nicht nur um Ihr Abendessen geht, sondern um Ihr Leben. Gelingt es Ihnen, das Tier mit dem ersten Schuß kampfunfähig zu bekommen, sind Sie gerettet und Ihre Sippe wird satt.

Gelingt es Ihnen nicht, läuft das Spiel umgekehrt. Auch der Wolf oder Bär möchte überleben und seiner Sippe Menschenfleisch zum Abendfressen bringen. Er setzt zum Sprung an, um *Sie* mit dem ersten Tatzenhieb niederzuwerfen und zu erledigen. Auch für ihn geht es um die Alternative: du oder ich.

Die Mathematiker nennen das ein Nullsummenspiel: Der eine kann nur das gewinnen, was der andere verliert. Die für ein solches Spiel angemessene Strategie ist der Kampf. Jahrtausendealte Erfahrung ist in unseren genetischen Code eingegangen. Wir benehmen uns noch immer, wie es gegenüber Raubtieren angebracht war. Das westliche Managementvokabular ist reich an Kriegsausdrücken:

- Beim Karriereaufstieg einem Rivalen „den Ast absägen", auf dem er sitzt: er hat sich auf einen Baumast gerettet, der für Wölfe und Bären nicht erreichbar ist. Wenn der Ast abgesägt wird, fällt er den wilden Tieren zum Fraß vor die Pfoten.

- Unser Vorgesetzter hat sich in der Regel vom Ast auf einen Stuhl gerettet; deshalb müssen wir „an seinem Stuhl sägen", wenn wir seine Position übernehmen wollen.

- Einen Kollegen „unschädlich machen", das heißt ihn entschärfen wie Munition. Dann kann er mir nichts mehr anhaben; ich brauche auf ihn keine Rücksicht mehr zu nehmen, kann also rück-sichtslos vorgehen – ohne zurückzuschauen.

- Bei Konflikten „in Deckung gehen", das heißt: sich verstecken, hinter anderen, hinter Schutzwällen oder in Schützengräben, nicht offen vorgehen, nicht kämpfen und dabei die eigenen Stellungen befestigen.

- „Über Leichen gehen", also alle diejenigen niedermachen, die mir den Weg zum Ziel versperren, oder, wenn sie schon weiter fortgeschritten sind, sie von hinten mit einer Kugel erschießen, um dann über Leichenberge hinweg allein ins Ziel einzulaufen.

- Wer „eine Leiche im Keller" hat – nur eine –, geht diskreter vor: Das Opfer mußte sein, um voranzukommen. Der Zweck ist erhaben und heiligt die Mittel. Es wird nicht wieder vorkommen. Die Spuren werden ausgelöscht; die Leiche wird versteckt, verscharrt, vergraben und die Weste in gebleichter Unschuld weiß gewaschen.

- „Der Konkurrenz den Kampf ansagen", also: sie besiegen. Nicht gewinnen, was einen sportlichen Wettkampf bezeichnen würde. Beim Besiegen geht es um das Ganze.

- „Einen Werbefeldzug führen." Nicht informieren, aufklären, zum Kauf anregen, den Kunden gewinnen, begeistern; sondern die Konkurrenz bekämpfen, besiegen, vernichten.

- „Mit einer Materialschlacht Marktanteile erobern" zielt auf militärischen Geländegewinn, der mit massivem Einsatz von Munition und Gerät erlangt wird.

- „Eine Preisschlacht" führen. Der Preis nicht als Ausgleich für Leistung oder als Ergebnis der Kalkulation oder als der Gegenwert, den der Markt hergibt, sondern als Waffe.

- Manchmal ist es mit einer Schlacht nicht getan: Wir führen einen ganzen „Preiskrieg" – einen „totalen Krieg". Wir zerstören die Bastionen des Gegners und nehmen sein Territorium ein.

- „Eine aggressive Strategie fahren." Das Wort Stratege ist vom altgriechischen „strátegos" (Feldherr) abgeleitet. In Abwandlung eines berühmten Grundsatzes des Generals Karl von Clausewitz, nach dem der Krieg die Fortsetzung der Politik mit anderen Mitteln ist, sind Wirtschaft und Handel heute die Fortsetzung des Kriegs mit anderen Mitteln.
- Eine Branche durch „Zollmauern" schützen. Im Mittelalter sind es die Tore und Ziehbrücken der Stadtmauern, an denen Wegezoll erhoben wird; heute sind es Zoll-, Währungs-, Steuer-, Rechts-, Subventions- und Quotengrenzen.
- „Den Verhandlungspartner in die Enge treiben." Ihm Ausweg und Rückzug versperren, zustechen und dann das Messer in der Wunde langsam, sehr langsam herumdrehen.
- Eine „schlagkräftige Organisation" aufbauen. Keine, die funktioniert, effizient ist, ihrer Aufgabe gerecht wird; sondern eine, die zuschlägt, draufhaut, reinsticht.
- „Mitarbeitern das Rückgrat brechen." Die widerlichste Form des Sieges, bei der der Besiegte vor Schmerz winselnd am Boden liegt und der Sieger seine Überlegenheit sadistisch auskostet.
- „Mit prall gefüllter Kriegskasse" Wettbewerber aufkaufen. Nicht etwa verhandeln, gemeinsame Interessen suchen, einen Ausgleich finden; sondern einen Überfall inszenieren – so wie wir es mit unserem japanischen Geschäftsführer getan haben.
- „Die Konkurrenz überrollen." Ihr die Luft zum Atmen abschnüren, sie mit massiver Stärke erdrücken, weil es gut für sie ist. Ganz so wie die Dampfwalze, die eine Henne überrollt, die danach aufsteht, sich schüttelt und haucht: „*Das* war ein Hahn!"

Auch das vorherrschende westliche Begrüßungsritual deutet auf ständige Kampfbereitschaft. Die meisten Europäer reichen sich die rechte Hand. Rechtshänder kämpfen mit dem rechten Arm und tragen deshalb die Scheite, aus der sie das Schwert ziehen, links. Mit dem Hinstrecken der rechten Hand zeigen sie, daß sie nicht zum Schwert greifen, um den anderen niederzustechen. Die Kultur des Kampfes hat über Jahrtausende unser Überleben gesichert und war deshalb eine Voraussetzung für unsere Evolution. Aber die Bedingungen sind heute andere. Wir spielen kein Nullsummenspiel mehr, sondern ein anderes Spiel, verhalten uns aber noch nach den alten Regeln. Wenn wir das nicht ändern, müssen wir verlieren. Und verlieren heißt hier: verloren gehen.

Die Nullsummenmentalität geht von einer Torte aus, die es zu verteilen gilt, nicht von dem dynamischen Modell eines Sauerteigs, dessen Ferment sich bei sachgerechter Anwendung vermehrt. Unsere überholten Spielregeln bringen uns dazu, den Sauerteig aufzuessen, statt ihn wachsen zu lassen. Wir brauchen neue Spielregeln. Nur ein weiterer Evolutionssprung kann unsere Zukunft absichern. Eine Managementkultur des Kampfes ist für beide kämpfenden Parteien lebensgefährlich und aus übergeordneter Sicht nachteilig.

Einer siegt, ein anderer wird besiegt. Immer geht es dem Besiegten schlecht. Wenn er überlebt, hat er viel verloren. Manchmal geht es auch dem Sieger schlecht, weil er verletzt ist oder alles für den Sieg eingesetzt hat – auch sich selbst. Manchmal geht es dem Sieger tatsächlich besser. Aber weil der Besiegte Teil seines Umfeld ist, entwickeln sich die Dinge langfristig oft ganz unerwartet. Der Haß, den der Sieger gesät hat, fällt auf ihn zurück. Auch ein Sieger kann die Früchte seines Triumphes nicht auf einem anderen Planeten ernten.

Dann gibt es aber noch die, die mit der Auseinandersetzung gar nichts zu tun haben: Außenstehende, die sich heraushalten möchten, das aber nicht immer können. Ein Unternehmen verliert wegen eines politischen Konflikts seinen Absatzmarkt. Schüler und Berufstätige erreichen wegen eines Streiks ihren Arbeitsplatz nicht. Urlaubsreisende sitzen fest. Ein Krieg läßt eine Rohstoffquelle versiegen und treibt die Preise nach oben. Verseuchung macht eine Region unbewohnbar. Passagiere, Besatzungen, Passanten oder Bankkunden werden entführt, als Geiseln genommen, ermordet. Die Leidtragenden der Auseinandersetzung sind an dem eigentlichen Konflikt überhaupt nicht beteiligt.

Die Ökonomen nennen solche immer schmerzhaften Nebenwirkungen „negative externe Effekte". Weil jeder Kampf negative externe Effekte hat, ist die Summe der Auswirkungen eines Kampfes eine

Verschlechterung. Dies gilt für jeden Kampf, ganz gleich, ob er bewaffnet oder unbewaffnet ist.

> ▶ Reife Gemeinschaften haben eine gute politische und gesellschaftliche Ordnung, die ausschließlich kampflose Mechanismen zur Austragung von Konflikten kennt. Dies gilt auch für Tarifkonflikte.

Der unbewaffnete Arbeitskampf ist ein Fortschritt gegenüber der Lösung von Arbeits- und Tarifkonflikten durch das Militär zu Anfang der industriellen Revolution. In dieser Zeit entsteht die assoziative Gleichsetzung von Demokratie und Streikrecht; in dieser Zeit ist sie berechtigt. Die Verteilung des Reichtums ist die große Frage der letzten beiden Jahrhunderte, die die politische Rechte von der politischen Linken trennt, die den Kommunismus als Gegenpol zum Kapitalismus hervorbringt, die dramatische innenpolitische Auseinandersetzungen auslöst. Die Verteilungsfrage aber ist die Frage eines Spiels, das heute nicht mehr gespielt wird: eines Nullsummenspiels.

Bei einem innerbetrieblichen Arbeitskampf gibt es, wenn er bis zur Durchsetzung der einen oder der anderen Position ausgetragen wird, einen Verlierer, dem das Rückgrat gebrochen, der faktisch versklavt ist. Mit Verlierern kann eine Unternehmensleitung oder eine Belegschaft keine großen Projekte angehen, keine Stärke im Wettbewerb entwickeln, keine Zukunft gestalten. Der Sieg kann langfristig auch dem Sieger keinen Vorteil bringen, weil Unternehmensleitung oder Belegschaft die Kuh geschlachtet haben, die sie haben melken wollen.

Bei Flächentarifverträgen und einem Arbeitskampf in einer Branche oder einem Tarifbezirk trifft dies nicht zu, kann die Solidarität zwischen der Leitung und der Belegschaft eines Unternehmens erhalten werden. Aber es gibt negative externe Effekte: Auf beiden Seiten werden die Entscheidungen von Akteuren getroffen, die für die Folgen nicht haften, die durch den Arbeitskampf ihren Arbeitsplatz, ihr Eigentum, ihre soziale Existenz nicht verlieren. Die direkten Kosten des Kampfes müssen die Unternehmen tragen; die indirekten, externen Kosten trägt die unbeteiligte Allgemeinheit.

Die Kampfestradition der Jäger ist nicht der einzige Code, der das Verhalten der Manager weltweit bestimmt. In vielen Völkern dominiert in der vergleichbaren Geschichtsepoche nicht die Jagd, sondern die Fischerei, die anderen Regeln gehorcht. Versetzen Sie sich in die Haut eines Fischers auf dem Pazifik. Obwohl seine langen Wellen, haushohen Wasserfronten und wilden Stürme schrecklich sein können, wird er Stiller Ozean genannt. Mit elf Männern sind Sie an Bord, einen halben Tag von Ihrem heimatlichen Fischerdorf entfernt. Die See tobt, der Mast ist gebrochen, Brecher überrollen das Deck, das Schiff droht zu kentern. In dieser Situation gibt es nur zwei Möglichkeiten: entweder kehren alle lebend zurück oder es kehrt keiner lebend zurück. Das ist die Vorgeschichte der Teamarbeit.

Der Du-oder-ich-Situation des afrikanischen und europäischen Jägers entspricht auf dem Fischerboot eine Das-Boot-ist-voll-Mentalität: Ehe wir alle untergehen, opfern wir die Hälfte der Mannschaft, damit die andere Hälfte überlebt. Das klingt rational, ist aber nicht nur barbarisch, sondern auch dumm. Die elf Männer sind auf dem Boot, weil jeder von ihnen gebraucht wird. Der eine ist schwindelfrei und kann bei Sturm in den Mast klettern, um das zerfetzte Segel herunterzuholen. Der andere kann lange tauchen und dabei das Ruder unter Wasser richten. Der dritte ist kräftig genug, die Netze zu kappen. Ein vierter beherrscht die Kunst, hohe Wellen so anzusteuern, daß das Boot nicht kentert. Wieder andere sind flink im Wasserschöpfen, beherrschen die Navigation unterm Sternenhimmel, haben eine „Wetternase", können Lieder singen und Mut machen. Jeder, der fehlt, ist ein Überlebensrisiko für den Rest. Und wenn das Abenteuer glücklich ausgeht, haben es alle gemeinsam geschafft und es gibt keinen Feldherrn, der die Ehrenfront abschreitet und sich salutieren und für den Sieg feiern läßt.

Die Protestantische Ethik hat die Voraussetzungen für die industrielle Revolution in Europa vor 300 Jahren geschaffen, die außerhalb des westlichen Kulturkreises zuerst Japan imitiert hat. Die Tradition der pazifischen Fischer hat die Voraussetzungen für die organisatorische Revolution in Japan im letzten Quartal des 20. Jahrhunderts geschaffen, die viele westliche Unternehmen imitiert haben.

Die verschiedenen Managementkulturen in Ost und West werden durch die Nahrungsgewohnheiten verstärkt. Der Anbau von Weizen, Roggen und Gerste im Westen geschieht auf Feldern, die zum Schutz vor Eindringlingen mit Steinwällen umgeben werden, die sich zu Stadtmauern entwickeln. Diese Mauern isolieren und bereiten dem Individualismus den Boden. Sie sind nicht vergleichbar mit der chinesischen Mauer, die – gleich dem Limes der Römer – die gesamte zivilisierte Welt ihrer Zeit gegen eine barbarische Außenwelt abschirmt.

Der Anbau von Reis im Osten geschieht auf Feldern, die unter Wasser stehen müssen. Die Terrassierung der Böden, die Anlage von Bewässerungsgräben und die Verteilung des Wassers sind isoliert nicht möglich. Sie erzwingen Kooperation, Solidarität, Rücksicht. Rück-Sicht ist das Gegenteil eines Vorwärtsstürmens mit Brachialgewalt, einer Nach-mir-die-Sintflut-Mentalität. Rück-Sicht heißt zurücksehen und, falls wir einen Vorsprung haben, den, der hinter uns ist, nachholen, ihm helfen, ihn nicht allein zurücklassen.

Ohne die erste Stufe des technischen Plagiats durch Japan wäre das japanische Organisationsmodell nicht entstanden, und die Unternehmen der Welt würden noch immer in westlicher militärischer Tradition geführt. Wenn es Japan nicht gäbe, müßte es erfunden werden. Ohne die zweite Stufe des organisatorischen Plagiats durch den Westen würden entweder japanische Unternehmen inzwischen die gesamte Welt beherrschen – ganz so wie die britischen im 19. Jahrhundert – oder es würde wegen protektionistischer Abwehrfronten keine Weltwirtschaft geben, sondern einen Handelskrieg, gegen den das, was wir jetzt erleben, ein Mensch-ärgere-dich-nicht-Spiel ist.

„Es ging ein Sämann aus, zu säen", zitiert der Apostel Matthäus Jesus: „Und indem er säte, fiel etliches auf den Weg; da kamen die Vögel und fraßen's auf. Etliches fiel in die Steine, und dieweil es nicht Wurzeln hatte, ward es dürre. Etliches fiel unter die Dornen, und die Dornen wuchsen auf und erstickten's. Etliches fiel auf gutes Land und trug Frucht." Frucht – und das heißt Ergebnis unseres Denkens, Erfolg unserer Arbeit, Gewinn unserer Unternehmen – braucht gutes Land, das nur in einer bestimmten kulturellen Konstellation entsteht. In einer „fruchtbaren" kulturellen Konstellation findet sich immer auch ein Sämann, der das Geschäft besorgt: ein Unternehmer, ein Manager, ein Politiker, der die Gunst der Stunde erkennt und ergreift.

> Der Stand der globalen Managementkunst ist eine Synthese der technisch-industriellen europäischen und der organisatorisch-strategischen asiatischen Revolution; er basiert auf dem Reparaturparadigma, nach dem optimale Entscheidungen unsere Probleme lösen und Auswege finden.

Mit dieser linearen Zauberkunst bekämpfen wir zum Beispiel Malariamoskitos in Indonesien mit Pestiziden. Dabei gehen auch herumstreunende Katzen ein und Wespen sowie Insektenpopulationen, die die landesüblichen malerischen Reetdächer bevölkern. Die Folgen sind eine Rattenplage, eingestürzte Dächer und der Tod der schwächsten Malariamoskitos. Die resistenteren Moskitos, die gegen unsere Medikamente immun sind, nehmen den Lebensraum ihrer schwächeren Artgenossen ein. Jetzt ist wieder die Pharmazie an der Reihe. Die nächste Runde im Kampf gegen die Natur wird eingeläutet.

Unsere lineare Zauberkunst kann dem chinesischen Milliardenvolk nicht das Recht absprechen, pro Kopf genau soviel Energie zu verbrauchen wie die Nordamerikaner. Dazu müssen 5 000 Atomkraftwerke gebaut werden. Und damit die Chinesen pro Kopf so viele Autos fahren können wie andere asiatische oder europäische Völker – und auch das steht ihnen zu –, muß die Erdatmosphäre den doppelten Kohlendioxydausstoß verkraften. Ob sie das wohl tut? Wir müssen es hoffen. Unsere Sachzwänge haben uns gefesselt und lassen uns keine andere Wahl.

Würden Sie als Unternehmer auf einer solchen Grundlage strategische Entscheidungen treffen? Ausgangspunkt jeder soliden Unternehmensstrategie ist eine „Worst-Case-Analyse": Wir gehen davon aus, daß „der schlimmste mögliche Fall" eintritt. Wenn das Unternehmen den übersteht, können wir es wagen. Das schlimmste Szenario unserer linearen Zauberkunst ist die Zerstörung der Bedingungen, unter denen Menschen auf der Erde leben können.

Der Evolutionssprung, der notwendig ist, um diesem Teufelskreis zu entrinnen, definiert die Rolle des Menschen neu. Er muß über seine Verantwortung für eine einzelne Fachdisziplin, für ein einzelnes Unternehmen, für einen einzelnen Staat hinauswachsen und Verantwortung für das Ganze übernehmen: für unseren kleinen Planeten und alles, was zu ihm gehört. Und zu ihm gehört – wie die Augen zu den meisten von uns – die Menschheit; die gesamte Menschheit.

> Unsere besten Köpfe werden mit den größten Auszeichnungen dazu motiviert, die kleinsten Details zu erforschen. Unsere besten Unternehmer werden mit den höchsten Gewinnen dazu motiviert, die niedrigsten Bedürfnisse zu befriedigen. Unsere besten Politiker werden mit den eindrucksvollsten Wahlergebnissen dazu motiviert, die kurzfristigsten Partikularinteressen durchzusetzen.

All das bereitet unseren kollektiven Selbstmord vor. Wir müssen die Verantwortung des Managements in Wirtschaft und Gesellschaft, in Kultur und Politik neu definieren: Verantwortung übernehmen heißt: Ursache sein für das, was geschieht – für alles was geschieht.

Ursache für die industrielle Revolution in Europa ist die Protestantische Ethik. Ursache für die asiatische Veredelung dieser Revolution sind die Überlebensbedingungen pazifischer Fischer und Reisbauern. Niemand trägt dafür die Verantwortung. Die Evolution hat es so eingerichtet. Die europäischen Protestanten und die pazifischen Fischer haben vieles im Sinn, aber gewiß nicht Industrialisierung und Wirtschaftswachstum; sie sind nicht bewußt Ursache, und sie tragen für das, was sie auslösen, keine Verantwortung.

Heute wissen wir, was wir tun. Der Evolutionssprung, den wir bewältigen müssen, wenn wir als Menschheit auf der Erde überleben wollen, ist von anderer Art wie der von der Jäger- und Sammlerzeit ins Agrarzeitalter oder der vom Agrarzeitalter ins Industriezeitalter. Das Ausmaß des jetzt notwendigen Evolutionssprungs entspricht demjenigen, durch den sich die Primaten zum homo sapiens entwickelt haben – einem radikal neuen Bewußtsein, einem radikal neuen Denken.

Die Geschichte lehrt uns, wie das funktioniert. Die Europäer sind so programmiert, daß sie gar nicht anders können, als die industrielle Revolution zu erfinden. Die Japaner sind so programmiert, daß sie gar nicht anders können, als die organisatorische Revolution zu erfinden. Wir alle müssen uns also jetzt so programmieren, daß wir gar nicht anders können, als dauerhaft würdige Lebensbedingungen für die gesamte Menschheit auf unserem Planeten zu schaffen. Der

Evolutionssprung besteht darin, daß wir nicht auf einen Calvin oder anderen Heilsbringer warten, sondern daß wir uns durch ein neues Denken zwingen, das zu tun, was für das Ganze jetzt getan werden muß.

> Wenn Schimpansen die Flugsicherung übernehmen wollen, ist es besser sie erkennen, daß sie dafür nicht reif sind. Wenn wir Menschen in die Schöpfung eingreifen wollen, ist es besser wir erkennen, daß unser Wissen, unser Denken und unser Bewußtsein dafür nicht reif sind.

Nach heutiger jüdischer, christlicher und islamischer Vorstellung leben wir ein einziges Mal, und dann ist endgültig Schluß. Die Details dessen, was danach passiert, sind zwischen den einzelnen Religionen strittig. Diese Endgültigkeit reduziert den zeitlichen Horizont auf wenige Jahrzehnte, Sekunden für die Erdgeschichte. Da die Zeit nach unserem irdischen Tod für immer ohne uns weitergeht, sind wir überfordert, dafür uneingeschränkte Verantwortung zu übernehmen. Das ist menschlich.

Der Einfluß des Christentums in den traditionell christlichen Ländern geht mehr und mehr zurück, und viele sind nicht sicher, ob es überhaupt einen Gott gibt, dem gegenüber sie sich verantworten müssen. Das macht es noch schwerer, in dieser kurzen Sekunde die uneingeschränkte Verantwortung für eine Ewigkeit zu übernehmen. „Carpe diem" (pflücke den Tag, lebe jede Stunde) – dieses Motto des römischen Dichters Quintus Horatius Flaccus wird zu der Aufforderung umgedeutet, alles mitzunehmen, was zu holen ist. Auch das ist menschlich.

Weil wir aber menschlich sind, können wir – im Gegensatz zu den Tieren – denken. Blaise Pascal löst die Frage nach Gott mit kristallklarer Logik: „Nehmen wir an, Gott ist oder ist nicht. Wägen wir Gewinn und Verlust für den Fall, daß wir darauf setzen, daß Gott ist. Wenn Sie gewinnen, gewinnen Sie alles; wenn Sie verlieren, verlieren Sie nichts. Setzen Sie also ohne zu zögern darauf, daß Gott ist."

Darf ich den Gedanken Pascals weiterführen? Nehmen wir an, wir leben nur ein einziges Mal oder wir werden immer wieder geboren,

„inkarnieren" also immer wieder von neuem. Wägen wir Gewinn und Verlust für den Fall, daß wir darauf setzen, daß wir immer wieder neu geboren werden. Wenn Sie gewinnen, gewinnen Sie alles. Wenn Sie verlieren, verlieren Sie nichts, schaffen aber dauerhaft gute Lebensbedingungen für die jetzige und zukünftige Menschheit auf der Erde.

Sollte sich dann herausstellen, daß es keine Reinkarnation gibt, müssen wir nach unserem Tod Gott umstimmen und sie erfinden, damit wir die guten Früchte, die wir gesät haben, hier „unten" noch einmal genießen können. Gott wird sich bereitwilliger umstimmen lassen, wenn wir die Verantwortung übernehmen und sie nicht auf ihn schieben; wenn wir Ursache und damit Schöpfer dieser Entwicklung sind und uns nicht hinter ihm verstecken, wenn wir ihn durch unsere Entscheidungen und Anstrengungen wirken lassen. Vielleicht liegt es, nachdem wir uns zu verantwortungsvollen Mitschöpfern entwickelt haben, dann sogar in unserer Macht, die Reinkarnation zu bewirken.

Die Idee der Reinkarnation ist sehr alt. Weltreligionen sind auf ihr aufgebaut, auch das Urchristentum. Der Mensch ist voll und ganz verantwortlich für jede seiner Handlungen. Niemand kann ihm Absolution erteilen, außer er selbst, indem er das, was er angerichtet hat, wieder ausgleicht – wenn nicht jetzt, dann in späteren Leben. Damit ist nichts in diesem Leben endgültig.

Die Offenheit der Gegenwart schränkt die Autorität der Kirche ein und hat zu einem religiösen Separatismus im Westen des Römischen Reiches geführt. Das Konzil unter Kaiser Justinianus I. hat im Jahre 553 die ökumenische Einheit nur wieder herstellen können, indem es diejenigen Stellen aus der Bibel entfernt hat, die die Reinkarnation als selbstverständlich voraussetzen.

Sünde heißt auf hebräisch, in der Sprache des Alten Testaments: „das Lebensziel verfehlen" und auf aramäisch, in der Muttersprache Jesu: „von der Einheit getrennt, nicht mehr ganz sein" – nicht mehr eins mit dem Ganzen. Eins sein – und dadurch ein Teil des Ganzen – heißt auf lateinisch „integer". Fehlende Integrität löst uns von der Einheit, vom Ganzen und bringt uns ins Verderben.

Die Trennung von der Einheit, die verlorene Integrität, wird im biblischen Gleichnis als Vertreibung aus dem Paradies geschildert. Für die Verfehlung des Lebensziels steht das Schmachten in der Hölle. Und beides liegt so nah: Machen wir aus der Erde eine Hölle, so verdammen wir uns selbst und zerstören unsere eigene Zukunft. In unseren zukünftigen irdischen Existenzen werden wir es dann in dieser Hölle aushalten müssen. Machen wir aus der Erde ein Paradies, so haben wir unsere Vertreibung aus dem Paradies rückgängig gemacht und den Sündenfall ausgeglichen. In zukünftigen irdischen Existenzen werden wir dann – Eins mit dem Ganzen – im Paradies leben.

„Der Segen des Herrn macht reich ohne Mühe", verheißt uns der Prophet Salomo zu alttestamentlicher Zeit für den Fall, daß wir integer werden. „Das goldene Zeitalter des Menschengeschlechts liegt nicht hinter uns, es liegt vor uns", schreibt Claude Henri de Saint-Simon im Jahre 1814, „es liegt in der Vervollkommnung der gesellschaftlichen Ordnung." Vielleicht hat die Physik mit dem „string" (Saite) den fundamentalen Naturbaustein entdeckt – die „quinta essentia" der Alchimisten, das Eine, aus dem alles geworden ist und alles werden kann. Ein String – 100 Trillionen mal kleiner als der Radius eines Atomkerns – schwingt wie eine Violinsaite und kann je nach Schwingungszustand alle beobachtbaren Elementarteilchen und Kräfte bilden. Dies wäre „a theory of everything" (eine Theorie für alles, was ist).

Der Philosoph Platon lebt von 427 bis 347 vor Christus in Athen. Für ihn ist der Körper nur „ein zeitweiliger Behälter der Seele, die ewig ist." Das Hineingeborenwerden der Seele in einen Körper geschieht von einem anderen Bewußtseinszustand aus. Der Tod entspricht einem Erwachen und Sich-Erinnern und führt die Seele in die wirkliche reale Welt zurück, in der sie beginnt, sich auf eine neue körperliche Existenz vorzubereiten. Ein Erdenleben ist so etwas wie ein wichtiger Außendienst, der immer die Gefahr in sich birgt, den Kontakt zur Zentrale zu vernachlässigen, zu vergessen, zu verlieren.

Weil wir uns an frühere Existenzen in der Regel nicht erinnern, haben sie so nachhaltigen Einfluß auf unser Jetzt; sie liegen außerhalb unseres bewußten Zugriffs, der die Erinnerung deshalb nicht manipulieren, umdeuten und zur eigenen Rechtfertigung verfälschen kann. In ähnlicher Weise geht innerhalb unseres gegenwärtigen Lebens die stärkste Prägung von unseren Erfahrungen in der frühen Kindheit aus, an die wir uns am wenigsten erinnern.

Die Beziehung zwischen dem Jenseits und dem Diesseits entspricht der Beziehung zwischen dem Diesseits und einem nächtlichen Traum. Während wir träumen, ist der Traum unsere Realität. Wir wissen nicht, daß wir träumen, und erinnern uns nicht an frühere Träume. Wir müssen erwachen, um zu erkennen, daß es nur ein Traum gewesen ist. Erst im wachen Zustand sehen wir den Zusammenhang. Solange wir schlafen, erkennen wir die Wachen nicht; auch um sie zu erkennen, müssen wir aufwachen.

In unserem irdischen Leben ist es ebenso: Wir wissen nicht, daß es ein Trancezustand ist, und erinnern uns nicht an frühere Trancezustände. Erst wenn wir aufwachen – nach dem Tod –, erkennen wir, daß es nur eine irdische Inkarnation war. Nur im Zustand höherer Bewußtheit, nur von einer größeren Wirklichkeit aus, die über einer beschränkten Sicht von diesseitigem „Außendienst" und von jenseitigem „Innendienst" liegt, sehen wir den Zusammenhang. Unser irdischer Körper und unser irdischer Verstand filtern unsere Sicht der Realität.

Aus einer solchen höheren Sicht möchte ich Immanuel Kants kategorischen Imperativ weiterentwickeln. „Handle nur nach derjenigen Maxime, durch die du zugleich wollen kannst, daß sie ein allgemeines Gesetz werde", fordert Kant: Wenn ich Verträge nicht einhalte, muß ich wollen können, daß niemand Verträge einhält. Wenn ich stehle oder lüge, die Versicherung oder das Finanzamt betrüge, verboten parke oder die Geschwindigkeit überschreite, muß ich wollen können, daß jeder andere das auch tut.

Aus der Forderung Kants folgt eine formale und auf die anderen bezogene Ethik, bei der wir in Sachen Geschwindigkeitsüberschreitung oder Steuerbetrug vielleicht Einigkeit erzielen können – wenn wir nicht integer sind, nicht eins mit dem Ganzen, unseren Vorteil heimlich suchen, eine umfassende Verantwortung aber nicht annehmen.

Platons Philosophie ist auf das Selbst jedes einzelnen bezogen. Vor uns selbst können wir uns nicht verstecken. Daraus folgt eine inhaltliche Ethik, eine umfassende und zeitlich nicht begrenzte Verantwortung des Menschen. Dieses Paradigma ist es, das den Menschen auf eine höhere Evolutionsstufe hebt und jeden einzelnen von uns ganz und gar unersetzlich im Bewußtsein Gottes macht. Kein anderer kann unseren Teil ausfüllen. Und wenn wir ihn leer lassen, weil wir unser Potential vergeuden, wartet die Welt auf unsere Rückkehr – auf ewig, wenn wir es so wollen.

> Integrität ist eine Zumutung, wenn wir für kurze Zeit eingeschränkte Möglichkeiten haben. Wer keine Zukunft hat, kann nicht integer sein.

Stellen Sie einen Tagelöhner an die Hauptkasse einer Bank? Wer mit großen Summen für nur einen Tag hantiert und sich nicht bedient, ist ein Trottel. Wer nur ein Leben hat und die gigantische Erbschaft unseres Planeten nicht verjubelt, ist ein Schwachkopf. Unsere gegenwärtigen Schwierigkeiten sind Ergebnis des Paradigmas der Einmaligkeit und unserer Eitelkeit: Trottel oder Schwachköpfe wollen wir nicht sein, und wir sind es auch nicht.

Dieses Leben ist ein einziger Ton in einer Symphonie der Ewigkeit. Hier und jetzt kennen wir nur diesen einen Ton, ahnen den Zusammenhang nicht und erkennen Schönheit und Größe des Kunstwerks nicht. Das Vollkommene aber ist in uns – als Bestimmung, als Aufgabe, als Sein – und bereit, durch uns in die Welt hinauszustrahlen.

Erst das Wissen um die Ewigkeit der Seele macht integer. Es transzendiert Adam Smiths „unsichtbare Hand" auf eine höhere Evolutionsstufe: Der Bäcker interessiert sich nicht für Ihre Frühstücksbrötchen; der Mechaniker nicht für Ihr Auto; der Arzt nicht für Ihre Gesundheit. Jeder interessiert sich einzig und allein für seinen eigenen Geldbeutel. Und das Ergebnis: Das Wunderwerk einer funktionierenden Marktwirtschaft, in der alle mit Kaufkraft ausgestatteten Bedürfnisse befriedigt werden.

Das Wissen um die Ewigkeit der Seele ist ein Paradigma, das unsere Welt nicht so lassen kann wie sie ist: Wem nützt Betrug? Wem nützen unsaubere Geschäfte? Wem nützen gefälschte Bilanzen? Wem nützt die Unterdrückung politischer Gegner? Wem nützen Gewinne auf Kosten von Menschenleben? Wem nützt Umsatz auf Kosten der Natur? Wem nützt wirtschaftliches Wachstum zu Lasten unserer Zukunft? Wem nützen Mord und Völkermord, wenn wir unsterblich sind? Im Jenseits begegnen die Täter ihren Opfern; sie müssen ihre

Schuld durch viele Leben abtragen – bis ihre Opfer ihnen verziehen haben. In den Worten Jesu: „Was nützte es dem Menschen, wenn er die ganze Welt gewönne und nähme doch Schaden an seiner Seele?"

Die Volksweisheit hat für Schuld gegenüber dem Opfer und Schuld bei dem Gläubiger ein und dasselbe Wort, weil es zwei sehr ähnliche Dinge sind: Opfer erhalten Gutschriften auf Kosten des „Kontostands" der Täter, die sich langfristig selber opfern. Der Buddhismus und der Hinduismus nennen diesen Kontostand in der wahren jenseitigen Realität „Karma". Jede Schuld fällt karmisch auf ihre Verursacher zurück.

Mit dieser Erkenntnis wird unsere Lust am Ausstechen von Rivalen, der Drang zu siegen, der Impuls, stärker, schneller und besser zu sein, aufgelöst und verwandelt in einen bedingungslosen Willen zur Kooperation. Mit dieser Erkenntnis operieren wir ethisch in den schwarzen Zahlen und sind bereit, mehr von uns zu geben, als wir von anderen nehmen – und das ist es, was Liebe im christlichen Sinne bedeutet. Mit dieser Erkenntnis bilden wir eine Glaubensgemeinschaft derer, die um ihre Verantwortung wissen und danach handeln, und die der chinesische Weise Kong Qin (Konfuzius), der von 551 bis 479 vor Christus gelebt hat, so erklärt:

„In alten Zeiten, als die Führer um das Wohlergehen ihrer Untertanen noch besorgt waren, wollten sie ihre Staaten weise regieren. Um ihre Staaten weise regieren zu können, strebten sie zuerst danach, ihre Familien in Ordnung zu bringen. Bei dem Streben nach Ordnung in ihren Familien, mußten sie bemüht sein, gute Menschen zu werden. Für das Ziel, gute Menschen zu werden, trachteten sie danach, ihre Herzen zu reinigen. Beim Trachten nach der Reinigung ihrer Herzen, durften sie nur noch aufrichtige Gedanken haben. In dem Bemühen um aufrichtige Gedanken arbeiteten sie an der Vergrößerung ihres Wissens. Und bei der Vergrößerung ihres Wissens entdeckten sie die Beweggründe für die Taten der Menschen.

Nachdem sie die Beweggründe für die Taten der Menschen entdeckt hatten, vergrößerte sich ihr Wissen. Aufgrund ihres großen Wissens konnten sie nur noch aufrichtige Gedanken haben. Die aufrichtigen Gedanken reinigten ihre Herzen. Sobald ihre Herzen rein waren, wurden sie zu guten Menschen. Als gute Menschen gelang es ihnen, ihre Familien in Ordnung zu bringen. Mit geordneten Familien konnten sie ihre Staaten weise regieren. Und nachdem ihre Staaten weise regiert wurden, lebten ihre Untertanen in Wohlergehen und Glück."

Aus diesem jetzt wiederentdeckten, neuen Denken entsteht, wie Martin Heidegger es formuliert, „die jetzt erst beginnende Weltzivilisation, die einst das technisch-wissenschaftliche Gepräge als die einzige Maßgabe für den Weltaufenthalt des Menschen überwindet." Es ist eine Weltzivilisation, in der wir uns mit der gesamten Menschheit und ihrem Planeten identifizieren, in der wir für die Folgen unserer Handlungen bis zur letzten Konsequenz haften und in der Integrität das einzige Tor zum Erfolg ist.

3 Unternehmen sind nicht für den Markt da

Als die Sekretärin ihm das Schriftstück hereinbringt, versteinert sich sein Gesicht. Eine Hiobsbotschaft. „Sie wollen uns aushungern", sagt Kurt Schumacher, „sie wollen alle Deutschen physisch vernichten." Seine Wut gilt der amerikanischen Besatzungsmacht.

Deutschland ist durch den Zweiten Weltkrieg zerstört und in neuen Grenzen unter den Siegermächten aufgeteilt. Amerikaner und Briten sind übereingekommen, ihre Besatzungszonen wirtschaftlich zu einer „Bizone" zusammenzuschließen und die Wirtschaftsverwaltung den Deutschen zu überlassen. Diese haben den von Kurt Schumacher, dem Vorsitzenden der Sozialdemokratischen Partei Deutschlands, vorgeschlagenen Viktor Agratz zum Wirtschaftsdirektor der Bizone gewählt. Agratz strebt eine demokratische Planwirtschaft an. Der amerikanische Militärgouverneur legt sein Veto ein und verlangt die Wahl eines konservativen Politikers.

Daraufhin wird der Christdemokrat Walter Semler gewählt, der in seiner ersten öffentlichen Ansprache am 4. Januar 1948 die amerikanische Besatzungsmacht attackiert: „Sie führen absichtlich die größte Hungersnot herbei, die unser Land seit Jahrhunderten erlitten hat. Zu jeder Zeit des Kriegs ist die Versorgung der Bevölkerung besser gewesen als jetzt." Am folgenden Tag ist auch Semler durch amerikanisches Dekret entlassen. Jetzt läßt sich die Besatzungsmacht auf keine Wahl mehr ein und ernennt einen Wirtschaftsdirektor. Er ist Berater der amerikanischen Militärverwaltung in dem süddeutschen Freistaat Bayern und heißt Ludwig Erhard.

Sprecher fast aller politischen Parteien bedauern diese Ernennung und verweigern die Zusammenarbeit mit ihm. Die bayerische Staatsregierung versucht die Ernennung Erhards mit einem Disziplinarverfahren wegen Amtspflichtverletzungen rückgängig zu machen; der Landtag beantragt einen Untersuchungsausschuß. Daraufhin erklärt der amerikanische Kommandant Erhard für immun.

Der Konsens zwischen fast allen politischen Strömungen in Deutschland, von den Kommunisten bis zum konservativen Lager, ist eindeutig: Mit der Weltwirtschaftskrise von 1929 hat die Marktwirtschaft in letzter Konsequenz den Zweiten Weltkrieg verursacht. Die Deutschen verdrängen ihren Beitrag zum Aufstieg des Nationalsozialismus.

▶ Menschen suchen die Schuld für ihr Schicksal gern woanders. Die Soziologen haben die Suche nach Schuldigen für die Probleme der Menschen sogar zu einer Wissenschaft entwickelt.

Was die Mehrheit der Deutschen will und Kurt Schumacher anstrebt, ist eine demokratische Planwirtschaft. Kein stalinistisches Unrechtssystem, aber auch keine kapitalistische Ausbeutung. Der Verteilungskampf hat das Volk in Rechte und Linke gespalten. Der Kampf zwischen Rechts und Links hat die Demokratie zerstört. Jetzt ist die Stunde der Versöhnung, des Ausgleichs, des Kompromisses.

In der Synthese zwischen der kapitalistischen Marktwirtschaft und der kommunistischen Zentralverwaltungswirtschaft spiegelt sich die Synthese zweier historischer Strömungen in Deutschland: des Feudalismus und der Ordnung. Ein Binnenvolk mit vielen unterschiedlichen Nachbarn – diese Erfahrung verbindet die Deutschen mit den Russen – sucht Sicherheit in einem starken Staat, der den Mangel behebt, die Produktion organisiert und den Reichtum verteilt. Der Etatismus der Bevölkerung empfindet das Privateigentum an Produktionsmitteln, die durch die Arbeit des Volkes entstanden sind, als ungerecht.

Den Höhepunkt erreicht der deutsche Konservatismus im Jahre 1957. Das einzige Mal in der Nachkriegsgeschichte gewinnt eine Partei bei Wahlen zum Deutschen Bundestag die absolute Mehrheit – mit einem Slogan des ersten deutschen Bundeskanzlers Konrad Adenauer, der die Ängste der Bevölkerungsmehrheit präzise widerspiegelt: „Keine Experimente!"

Daß Marktwirtschaft ein permanentes Experiment ist, verschweigt der „alte Fuchs" Adenauer. Die konservative Christliche Demokratische Union Deutschlands – die Partei Adenauers und Erhards – beschließt auf ihrem Ahlener Parteitag im Jahre 1947 die Vergesellschaftung der Produktionsmittel und die Beschränkung des Privateigentums. Und ein Industrieverband lamentiert in einem Telegramm öffentlich: „Es ist nicht zu verstehen, daß der Bundeswirtschaftsminister die Industrie gegen ihren Willen zur Wirtschaftsfreiheit führen und zwingen will."

Andere europäische Staaten ersetzen die Härte des Marktes, die Willkür des Kapitals und die Kälte Calvins durch die Nächstenliebe, die Milde und die Berechenbarkeit des demokratischen Sozialismus. Frankreich erfindet die „Planification", eine zentrale Planung wirtschaftlicher Rahmenbedingungen mit sektoraler Lenkung von Investitions- und Konsumquoten. England, das den Kapitalismus erfunden und mit ihm die Welt erobert hat, wird sozialistisch regiert. Die britische Laborregierung folgt dem amerikanischen Kurs in Deutschland nicht freiwillig. Als die Einführung der Planwirtschaft in der britischen Besatzungszone Deutschlands erwogen wird, drohen die Vereinigten Staaten mit der Kündigung der Kriegskredite. Damit sind London die Hände gebunden.

Die Befindlichkeit der Europäer wird am prägnantesten von dem späteren Ausspruch einer Südamerikanerin getroffen, Präsidentengattin und langjähriges Idol der Argentinier, María Eva Duarte de Perón: „Was mich am tiefsten schmerzt, ist nicht die Armut, sondern der viele Reichtum zur gleichen Zeit."

Die Verpackung des Wirtschaftssystems für Westdeutschland – das später auch in Japan eingeführt wird – muß sozialistische Sehnsüchte der Bevölkerung berücksichtigen. Unter dem Etikett der „Sozialen Marktwirtschaft" akzeptieren die Deutschen das amerikanische Konzept und identifizieren es als „Made in Germany" (deutsches Erzeugnis). Bei einem tieferen Glauben an den Weihnachtsmann hätte Erhard es gewiß Weihnachtsmann-Marktwirtschaft getauft.

Der Begriff „Soziale Marktwirtschaft" besteht aus „Sozial", „Markt" und „Wirtschaft". *Wirtschaft*, die Übersetzung des altgriechischen Oikonomiae, besteht aus „oikos" (das Haus) und „nomos" (die Vernunft). Gutes Management nennen wir das heute.

Sozial kommt vom lateinischen „socius". Das ist der Begleiter in der Kutsche eines reichen Römers – Beifahrer, Funktelefon und Autoradio in einem – der ihm auf den wochenlangen Fahrten Gesellschaft leistet und ihn vor Raubüberfällen schützt; Staus gibt es noch nicht. Der Begleiter wird auf der Reise untergebracht und verpflegt, er bezahlt dafür nicht und kommt auch an sein Ziel. In einem sozialen Wirtschaftssystem werden also diejenigen, die es aus eigener Kraft nicht können, um den Preis des inneren Friedens auf dem Weg zum Ziel mitgenommen. Die Starken (Kapitalisten) und die Schwachen (Armen) verpflichten sich zu gegenseitiger Solidarität.

Markt schließlich kommt vom lateinischen „mercatus". Die Römer veranstalten Wochenmärkte und Jahrmärkte, wo Verkäufer und Käufer sich treffen, und entwickeln daraus einen Europäischen Binnenmarkt von Kleinasien bis zu den Britischen Inseln, in dem eine europäische Währung – der aureus – 300 Jahre lang inneren Frieden und Wohlstand sichert. Später, im Mittelalter, werden wieder Geldwechsler gebraucht, die ihr Geschäft von einer Bank auf dem Marktplatz aus betreiben. Wenn einer von ihnen nicht ehrlich, nicht integer ist, die Leute seinen Wechselkursen nicht mehr vertrauen, seinen Worten nicht mehr glauben („credere" heißt glauben), und er deshalb seinen „Kredit" (seine Glaubwürdigkeit) verloren hat, zerstören sie sein Geschäft, zerschlagen seine Bank und verursachen so seinen Bankrott („banca rotta" heißt zerschlagene Bank).

„Ich müßte keine Schiffahrt kennen: Krieg, Handel und Piraterie, Dreieinig sind sie, nicht zu trennen", schildert Goethe die Folgen des Zerfalls des großen Römischen Wirtschafts- und Währungsraums. 1 000 Jahre später, beim Zerfall einer anderen Weltmacht, die nicht – wie Deutschland und Japan – von einem besseren System unterworfen worden ist, geht es ähnlich zu.

Die Überlegenheit des besseren Systems beruht darauf, daß seine Struktur die Entdeckungen der Nationalökonomie konsequenter berücksichtigt. Wettbewerb fördert nach Adam Smith Unternehmen mit einem absoluten Vorsprung, nach David Ricardo auch Unternehmen mit einem relativen Vorsprung. Wenn Recht und Politik den Wettbewerb schützen und fördern, anstatt ihn einzuschränken und zu behindern, werden Unternehmen angeregt, in tausenden von einzelnen Wettkämpfen den allgemeinen Wohlstand zu mehren.

Statt dessen zahlt sich die Fehlleitung unternehmerischer Energien oft mehr aus: Als der amerikanische Präsident Ulysses S. Grant in der Lobby des Washingtoner Hotels Willard regelmäßig Erholung von seinen Amtsgeschäften sucht, wird die Hotelhalle zum Wallfahrtsort für Bittsteller. Seitdem ist eine „Lobby" für Unternehmen oft wichtiger als ein Markt; haben „Lobbyisten" mehr Einfluß auf das Ergebnis als Kunden; wird die Arbeit, auf die es ankommt, in Politik und Bürokratie verlagert und dem Wettbewerb entzogen.

▶ Ein Markt, auf dem Wettbewerb herrscht, belohnt diejenigen am meisten, die zur Beseitigung der Knappheit den größten Beitrag leisten. Da jeder gern gut belohnt wird, ist der Anreiz groß, zur Beseitigung der Knappheit beizutragen.

So beseitigt der Markt die Knappheit. Auch wenn Claudia Schiffer ihre Schönheit vermarkten kann, hat das viel mit Knappheit zu tun, deren Beseitigung eine unternehmerische Leistung ist.

Im Gegensatz zum Kampf, der grundsätzlich schlecht ist, weil er negative externe Effekte auslöst, ist Wettbewerb grundsätzlich gut, weil er positive externe Effekte produziert. Wettbewerber, die alle nur ihren eigenen Vorteil suchen, müssen ihren Kunden niedrigere Preise, höhere Qualität, bessere Produkte, kürzere Lieferzeiten, wirksamere Problemlösungen, kompetenteren Service oder freundlichere Gesichter bieten, wenn sie diesen Vorteil finden wollen. Den Kunden ist der Ausgang des Wettstreits egal; sie profitieren vom Wettbewerb; sie sind die unbeteiligten „lachenden Dritten".

Es gibt auch Marktformen, die den Wettbewerb behindern. Bei einem Monopol gibt es nur einen Anbieter bestimmter Waren oder Dienstleistungen. Die staatliche Monopolversicherung in einem lateinamerikanischen Land bekämpft die Privatisierung in einer Anzeigenkampagne mit dem Argument, private Versicherungen wollten nicht der Bevölkerung dienen, sondern Gewinne erzielen, die sie ins Ausland transferieren. Deshalb, so wird gefolgert, beuten Privatunternehmen das Land aus, Staatsmonopole aber erhalten ihm seinen Reichtum.

Zielgruppe der erfolgreichen Kampagne sind die Wähler, die nicht verstanden haben, was Gewinn ist und deshalb einer politischen Partei eine Mehrheit verschaffen, die Staatsmonopole verteidigt. Gewinn ist bei Wettbewerb ein Maß für die erfolgreiche Beseitigung von Knappheit; niedrige Gewinne deuten auf große Not.

Die erleide ich als Zwangskunde des phantasiereichen staatlichen Versicherungsmonopols: Nach einem Autounfall, wie er beim Eingewöhnen in eine fremde Verkehrskultur schnell passiert ist, befindet sich das versicherte Fahrzeug in der Werkstatt. Die Reparatur kann erst beginnen, nachdem der Gutachter der Versicherung das Fahrzeug inspiziert hat. Das dauert sechs Wochen. Nach weiteren vier Wochen liegt das Gutachten vor und legt den Wert der Reparatur fest – zum Preisstand des Unfallzeitpunkts vor zehn Wochen. Nach nochmals zwei Wochen, ein Vierteljahr nach dem Unfalltag, ist die Reparatur abgeschlossen. Bei reeller Kalkulation und einer Inflationsrate von etwa 60 Prozent im Monat, kostet sie mehr als das Vierfache des Betrages, den die Versicherung übernimmt.

Nachdem trotz allem die Verluste der Kraftfahrzeugmonopolversicherung zu hoch geworden sind, werden weitere obligatorische Versicherungen eingeführt, die den Reichtum im Lande halten und die arme übrige Welt sich selbst überlassen.

Nicht nur staatliche, auch private Monopole sind versucht, sich den Herausforderungen des Wettbewerbs zu entziehen und das Grundrecht auf Arbeit um ein Grundrecht auf Faulheit zu ergänzen. Wenn Wettbewerbsrecht und Wettbewerbspolitik versagen, ist der Hebel hierzu die Umkehrung eines klassischen Gesetzes der Ökonomie:

Das von Alfred Marshall entdeckte Ertragsgesetz besagt, daß der Grenzertrag – der zusätzliche Ertrag, den der Einsatz einer weiteren Einheit Arbeit oder Kapital bringt – um so geringer ist, je mehr Arbeit oder Kapital schon eingesetzt sind: Wenn Sie Dünger auf Ihr Feld streuen, wird der zusätzliche Ernteertrag durch jeden weiteren Sack geringer; irgendwann wird ein weiterer Sack mehr schaden, als er nützt, weil er die Saat erstickt. Das Optimum ist da, wo der letzte zusätzliche Sack gerade soviel bringt, wie er kostet. Bringt er mehr, können Sie mit einem weiteren Sack noch etwas herausholen; bringt er weniger, gewinnen Sie etwas, wenn Sie diesen letzten Sack weglassen. Das Ertragsgesetz vereitelt unternehmerische Turmbauten zu Babel.

Wenn Sie Heißhunger auf Pfannkuchen haben, ist der erste Pfannkuchen ein Hochgenuß, der zweite ein Genuß, der dritte eine Alltäglichkeit, der vierte eine Anstrengung, der fünfte eine Zumutung, der sechste ein Scheidungsgrund, der siebte das Ende.

Wenn Sie Heißhunger auf Akquisitionen haben, ist es ähnlich: Sie verschwenden nicht Pfannkuchen, sondern Produktionsfaktoren. Und Verschwender verschwinden vom Markt, weil sie zu teuer und zu träge sind.

Im Flugzeugbau ist entdeckt worden, daß die Herstellkosten pro Einheit um so geringer werden, je mehr Flugzeuge schon gebaut sind. Der „Lerneffekt" beträgt bei jeder Verdoppelung der Produktionsmenge etwa 20 Prozent. Fallende Stückkosten bei einer Erhöhung der kumulierten Produktionsmenge sind für viele Produkte und Branchen empirisch nachgewiesen. Die kumulierte Menge muß sich nicht auf ein Produkt beziehen; sie kann ein Material, ein Verfahren, einen Markt, einen Distributionskanal, eine Serviceform, einen Prozeß, ein Organisationsmodell betreffen. Unsere Alltagserfahrung bestätigt eine Lernkurve: Was wir schon oft getan haben, fällt uns leichter.

Der Lerneffekt zeigt, daß es vorteilhaft ist, der erste zu sein und die Produktion schnell zu steigern, weil der Vorsprung beim Kostensenken dann für andere kaum aufzuholen ist. Ein Lerneffekt setzt Innovation voraus, ohne die es nichts zu lernen gibt. Und eine Kostensenkung setzt Schnelligkeit voraus, ohne die die finanziellen Vorteile verschlafen werden. Wenn ich der erste und der schnellste bin, besetze ich die strategischen Felder, setze die Maßstäbe, definiere die Regeln, zurre die Normen fest, präge die Gewohnheiten, diktiere die Preise und überlasse den Nachzüglern die Brosamen.

▶ Innovation und Schnelligkeit „kippen" das Ertragsgesetz der Ökonomie: Bei höherem Einsatz nimmt der Grenzertrag nicht ab, sondern zu; „decreasing returns" (abnehmende Grenzerträge) werden durch „increasing returns" (zunehmende Grenzerträge) ersetzt.

Wettbewerb ohne Lerneffekte kann statisch, optimal und gemütlich dahinplätschern; Lerneffekten ohne Wettbewerb fehlt das Feuer. Wem niemand auf den Fersen folgt, dem gelingt kein Rekord. Die Verbindung von Wettbewerb und Lerneffekten ist das magische Mix, das Dynamik und Veränderungsdruck in der Wirtschaft erzeugt.

Daraus folgt die unternehmerische Binsenweisheit „Wachsen oder untergehen". Es ist wie in der Aerodynamik während der Startphase des Flugzeugs: wenn es nicht beschleunigt und aufsteigt, stürzt es ab. Bevor eine gewisse Höhe erreicht ist, ist eine sanfte Landung ausgeschlossen. Unser marktwirtschaftliches System befindet sich in dieser Phase: Es gibt kein Zurück, wir müssen den Aufstieg hinter uns kriegen, wenn wir nicht abstürzen wollen.

Umsatzwachstum erscheint als die strategische Voraussetzung für unternehmerisches Überleben. Wachstum des Bruttosozialprodukts erscheint als die taktische Voraussetzung für eine mehrheitsfähige Politik. Die Menschen bringen Opfer dafür, so wie sie früher den Göttern Opfer gebracht haben. Wirtschaftliches Wachstum ist der transzendente Selbstzweck, der an die Stelle der großen sakralen Bauwerke vergangener Jahrhunderte getreten ist.

„Also war Salomo ein Herr über alle Königreiche bis an die Grenze Ägyptens", berichtet das Alte Testament. „Und Gott gab Salomo große Weisheit und Verstand und reichen Geist, soviel wie Sand am Strande des Meeres liegt. Und Salomo sandte zu Hiram und ließ ihm sagen: Siehe, so habe ich gedacht, ein Haus zu bauen. So befiehl nun, daß man mir Zedern aus dem Libanon haue und daß Deine Knechte mit meinen Knechten seien. Also gab Hiram Salomo Zedern und Tannenholz. Salomo aber gab Hiram jedes Jahr 20 000 Kor Weizen und 20 Kor gestoßenen Öls. Und Salomo hob Fronarbeit aus von ganz Israel, und ihre Zahl war 30 000 Mann. Und sandte sie auf den Libanon, je einen Monat 10 000, daß sie einen Monat auf dem Libanon waren und einen Monat daheim. Und Salomo hatte 70 000, die Last trugen, und 80 000, die da Steine hieben auf dem Berge. An seinem Hause baute Salomo 13 Jahre."

Dieses von 3 000 Managern organisierte Großprojekt mit 150 000 zwischenstaatlichen Leiharbeitern zeigt uns das gleiche wie das Mondprojekt der NASA im Jahre 1961. „Noch vor Ablauf dieses Jahrzehnts einen Mann zum Mond bringen und sicher auf die Erde zurück", hat John F. Kennedy es formuliert. Hochkulturen brauchen etwas Kühnes, das sie aufregt; etwas Forderndes, das sie vitalisiert;

etwas Transzendentes, das seinen Zweck in sich selbst hat. „Wer ein Warum hat, für das er lebt", sagt Friedrich Nietzsche, „der kann jedes Wie ertragen."

Der transzendente Selbstzweck ist lange Zeit die kriegerische Eroberung um jeden Preis. Auf ihren Altären werden Göttern oder Dämonen Menschenopfer gebracht. Heute ist daraus für unsere Unternehmen Umsatzwachstum und für unsere Staaten das Wachstum des Bruttosozialprodukts um jeden Preis geworden. Nur Recht und Gesetz sorgen dort, wo sie durchgesetzt werden können, für Einschränkungen.

> Den Wachstumszielen wird alles andere untergeordnet. Und wo die Macht, die das erzwingt, in Konflikt mit der Vernunft gerät, verspricht sie vernünftig zu werden, sobald sie sich konsolidiert hat.

Die Wachstumstheorie von Roy F. Harrod, E. D. Domar, John R. Hicks und Gottfried Bombach – die ökonomische Modetorheit in der zweiten Hälfte des 20. Jahrhunderts – rechtfertigt und propagiert ein „stetiges, gleichgewichtiges Wirtschaftswachstum" und macht aus der Volkswirtschaftslehre eine Tischlein-deck-dich-Lehre.

Politiker greifen solche Rettungsringe begeistert auf, ermöglichen sie ihnen doch, denen, die sie wiederwählen sollen, mehr zu versprechen, ohne es den anderen, die stillhalten sollen, wegnehmen zu müssen. Seit der Erfindung des Mehrheitsvotums in den Klöstern des Mittelalters glauben die Führer um so aufrichtiger an das, was sie sagen, je mehr Applaus sie dafür erhalten. Und so verirren sie sich leicht – wie Edgar Allan Poe dazu sagt – „in den Strahlengängen ihrer eigenen Phantasie".

Diese Strahlengänge sind ein Teufelskreis, der so funktioniert: Unseren zeitlichen Horizont beschränken wir auf diese eine irdische Existenz, allenfalls noch auf die der direkten Nachkommen, in denen wir fortzuexistieren glauben. Unseren Selbstwert definieren wir über die uns hier und jetzt zugefallene Rolle. Die zeitliche Beschränkung und die Fiktion der Einmaligkeit verabsolutieren die Bedeutung dieser Rolle.

Auf der Ebene der Unternehmen leitet sich daraus das Ziel der Marktbeherrschung ab, nicht das der Marktbedienung. Die Firma General Electric hat unter der Bezeichnung „Profit Impact of Market Strategies – PIMS" (die Abhängigkeit des Gewinns von der Marktstrategie) eine Studie begonnen, deren Datenbank die Entwicklung tausender Strategischer Geschäftseinheiten verfolgt. Danach ist der Gewinn vor allem anderen ein Ergebnis des relativen Marktanteils. Marktbeherrschung verheißt Monopolgewinne. Die Monopoltheorie erklärt die Gründe für die Ergebnisse der PIMS-Studie. Marktstrategie will deshalb vor allem anderen den relativen Marktanteil erhöhen.

Auf globalen Märkten ist das eine globale Optimierungsaufgabe, die „eine internationale Arbeitsteilung im Unternehmen, ein dezentral aufgelöstes Geschäftssystem erfordert", so Kenichi Ohmae. Ein deutscher Textilkonzern beschränkt sich auf Unternehmensstrategie und Vertrieb; das Design verlegt er nach Italien, die Beschaffung nach Großbritannien, die Produktion nach Brasilien, Vertrieb und Logistik in die Vereinigten Staaten. Ein südkoreanischer Anlagenbauer beschränkt sich auf Produktentwicklung und Vertrieb und vergibt Softwarearbeiten nach Indien, die Systemintegration nach Indonesien, die Finanzierung in die Vereinigten Staaten und die Produktion nach China.

Unternehmen, die ihre Geschäftsprozesse global optimieren, haben keine nationale Identität und empfinden deshalb auch keine Solidarität mit nationalen Problemen. „Someone with capital is ultimately a citizen of the world" (Wer Kapital hat, ist letztenendes ein Weltbürger), sagt Adam Smith. Unternehmen, die ihre Geschäftsprozesse nicht global optimieren, sind nur noch begrenzt lebensfähig. Unternehmerisches Überleben erzwingt es, sich über beschäftigungs- und fiskalpolitische Ziele einzelner Staaten hinwegzusetzen.

Globale Optimierung ist nur jenseits einer bestimmten Unternehmensgröße möglich. Unternehmen, die in diese Größenordnung hineinwachsen, beherrschen den Markt; Unternehmen, denen das nicht gelingt, kämpfen mit zunehmenden Schwierigkeiten. Marktbeherrschung kann die Erweiterung des vorhandenen Marktes durch Produktpolitik erfordern; dies geschieht durch Differenzierung der Produkte. Marktbeherrschung kann auch die Einführung der vorhandenen Produkte in neue Märkte erfordern; dies geschieht durch Markterweiterung. Wachstum um jeden Preis heißt für ein Unternehmen, sich mit den Grenzen der Produktdifferenzierung und der Markterweiterung nicht zu bescheiden, sondern die finanziellen Möglichkeiten auszuschöpfen, um mit neuen Produkten in neue Märkte zu expandieren. Dies erfordert ein Engagement in neuen, nicht verwandten Geschäftsfeldern: Diversifikation.

Ein Geschäftsfeld ist dann neu und nicht verwandt, wenn einschlägige Kompetenz im Unternehmen fehlt. Da deren Entwicklung mehr Zeit braucht, als der zeitliche Horizont des Managements zugestehen mag, wird meist durch Akquisitionen oder Fusionen diversifiziert: durch die Übernahme von oder den Zusammenschluß mit anderen Unternehmen. Das geht schnell. Michael Porter hat nachgewiesen, daß die Wahrscheinlichkeit des Mißerfolgs bei Akquisitionen und Fusionen sehr hoch ist. Von 100 Projekten scheitern je nach Gegebenheiten zwischen 55 und 86. Scheitern bedeutet nicht allein unerfüllte Gewinnerwartungen, sondern auch die Vernichtung von Arbeitsplätzen und Steuerquellen.

Globale Strategien opfern die Belegschaften, wo die Standortfaktoren nicht gut sind. Eine Fremd- oder Innenfinanzierung dieser Strategien opfert die Kapitaleigner, die ihr finanzielles Engagement nicht persönlich kontrollieren wollen oder können, und enteignet sie schleichend. Viele große Unternehmen sind Zirkusveranstaltungen zur Befriedigung des Ehrgeizes ihrer Manager.

> Der Kommunismus erkennt Kapital als Produktionsfaktor nicht an: es ist „geronnene Arbeit". Der Spätkapitalismus erkennt Arbeit als Produktionsfaktor nicht an: sie ist ein Indiz für nicht ausgeschöpfte Rationalisierungspotentiale. Unsere virtuelle Marktwirtschaft erkennt weder Kapital noch Arbeit als Produktionsfaktor an, sondern nur noch das Management.

Kapitaleigner reagieren entweder, indem sie sich mit ihren finanziellen Engagements nicht mehr inhaltlich identifizieren und sich auf den globalen Anlagemarkt zurückziehen. In den letzten Jahren des 20. Jahrhunderts beträgt das Welthandelsvolumen an Waren und

Dienstleistungen etwa 700 Milliarden US-Dollar pro Jahr. Das globale Devisenhandelsvolumen beträgt ungefähr 700 Milliarden US-Dollar pro Tag. Das bedeutet: die Finanzmärkte haben sich von den Märkten der Leistungserstellung abgekoppelt und führen ein Eigenleben; sie brauchen das produzierende Gewerbe nicht mehr. Der Kapitalismus frißt seine Kinder.

Oder die Kapitaleigner reagieren, indem sie das Kapital weder dem Gesetz des abnehmenden Grenzertrags noch dem Gesetz des zunehmenden Grenzertrags unterwerfen, sondern sich damit zunehmende Grenzlust verschaffen: „Paläste, Gärten, Brüstlein, rote Wangen", schwärmt Johann Wolfgang von Goethe.

Verantwortungslosigkeit gegenüber dem Ganzen ist der Anfang vom Ende. Indiens großes Sanskritepos Mahābhārata berichtet von einer Tragödie, die den Untergang des Volkes der Kurus ausgelöst hat und zeigt, daß wir unsere Geschichte solange wiederholen müssen, bis wir aus ihr gelernt haben: „Ihr Leben glich einem reich mit Gütern beladenen Schiff, das, nachdem es die Meere durchkreuzt hatte, in einem Flusse sank, da die Mannschaft sorglos geworden war."

Aufstieg und Untergang von Völkern, von Staaten und von Unternehmen in der sozialen Evolution unterliegen ähnlichen Gesetzen wie Aufstieg und Untergang von Arten in der biologischen Evolution. Der Existenzkampf um das Überleben im Wettbewerb entspricht dem Existenzkampf um das Überleben in der biologischen Evolution. Denen, die sich an veränderte Bedingungen nicht anpassen, die sich nicht nach deren Vorgaben entwickeln, wird keine Unterstützung gewährt:

Vor 400 bis 600 Millionen Jahren wird die wirbellose Tierwelt mehrmals vernichtet. Vor 300 bis 400 Millionen Jahren gehen in drei Phasen verschiedene Gruppen von Meeresorganismen unter. Vor 250 Millionen Jahren überleben nur etwa zehn Prozent aller marinen Arten. Und auch in den letzten 200 Millionen Jahren gibt es mehrere Massensterben, deren letztes, schwerstes und bekanntestes vor 65 Millionen Jahren die Dinosaurier ausrottet, die die Erde 100mal länger bevölkert haben als – bis jetzt – der Mensch.

Die größte Flexibilität und Anpassungsfähigkeit haben bei keiner dieser Tragödien die gerade dominanten Arten. Randgruppen, die sich schon zuvor in einem für sie feindlichen Umfeld behaupten mußten, sind robuster und haben bessere Chancen, zu überleben. Beim Reptiliensterben vor 65 Millionen Jahren sind das die mausgroßen Säuger, die überwiegend unter der Erde leben – unsere Vorfahren.

Keine bisher ausgestorbene Art ist so dominant, daß sie ihren eigenen Untergang inszenieren kann. Der Mensch hat als einzige Art eine Technologie entwickelt, mit der das möglich ist. Seit Beginn der industriellen Revolution steigt der CO_2-Gehalt (Kohlendioxydgehalt) in der Atmosphäre durch die Verbrennung der Fossilien Kohle und Erdöl. Die CO_2-Moleküle verhindern die Hitzeabstrahlung der Erde und erwärmen ihre Atmosphäre. Dieser „Treibhauseffekt" wird durch Methan verstärkt, das von drei Quellen freigesetzt wird: erstens durch die wiederkäuenden Steaks auf unseren Kuhweiden; zweitens durch unsere wachsenden Müllhalden; und drittens durch die als Folge der Erwärmung auftauenden Tundraböden, die landwirtschaftlich gar nicht nutzbar sind.

Die Erwärmung läßt die arktischen Eisschichten schmelzen und schiebt die Schneegrenze nach oben. Die Gletscher der Erde haben seit Mitte des 19. Jahrhunderts im Durchschnitt ein Drittel ihrer Fläche verloren und werden bis zur Mitte des 21. Jahrhunderts auf ein Zehntel geschrumpft sein. Während Eis und Schnee das einfallende Sonnenlicht wie ein Spiegel zu 95 Prozent zurückwerfen, tut das dunkelgrüne Meerwasser dies nur zu 15 Prozent; statt fünf werden hier 85 Prozent der Wärme in der Erdatmosphäre festgehalten. In den eisfrei gewordenen Meereszonen haben wir unsere globale Zentralheizung also 17mal so hoch eingestellt.

Die Grönlandsee und die Labradorsee östlich und westlich der großen arktischen Insel kühlen bis jetzt noch das aus dem Süden kommende warme Ozeanwasser so stark ab, daß es in die Tiefe sinkt, am Meeresboden südwärts strömt und als Tiefenströmung den Indischen und den Pazifischen Ozean durchfließt, bis es als warmes Oberflächenwasser im Atlantik wieder nach Grönland fließt. Die Meere um Grönland sind die Pumpstation eines globalen Strömungssystems, von dem die Klimazonen auf der Erde abhängen. Diese Pumpe gerät durch den arktischen Temperaturanstieg und das Süßwasser aus abbröckelnden arktischen und antarktischen Eisfeldern, die die Fläche mittelgroßer Staaten haben, ins Stocken.

Die entstehenden Kachelöfen in der Arktis und Antarktis versorgen die Tiefdrucksysteme des Erdklimas mit Energie und erhöhen die Windgeschwindigkeiten. Eine Erhöhung der Windgeschwindigkeiten um 20 Prozent bedeutet eine Erhöhung der Windschäden um 70 Prozent. Das abtauende Polareis erhöht gleichzeitig das globale Meerwasservolumen. Dieses größere Wasservolumen verursacht zweierlei: zum einen Sturmfluten, die küstennahes Tiefland als Siedlungsgebiet zerstören, und zum anderen – wegen seiner höheren Temperatur – stärkere Verdunstung, die in Verbindung mit Stürmen Unwetter produziert. Die Unwetter zerstören durch Erdrutsche und Überschwemmungen auch Bergland und Flußtäler als Siedlungsgebiet.

Eine der großen Rückversicherungsgesellschaften der Welt, bei denen Versicherungen ihre Risiken rück-, also weiterversichern, spielt seit Mitte der 90er Jahre Szenarien durch, bei denen Millionenstädte aufgegeben werden müssen und Immobilien in bis zu 60 Kilometer Küstennähe nicht mehr versicherbar sind. Klimatologen spielen Szenarien durch, bei denen Siedlungsgebiete von mehreren hundert Millionen Menschen unbewohnbar werden.

Wärmere Ozeane absorbieren CO_2 langsamer; wir haben also den „rechten Lungenflügel" unseres Planeten infiziert, der die sauerstoffhaltige Atmosphäre erhält und dem Tiere und Menschen das Leben verdanken. Der „linken Lungenflügel" könnte das auch allein schaffen, wenn es ihn noch gäbe. Den „linken Lungenflügel" haben die großen Waldflächen in den gemäßigten Klimazonen und die zusammenhängenden tropischen Regenwaldzonen gebildet.

Der Chlorgehalt der Atmosphäre hat sich vervielfacht und Fluorkohlenwasserstoffe haben die Ozonschicht ausgedünnt. Das reduziert die Fähigkeit der Atmosphäre, die kurzwellige, ultraviolett genannte Strahlung zu filtern. Als Folge erblinden Forellen und Schafe in Patagonien, und die Fähigkeit der Pflanzen zur Photosynthese wird beeinträchtigt.

Bei der Photosynthese wird CO_2 verarbeitet und Sauerstoff freigesetzt. Pflanzen atmen Sauerstoff aus; Tiere, wir Menschen, unsere

Autos und Kraftwerke atmen Sauerstoff ein. Dies ist die Basis einer Koevolution auf der Erde, bei der die Pflanzen nicht auf uns, wir aber auf sie angewiesen sind. Indem wir den Pflanzen die Photosynthese erschweren, haben wir auch den „linken Lungenflügel" unseres Planeten infiziert.

Nun könnten wir es noch mit künstlicher Beatmung versuchen und die langsamere Photosynthese der Pflanzen durch mehr Pflanzen ausgleichen. Die einzige Pflanzenmasse, die das leisten kann, sind riesige Waldflächen. Der größere Teil der tropischen Regenwälder ist durch Raubbau bereits zerstört; in jeder Sekunde verschwindet ein Hektar Regenwald von der Erdoberfläche. Bei tropischen Regenwäldern ist eine Aufforstung nicht möglich, weil dort nur fünf Prozent der Nährstoffe im Boden, 95 Prozent aber in der Vegetation sind, die sich in Millionen von Jahren entwickelt hat.

In den gemäßigten Zonen ist es umgekehrt; dort sind 95 Prozent der Nährstoffe im Boden und fünf Prozent in der Vegetation; dort ist eine Aufforstung möglich. Die meisten hochentwickelten Industrieländer liegen in den gemäßigten Zonen und haben mit ihren Abwässern das Grundwasser verseucht und mit ihrer Abluft den Regen. Der chemisch saure Regen wäscht die Nährstoffe der Bäume aus dem Boden; ihre feinen Wurzeln sterben ab, ihre Stämme verlieren Stabilität, ihre Anfälligkeit für Schädlinge steigt. Mehr als die Hälfte des Waldbestands in den gemäßigten Zonen ist krank.

Sollten wir unseren eigenen Untergang als biologische Art inszenieren, so müssen wir dann wohl unter schwereren Bedingungen wieder von vorn anfangen – bis wir unsere Lektion gelernt haben. Vieles spricht dafür, daß es nicht der erste Neuanfang auf unserem Planeten wäre. Die Geduld Gottes kennt keine zeitliche Grenze. Das Alte Testament berichtet von einem Neuanfang nach einer ökologischen Katastrophe – der Sintflut –, und das Mahābhārata berichtet von einer hochtechnisierten Zivilisation, die wohl vor Zehntausenden von Jahren untergegangenen ist:

„Aswathama sprach", ich zitiere verkürzt, „der Diamant, den ich besitze, diese unfehlbare Waffe, wird alle noch ungeborenen Kinder töten. Käme es jedoch soweit, würde zwölf Jahre lang Dürre das Land befallen. Die Antardhana-Waffe besaß die Kraft, die Gegner einzuschläfern. Doch Arjuna feuerte die Waffen ab, denen die Kraft innewohnt, die Vernichtung abzuwenden, die Aswathama angestrebt hatte. Die Pfeile, die er mit dem Ghandiva schoß, hemmten den Regenguß. Die Waffen schossen hoch in die Lüfte, und Flammen brachen aus ihnen hervor, die dem großen Feuer glichen, das die Erde am Ende der Zeitalter verschlingt. Zisternen und Teiche trockneten aus und der Wald zerfiel zu Asche."

Radioaktive Verstrahlung ist vielleicht gar nicht so neu, chemische Waffen sind vielleicht gar nicht so erstmalig und die Strategische Verteidigungsinitiative der Vereinigten Staaten ist vielleicht gar nicht so originell gewesen.

Unsere Technik ermöglicht die Zerstörung der Lebensbedingungen für Menschen auf der Erde und die Kalkulationsgrundlagen unserer Unternehmen, die aus den Kosten die Preise errechnen, und dabei auch die Natur ökonomischem Kalkül unterwerfen, qualifiziert dies mit einem wunderbaren Prädikat: „rentabel". Die Rechnung beruht auf drei Prämissen. Erstens: Güter werden aus Rohstoffen hergestellt, deren Vorrat grenzenlos ist. Zweitens: Der Produktionsprozeß hinterläßt keine Spuren. Und drittens: Der Konsum verzehrt die Güter vollständig.

> Der Verbrauch von Natur wird als Ertrag verbucht; diese Seite der Bilanz lehrt deshalb: je mehr, desto besser. Arbeitsplätze verursachen Kosten, die in vielen Ländern durch darauf erhobene Abgaben künstlich erhöht werden; diese Seite der Bilanz lehrt deshalb: je weniger, desto besser. Beides zusammen vernichtet Natur und Arbeitsplätze, die Erde und ihre Menschen.

Vor 100 Jahren ist die soziale Frage als das zentrale Thema der Politik angepackt worden und hat unsere Verfassungen und Rechtsordnungen, Parteien und Institutionen geprägt. Die Klassenkämpfer in allen Lagern, die aus diesem Thema noch nicht herausgewachsen sind, können bei Albert Einstein nachlesen, wie sie es schaffen können – sie müssen ihre Probleme mit einer Geschwindigkeit lösen, die höher ist als die des Lichts. Nach der Relativitätstheorie läuft die Zeit dann in die entgegengesetzte Richtung und bringt sie wieder dorthin, wo sie hingehören: 100 Jahre zurück.

Heute muß die ökologische Frage als das zentrale Thema der Politik angepackt werden und unsere Verfassungen, Rechtsordnungen und Institutionen prägen. Eine nachhaltige Entwicklung („Sustainable Development") der Wirtschaft zerstört nicht das Wunderwerk des Marktmechanismus; aber sie zerstört erst recht nicht das Wunderwerk der Natur. Unser transzendentes Ziel, das sich selbst genügt, darf nicht mehr Wachstum sein, welches durch eine Erhöhung der Arbeitsproduktivität und durch eine Erhöhung der Kapitalproduktivität erreicht wird, sondern die Erhaltung des Kapitalstocks des globalen Unternehmens, in dem wir alle arbeiten – des Unternehmens Menschheit. Dieser Kapitalstock ist die Natur. Durch drei einfache Grundsätze erhalten wir unser globales „Grundkapital":

- Natur darf nur im Rahmen ihrer Erneuerungsfähigkeit verbraucht werden.
- Die Kosten dieser Erneuerung müssen in die Preiskalkulation eingehen und von den Verbrauchern getragen werden.
- Technische Risiken dürfen nur in Kauf genommen werden, wenn sie versicherbar sind.

„Der weiße Mann behandelt seine Mutter, die Erde, und seinen Bruder, den Himmel, wie Dinge zum Kaufen und Plündern, zum Verkaufen wie Schafe oder glänzende Perlen", sagt Seattle, Häuptling der Duwarnish-Indianer, in einer Rede im Jahre 1855: „Sein Hunger wird die Erde verschlingen und nichts zurücklassen als eine Wüste. Vorübergehend im Besitz der Macht, glaubt er, er sei schon Gott, dem die Erde gehört. Die Erde gehört nicht dem Menschen, der Mensch gehört der Erde. Was immer den Tieren geschieht, geschieht bald auch den Menschen. Alle Dinge sind miteinander verbunden. Die Erde verletzen heißt ihren Schöpfer verachten. Dies ist das Ende des Lebens und der Beginn des Überlebens. Wir sind ein Teil der Erde."

- Die Sprache der Erde ist eine andere als die Sprache der Menschen. Die Sprache der Erde in ihrem Gleichgewicht sind Fülle, Schönheit, Harmonie – und in ihrem Ungleichgewicht Naturkatastrophen.

Es gibt Hoffnung, daß viele von uns sie verstehen lernen und auf sie hören; daß verantwortungsvolles Unternehmertum sich nicht dem Markt unterordnet, sondern den Markt der eigenen Vision von einer besseren Welt unterordnet; daß verantwortungsvolle Politik nicht dem folgt, was demoskopische Auguren als gerade populär ermitteln und was der Pöbel will: Aggressionen entladen durch Zerstörung. Marktmechanismen ohne die drei Grundsätze der Nachhaltigkeit zerstören unseren Planeten.

Das kommunistische Experiment hat ungezählte Opfer gekostet und ist so kläglich gescheitert, daß sich die Frage, ob es vielleicht falsch angefangen worden ist, verbietet. Der Kommunismus ist an seinen eigenen Widersprüchen zugrunde gegangen. Vielleicht war die intakte Sowjetunion militärisch unbesiegbar. Die Frage ist empirisch nicht geklärt worden, weil viele Menschen in allen Teilen der Welt sich nach Frieden gesehnt haben, an Frieden gedacht haben und für den Frieden auf die Barrikaden gegangen sind.

Die Auflösung des kommunistischen Ostblocks ist kein strategischer Wurf irgendeines durchsetzungsstarken Politikers; sie ist das Ergebnis starker Gefühle, kraftvoller Gedanken und uneingeschränkten Engagements vieler Bürger auf beiden Seiten des Eisernen Vorhangs.

Von einem Beispiel möchte ich – stellvertretend für viele – hier berichten. Als ich davon höre, bezeichne ich ihn als Illusionisten, der die Realitäten verkennt und sinnlos Porzellan zerschlägt; das geteilte Deutschland braucht das Arrangement mit der östlichen Supermacht. Mitten im Kalten Krieg steht er an dem mit Selbstschußanlagen befestigten Grenzstreifen, der Berlin zerteilt, und ruft: „Diese Mauer muß weg!" Er heißt Ronald Reagan.

Wie jedes politische und wirtschaftliche System in der Menschheitsgeschichte wird auch die Marktwirtschaft an ihren eigenen Widersprüchen zugrunde gehen, nachdem sie die Meere durchkreuzt hat und die Mannschaft vielleicht nicht sorglos, aber übermütig geworden ist. Der wirtschaftliche „Sieg" über den Kommunismus verführt zum Größenwahn. Doch es gibt keine Sieger; jeder vermeintliche Sieg leitet einen Niedergang ein. Obwohl es noch keine greifbare Systemalternative gibt, ist der Zeitpunkt für die Auflösung des Kapitalismus jetzt.

Wiederum ist es kein strategischer Wurf von Leuten, die Geschichte machen wollen, sondern Ergebnis der Vision von Unternehmern aus allen Teilen der Welt. Auch hierzu, stellvertretend für viele, das Beispiel eines Chemieunternehmers: Als ich den letzten Termin bei ihm habe, ist er etwa 45 Jahre alt und vom Tode gezeichnet. Der Anblick trifft mich bis ins Mark. Ich versuche, meine Betroffenheit zu überspielen und berichte ihm enthusiastisch von meinen unternehmerischen Großtaten.

> ▶ „Es ist nicht wichtig, was wir dafür bekommen", sagt er, „es geht allein darum, was wir dadurch werden." Und dann fragt er mich: „Haben Sie darüber nachgedacht, wer Sie sein werden, nachdem Sie diese Ideen umgesetzt haben?" Das ist das Vermächtnis von Gerhard Raspé.

Der Prophet Moses berichtet in der Schöpfungsgeschichte, wie die erste und damals einzige Frau, Eva, Adam verführt. Nicht mit ihrem Körper, das ist so vorgesehen, sondern – und das ist nicht vorgesehen – mit einem Apfel. Alles hätten wir vorher haben können; alles, außer diesem einen Apfel. Aber wir sind unersättlich. Und so macht Gott das erste bekannt gewordene Tauschgeschäft mit uns: Wir nehmen den Apfel, ohne den Preis vorher auszuhandeln. Ein kluger Kaufmann gibt die Freiheit, auf ein Geschäft auch verzichten zu können, nicht voreilig auf. Eva und Adam tun es und Gott setzt den Preis fest: Das Paradies.

Der Apfel ist vom Baum der Erkenntnis. Wer Erkenntnis sucht, will in die göttliche Schöpfungswerkstatt hineinpfuschen. Hätte Gott das damals zugelassen, wäre der Mensch in der Lage gewesen, ebenfalls eine Welt zu schaffen; denn Erkenntnis ist Kraft, innovative Kraft für einen Schöpfungsakt. Dies hat Gott verhindert und uns aus der Überflußgesellschaft vertrieben. Seitdem bemühen wir uns, „im Schweiße unseres Angesichts" und mit dem Startkapital von nur einem Happen Erkenntnis, das Paradies zu rekonstruieren.

Voraussetzung für ein irdisches Paradies ist nicht Plackerei, sondern Reife. Reife kann uns niemand schenken; wir müssen sie uns mit unserer Entwicklung erarbeiten. Reife Menschen verwandeln die Erde in ein Paradies. Das irdische Paradies schließt blühende und finanziell gesunde Unternehmen ein. Für die Transformation, die wir zu leisten haben, sind sie wichtiger als Staaten, wichtiger auch als Regierungen. Staaten werden sich überleben.

> Unternehmerisches Blühen und Gedeihen entspringt nicht aus wirtschaftlichem Wachstum, sondern aus menschlichem Wachstum. Die einzige Aufgabe der Unternehmen ist es, Menschen Möglichkeiten zur persönlichen Entwicklung zu verschaffen.

Ent-Wicklung ist ein Prozeß des Auswickelns, des Befreiens, des Abwerfens von Ballast. Wer hoch ent-wickelt ist, hat nichts zu verbergen, ist durchsichtig. Er wird von den anderen erkannt, anerkannt für sein Sein. Dieses Sein strahlt aus, nicht in einen leeren Raum, sondern in die Gemeinschaft, in die Unternehmen. Es ist wie im Spitzensport: wer auf die Prämie schielt, hat schon verloren. Wer aber an sich glaubt, muß gewinnen.

Die Führungslehre redet davon, aus Mit-Arbeitern Mit-Unternehmer zu machen. Das ist alles Phase zwei: die Reparaturwerkstatt einer linearen Welt, die sich gerade auflöst. Wirkliche Unternehmer sind Schöpfer. Schöpfer brauchen Mitarbeiter, so wie Gott die Menschen braucht. Unternehmer, die ihre einzige Aufgabe darin sehen, ihren Mitarbeitern Gelegenheiten zum persönlichen Wachstum, zur persönlichen Entwicklung, zum persönlichen Reifwerden zu geben, verwandeln ihr Unternehmen in eine Erfüllungsstätte für Lebensaufgaben. Und so machen sie aus Mitarbeitern nicht Mitunternehmer, sondern Gläubige. Und Glaube – das wissen wir – kann Berge versetzen.

Klöster sind überaus erfolgreiche Unternehmen, weil hier die Ewigkeit über dem Heute steht, das Ganze über dem Teil, das Dienen über dem Verdienen. Wir müssen unsere Unternehmen in Klöster verwandeln, die im Dienst an den Menschen stehen, welche in ihnen und für sie arbeiten. Wir müssen diesen Menschen Gelegenheit geben, ihre Grenzen kennenzulernen, über sich selbst hinauszuwachsen, ihre Lebensaufgabe zu finden und sie im Unternehmen für die gesamte Menschheit zu verwirklichen. Wir müssen Arbeit als Substanz eines persönlichen Entwicklungsprozesses sehen und Projekte als Mosaiksteine in einem kosmischen Tempel. Und wir müssen Unternehmen neu definieren: nicht mehr als Produktionsstätten für Güter und Dienstleistungen, nicht mehr als Gewinnmaximierungsinstitutionen, nicht mehr als Selbsterhaltungsmoloche – Selbsterhaltung um jeden Preis, auch den des Lebens und Seins aller Beteiligter, sondern als Erfahrungshorte für Menschen.

> Unsere globale Zivilisation ist reicher an Mitteln und ärmer an Zielen als jedes andere uns bekannte Zeitalter, und unsere globalen Unternehmen kaschieren diesen Mangel, indem sie den Einsatz der Mittel zum Ziel machen. Human Reframing zeigt der Menschheit ihre Seele und **Business Reframing** verleiht der praktischen Arbeit Transzendenz – macht Unternehmen zu Klöstern.

Und Unternehmer zu Künstlern. Dem Künstler ist es nicht wichtig, was er für seine Leistung bekommt. Er investiert Zeit, Kraft und Geld nicht in wirtschaftliche Projekte, er steckt alles in seine Abenteuer, in seine Träume, in sich selbst. Alle großen Menschen, die Bedeutendes geschaffen haben, sind hoch entwickelt und spiegeln sich in ihrem Werk. Das allein gibt Kraft und Erhabenheit. Es geht ihnen ganz allein darum, wer sie durch ihr Werk werden. Sport ist nicht für Medaillen da, Kunst ist nicht für Auktionen da, und Unternehmen sind nicht für den Markt da.

4 Erfahrung ist nicht übertragbar

Als die Damen ihren Vortrag beendet haben, machen die Herren betretene Gesichter. „Scheiße!" brummt der General und spricht allen aus der Seele. „Es ist ein Sicherheitsrisiko", meint ein Stabsoffizier, „wenn wir das nicht irgendwie hinkriegen, ist der Zusammenhalt der Allianz gefährdet." „Was heißt da hinkriegen?" erregt sich sein Kollege: „Sollen wir unseren Leuten etwa beibringen, jedesmal einen Hofknicks zu machen, wenn sie Engländern auf der Straße begegnen?"

Die beiden Damen haben eine Hiobsbotschaft überbracht: Die Imageanalyse im Auftrage des Pentagon, des Verteidigungsministeriums der Vereinigten Staaten, hat eine Wunde offengelegt. Amerikanische Soldaten sind bei der Bevölkerung der europäischen Staaten, in denen sie stationiert sind, unbeliebt. Solch ein Ergebnis hat die Herrenrunde erwartet, fällt es doch jemandem, dessen Muttersprache Englisch ist, besonders schwer, andere Sprachen zu lernen. Die ersten ungelenken Versuche, es in Brüssel mit Französisch, in Caracas mit Spanisch oder in Zürich mit Deutsch zu versuchen, werden vom Gegenüber meist mit flüssigem Englisch vereitelt.

Der Schock, den die Demoskopen auf Dias präsentiert haben, ist ein anderer: Die höchsten Unbeliebtheitswerte erlangen die amerikanischen Soldaten nicht etwa in Italien oder in Deutschland, was mit Sprachkursen zu lösen wäre, sondern im englischen „Mutterland". Dekadenz? Schicksal? Dummheit? Undank? Frechheit? Der General will es genau wissen. Er gibt eine weitere Studie in Auftrag, die die Gründe erforschen soll.

Als die Anthropologin Margaret Mead deren Ergebnisse vorträgt, sieht sich einer der versammelten älteren Herren in die Zeit seiner ersten großen Liebe zurückversetzt:

Beim Jahresabschlußball im College streift ihr Blick den seinen mit einem flüchtigen verlegenen Lächeln. Er geht zu ihrem Tisch, verbeugt sich und führt sie zur Tanzfläche. Sein Herz pocht. Nach dem ersten Tanz sagt er ihr mit einem vorsichtigen Kuß auf die Wange, daß er sich einen zweiten wünscht. Sie strahlt. Danach verbringen sie lange Zeit plaudernd an der Bar, öffnen ihre Herzen, schärfen ihre Sinne, tanzen wieder, trinken etwas und suchen dann einen gemeinsamen Tisch. Bei der romantischen Musik des allerletzten, langsamen und nicht endenden Tanzes wird das Licht schummerig. Sie schmiegt sich zärtlich an ihn, er drückt sie vorsichtig an sich. Und als sie seinen Hals umklammert als wollte sie ihn nie mehr loslassen, atmet er viel Mut ein und riskiert die Frage: „Willst du heute mit mir kommen?" Die Nacht quillt über vor Verlangen, vor Beben, vor Erfüllung.

Biologen nennen das Paarungsverhalten (courtship pattern), und ihre wesentliche Feststellung hierzu ist wenig verwunderlich: Das Paarungsverhalten ist artspezifisch verschieden. Bei vielen Tieren besteht es aus drei oder vier präzise definierten Stufen. Wenn die abgehakt sind, klickt es, und der Arterhaltung ist ein Dienst erwiesen.

Bei den Menschen funktioniert das sehr ähnlich. Allerdings sind es hier nicht drei oder vier Stufen. Anthropologen haben herausgefunden, daß es bei allen Rassen und Völkern 30 ebenfalls präzise definierte Stufen bis zum Klick gibt, dessen Folgen bekannt sind. Die Wahrscheinlichkeit einer solchen Abfolge ist naturgemäß in der Lebensphase besonders hoch, in welcher der vom Propheten Moses überlieferte Ratschluß Gottes vom sechsten Schöpfungstag andere menschliche Gedanken überschattet: „Es ist nicht gut, daß der Mensch allein sei."

Viele in Europa stationierte Soldaten aus den Vereinigten Staaten sind in dieser Lebensphase und folgen dem göttlichen Ratschluß in Diskotheken, wo sie, so sie in England stationiert sind, jungen Engländerinnen begegnen. Engländerinnen sind auch Menschen, sogar solche, mit denen die sprachliche Verständigung unproblematisch ist. Während Friedrich Schiller noch „errötend ihren Spuren gefolgt" wäre, kann ein Amerikaner heute die „30 Stufen" zielstrebig angehen: Die erste Stufe ist – immer und überall – ein Lächeln. Die Juristen bezeichnen so etwas als notwendige, nicht aber hinreichende Bedingung: Wer nicht lächelt, kommt nie zur Stufe zwei. Natürlich ist nicht jedes Lächeln die erste Sprosse der 30stufigen Leiter. Zum Glück gibt es hunderte anderer guter Gründe zu lächeln. Auch die letzte Stufe ist – immer und überall – Klick. Ohne diese biologische Vorgabe wären wir nicht hier. Die unheilvolle Konfusion entsteht dazwischen: 30 Stufen sind artspezifisch menschlich; auch die erste und die letzte Stufe sind bei allen Menschen gleich. Die Reihenfolge der Stufen zwischen Anfang und Ende aber ist nicht art-, sondern kulturspezifisch.

Den in Lateinamerika und den romanischen Ländern üblichen Begrüßungskuß zwischen den Geschlechtern – in der Rangfolge bald nach dem Lächeln – gibt es in England nicht. Ein Kuß – ein Kuß, der sich gewaschen hat – kommt dort kurz vor Stufe 30. Der unverbindliche amerikanische Wangenkuß, von der Engländerin als Einleitung eines richtigen Kusses empfunden, ermuntert sie zu einer interkulturellen Ohrfeige, vertreibt den Amerikaner für immer aus englischen Diskotheken und zementiert sein Urteil: diese unverschämte englische Arroganz ist schwer zu überbieten.

Umgekehrt kommt der zärtliche Körperkontakt in Amerika gegen Schluß. Das leichte Anschmiegen an den Partner ist in England recht früh an der Reihe und hat nicht viel zu bedeuten – vielleicht nur die Lust zu einem gemeinsamen Plausch an der Bar anzudeuten. Nach amerikanischem Verständnis springt die Engländerin, die vorsichtig die körperliche Nähe ihres Partners sucht, gleich auf Stufe 28. Ein Amerikaner, der das erlebt, ist verdutzt, hält Engländerinnen für Huren, denkt, da es nichts kostet, daß das hier offenbar ein Sonderangebot ist, sagt „okay, let's go baby" (na gut, dann komm mit, Kleine) und will sie am Arm hinter sich herzerren. Sie reißt sich los, rennt schreiend davon und gibt bei der demoskopischen Befragung zu Protokoll: „Amerikaner sind der Abschaum der Menschheit; kaum spreche ich mit einem, schon will er mit mir ins Bett."

> Eine Kultur ist eine Vereinbarung zwischen Menschen und ihrem Umfeld; sie wird von den Lebensbedingungen, dem Klima und der Landschaft geprägt, formt kollektive Verhaltensnormen und entwickelt Sprache, Denken und Handeln. Kulturen unterscheiden sich durch die mentale Programmierung der Menschen. Jedes der Programme ermöglicht bestimmte Erfahrungen und blockiert andere.

Die mentale Programmierung bezieht sich auf Werte, Wünsche, Glaubenssätze und Wahrnehmungen, die um einen kulturspezifischen Mittelwert streuen und für Außenstehende leichter zu erkennen sind als für Zugehörige. Der Südseehäuptling Tuiavii aus Tiavea schildert unsere globale Rechts- und Wirtschaftsordnung aus der Distanz des Außenstehenden (ich zitiere verkürzt): „Der Papalagi (Fremde) hat eine höchst verschlungene Art zu denken. Er denkt nur für einen und nicht für alle Menschen. Er sagt: Die Palme ist mein. Weil sie gerade vor seiner Hütte steht. Die Palme ist aber niemals sein. Niemals. Sie ist Gottes Hand, die er aus der Erde uns entgegenstreckt. Wir dürfen danach greifen und uns freuen; aber wir dürfen nicht sagen: Gottes Hand ist meine Hand. ‚Lau' heißt in unserer Sprache mein und auch dein; es ist ein und dasselbe. Die Palme wirft ihre Blätter und Früchte ab, wenn sie reif sind. Der Papalagi lebt so, wie wenn die Palme ihre Blätter und Früchte festhalten wollte: Es sind meine! Die Palme hat viel mehr Weisheit als ein Papalagi. Das hat den Papalagi zu einem schwachen, irrenden Menschen gemacht, der das liebt, was nicht wirklich ist, und der das, was wirklich ist, nicht erkennen kann."

Unsere Wirklichkeit ist Ergebnis unseres Denkens, und unser Denken ist Ergebnis unserer Sprache. Wenn ich einen Gedanken in einer Sprache nicht ausdrücken kann, können die Menschen, die dieser Sprachkultur angehören, ihn nicht denken.

Im Japanischen gibt es kein benutzbares Wort für „nein". Weil Japaner nicht nein sagen können, können sie auch nicht nein denken. Die hübsche Japanerin, die sich vor einem Verehrer retten will, muß einen anderen Ausweg finden. Unser japanischer Geschäftsführer, der sein Gesicht wahren will, findet auch einen anderen Ausweg. Da er nicht nein sagen kann, entzieht er sich der Situation und verschwindet.

In der deutschen Sprache gibt es das Wort „gemütlich". In der deutschsprachigen Denkkultur entstehen bei diesem Wort eine Reihe von Assoziationen, die an den mitteleuropäischen Lebensraum gekoppelt und nicht überall hin übertragbar sind: Es ist Abenddämmerung, Kerzen brennen am Adventskranz, draußen schneit es, drinnen prasselt der Kachelofen, die älteste Tochter spielt Mozartsonaten auf dem Klavier, die Mutter reicht selbstgebackene Plätzchen zu Schlagsahne und Kaffee, der Sohn, im Sofa versunken, blättert in einem

Fotoalbum, die Großmutter strickt einen Pullover, der Vater erzählt, wie es früher war, die Katze schnurrt auf dem Ofenkissen, die Kirchglocken läuten.

Der Versuch, das Wort, das dieses alles ausdrückt, ins Portugiesische oder Arabische zu übersetzen, kann sich immer nur auf einen einzigen Aspekt von „gemütlich" beziehen, der in dieser Sprache gedacht werden kann: Halbdunkel, Kerzenlicht, Tannenzweige, Schnee, Ofen, Musik, Gebäck, Kaffee, Sessel, Geschichte, Katze, Glocken. Die Reduzierung der schillernden Farbenpracht des vielschichtigen Begriffs auf einen einzigen Aspekt läßt ihn verarmen und beraubt ihn seines emotionalen Gehalts. Eine Übersetzung ist nicht möglich, weil die Erfahrung, die das Wort gebildet hat, nicht übertragen werden kann. Mit „saudade" könnte eine sensible Übertragung von „Gemütlichkeit" ins Portugiesische gelingen; das heißt Wehmut, Traurigkeit. So ist die mitteleuropäische Gemütlichkeit für Brasilianer.

In der englischen Sprache gibt es das Wort „lean". „Lean production" wird in viele Sprachen mit „Schlanke Produktion" übersetzt; auch das ist falsch. „Lean" ist nicht schlank und „production" nicht Produktion.

Das Concise Oxford Dictionary und das Webster's Dictionary umschreiben „lean" so: lack of curving contours, absence of excess flesh, characterized by economy as of style, expression or operation, not plump, consisting of muscular tissue, containing no fat (ohne runde Formen, ohne überflüssiges Fleisch, durch Wirtschaftlichkeit im Stil, im Ausdruck, in der Vorgehensweise gekennzeichnet, nicht schwerfällig, aus muskulösem fettfreien Gewebe); und „to lean" so: to rely or depend on, to incline one's body against something for support (sich auf etwas verlassen, von etwas abhängen, sich an etwas anlehnen, sich auf etwas stützen).

Auch „to produce" bedeutet vieles, nur nicht produzieren, was „to manufacture" heißt. „To produce" bedeutet: to give birth or rise to, to bring about, to form, to cause a sensation, to cause to accrue, to shape to, to yield, to bear (gebären, aufziehen, hervorbringen, gestalten, verursachen, sich entwickeln lassen, formen, Ertrag bringen, trächtig sein). „Product" bedeutet: a compound not previously existing in a body (ein vorher noch nicht vorhandener Bestandteil eines Ganzen). Und schließlich bedeutet „Production": a literary or artistic work, the creation of utility (ein literarisches oder künstlerisches Werk, die Schaffung von Nutzen).

John Krafcik, wissenschaftlicher Mitarbeiter beim „International Motor Vehicle Program" des „Massachusetts Institute of Technology" (dem Projekt, das die Autobranche weltweit untersucht hat), prägt mit Lean Production einen englischen Begriff, der eine japanische Realität beschreiben soll. Diese Realität ist geprägt durch verschwendungsfreie Wertschöpfung. Die falsche Übersetzung „schlanke Produktion" löst fatale Assoziationen aus. Ein Körper wird durch eine Abmagerungskur schlank, ein Unternehmen durch eine Entlassungskur. Was Übersetzer alles anrichten können.

Wie die Realität dem Denken und das Denken der Sprache folgt, so ist die Sprache Ergebnis von Bewegung. Wir bilden uns unsere Realität, indem wir sie be-greifen, er-fassen, also berühren. Dinge, die wir nicht durch Veränderung unseres Standorts oder unserer Haltung körperlich erfahren, können wir nicht be-zeichnen, sie also nicht mit unserem eigenen Zeichen bemalen, prägen, gestalten. Wir haben keine Worte dafür. Und weil unsere Sprache sie nicht be-schreibt, können wir sie uns nicht vor-stellen, sie nicht in Gedanken vor uns hin stellen.

> Wenn wir weiterhin denken, wie wir immer gedacht haben, werden wir weiterhin so handeln, wie wir immer gehandelt haben. Wenn wir weiterhin so handeln, wie wir immer gehandelt haben, werden wir weiterhin das erschaffen, was wir immer erschaffen haben.

Wenn wir etwas Besseres, etwas Schöneres haben wollen, müssen wir besser und schöner denken. Besser und schöner denken können wir nur, wenn wir besser und schöner miteinander und übereinander reden. Das aber werden wir nur fertig bringen, wenn wir uns zuvor verändert haben. Und verändern können wir uns nur durch äußere oder innere Bewegung.

Jorge Luis Borges berichtet von den Innovationen, die sich aus einer starken Bewegung ergeben haben – der erzwungenen Übersiedlung von Schwarzen nach Amerika: „Pater Bartolomé von Casas hatte großes Mitleid mit den Indios, die in den höllischen Arbeitslagern der antillanischen Goldminen krepieren mußten, und schlug Kaiser Karl V. im Jahre 1517 den Import von Negern vor, die in den höllischen Arbeitslagern der antillanischen Goldminen krepieren sollten – die bemerkenswerte Eingebung eines Philanthropen mit unzähligen Konsequenzen: dem Blues von Handy, dem Erfolg der Pariser Ausstellung des uruguayischen Arztes und Malers Pedro Figari, der wilden Prosa Vicente Rossis, der historischen Bedeutung Abraham Lincolns, den 500 000 Toten der Sezessionskriege, den 3,3 Milliarden für Militärpensionen ausgegebenen Dollars, der Statue des heldenhaften Falucho, der Aufnahme des Verbs ‚lynchen' in die 13. Auflage des Wörterbuchs der Akademie der spanischen Sprache, dem wuchtigen Film Halleluja, der knorrigen Verzierung des Bajonetts von Soler, Anführer der Mulattenkämpfer vor Montevideo, der Anmut des Fräuleins von Tal, dem Mörder von Martin Fierro, dem herzzerreißenden Rumba El Manissero, den von Toussaint Louverture gefangenen und geköpften Untertanen Napoleons, dem Kreuz und der Schlange in der Flagge von Haiti, dem Blut der von Voodoo-Anhängern mit der Machete geköpften Ziegen und der havannischen Mutter des Tango, dem Candombe."

Eric Davalo und Patrick Naïm berichten nicht von aufgezwungener, sondern von unterdrückter Bewegung in einem Laborversuch mit neugeborenen Kätzchen: Katzen kommen blind auf die Welt; sie erleben und erkennen ihr Umfeld zunächst ausschließlich durch Bewegung. Wird ihnen die Möglichkeit zur Bewegung verwehrt, verkümmern die für die Erfahrung des Umfelds zuständigen Gehirnzellen; sie können später nicht mehr aktiviert und genutzt werden. Eine Gruppe neugeborener Kätzchen ist nach der Geburt gefesselt worden; eine Kontrollgruppe hat frei herumstolpern können. Nach einer Woche, als alle sehen können, lösen die Forscher die Fesseln: Die von Anfang an freien Tiere sehen alles und bewegen sich normal. Die zuvor gefesselten Tiere können mit ihren Augen nichts anfangen; sie torkeln herum und verhalten sich wie blinde Tiere.

Manchmal überspringt eine Erfahrung Kulturgrenzen und erobert fremde Welten, in denen es dafür keine Worte gibt. Die Germanen kennen keine Steinhäuser wie die Römer und haben kein Wort für Mauer. Nachdem sie römische Mauern gesehen haben, übernehmen sie das lateinische Wort „murus" als Fremdwort. Die Japaner haben kein Wort für Privatsphäre, die es in ihrer Kultur nicht gibt. Nachdem sie in Amerika erleben, was das ist, übernehmen sie das englische „privacy" als Fremdwort. Fremdworte, von Portemonnaie bis Software, spiegeln Einflüsse aus einer anderen Welt: kulturelle Infiltration. Die Erfahrung, die ein Fremdwort prägt, ist in einer anderen Kultur begonnen worden und wird mit der Übernahme des Wortes nachgeholt. „Die Grenzen unserer Sprache sind die Grenzen unserer Welt", sagt Ludwig Wittgenstein dazu.

Die Sprachen der Menschen, die in den Tropen leben, haben kein Wort für Schnee und übernehmen es als Fremdwort aus der polnäheren Sprache, die ihnen zuerst davon berichtet. Skifahrer kommen mit einem Wort für Schnee nicht aus; sie unterscheiden mindestens drei Schneearten: Firn, Bruchharz und Sulz. Ihre Möglichkeiten, ihre Ausrüstung und ihr Verhalten wird von der Art des Schnees bestimmt, auf den sie sich einstellen müssen. Für Bergführer sind drei bis vier dieser Unterscheidungen nicht genug, sie kennen zwölf verschiedene Arten von Schnee. Eskimos kommen auch mit zwölf Worten für Schnee nicht aus; sie haben dafür 23 verschiedene Bezeichnungen, für jede Schneeart eine. Ohne diese Unterscheidungen können sie in Grönland nicht leben. Für Senegalesen ist das alles „neige", für Kenianer „snow", für Angolaner „neve". Für sie ist Schnee nur weiß und kalt; sie bauen daraus keine Iglus, tauen ihn nicht zu Trinkwasser auf, formen damit keine Handbälle, hacken darunter kein Eis zum Angeln auf und lassen darüber keine Kufen gleiten – sie bewegen sich nicht im Schnee.

Wer keinen Wein trinkt, kann Cabernet Sauvignon von Merlot nicht unterscheiden. Für ihn existiert der Unterschied nicht. Wer keine Nudeln ißt, kann Spaghetti von Maccaroni von Tortellini von Rigatoni von Cannelloni von Manicotti von Fusilli von Gnocchi von Fettuccine von Penne von Linguine von Conchigliette nicht unterscheiden. Für ihn sind das alles nur Nudeln. Wer nie klassische Musik hört, erkennt zwischen Händel und Rossini keinen Unterschied, wer nie Rock hört, nicht zwischen Elvis und den Beatles. Wer nie ein Kunstwerk betrachtet, sieht bei Vincent van Gogh oder Paul Klee nur bunte Farben. Ein irianischer Hagahai, dem Sie den Sessel zeigen, auf dem Sie jetzt vielleicht sitzen, sieht keinen Sessel. Für ihn gibt es keinen Sessel. Vielleicht sieht er einen Opferaltar. Als solchen wird er Ihren Sessel dann bezeichnen; dafür hat er ein Wort. Damit ist der Sessel in seiner Welt ein Opferaltar.

Ein peruanischer Indiostamm kennt nur vier Zahlen: eins, zwei, drei und viele. In seiner Kultur hätte eine Wall Street nicht entstehen können. In der althochdeutschen Kultur auch nicht: Zala (Zahl) ist ein eingekerbtes Merkzeichen, aus dem sich keine Algebra entwickeln läßt. Mehr Zahlen bieten mehr Möglichkeiten. Andere Zahlenmengen – komplexe, natürliche, rationale, reelle – bieten andere Möglichkeiten.

Unterscheidungen erschaffen eine Welt, die es ohne sie nicht gibt; sie erst lassen uns den Unterschied erleben, den sie schaffen. Dadurch bereichern sie das Leben und erhöhen seinen Wert. Nachdem die Sprache weitere, feinere oder differenziertere Unterscheidungen zur Verfügung gestellt hat, können wir sie auch denken. Und nachdem wir weiter, feiner und differenzierter denken können, haben wir die Möglichkeit, auf einer breiteren Grundlage zu entscheiden und zu handeln: Wir erweitern unseren strategischen Spielraum.

> ▶ Jede wirkliche Innovation beginnt damit, daß wir etwas sehen, was uns bis dahin verborgen war. Innovationsmanagement ist Unterscheidungsmanagement.

Ein Unternehmen mit den Schneeunterscheidungen der Ghanaer kann keine Skier herstellen; mit den Weinunterscheidungen der Norweger keinen Rioja anbauen; mit den Nudelunterscheidungen der Nepalesen keine Tortellini exportieren; mit den Musikunterscheidungen eines Taubstummen keine Geigen stimmen; mit den Kunstunterscheidungen eines Blinden keine Galerie betreiben; mit den Sesselunterscheidungen eines Hagahai keine Büromöbel entwerfen; mit den Zahlenunterscheidungen der Germanen kein Betriebsergebnis errechnen. Wie aber können wir Unterscheidungen managen? Wie können wir als Schnee-, Wein-, Nudel-, Musik-, Kunst-, Sessel- oder Zahlenbanausen unser Leben um Möglichkeiten bereichern, von denen wir jetzt noch nichts ahnen? Das ist sehr einfach: Wir müssen in Grönland Iglus bauen, in Frankreich Wein trinken, in Italien Nudeln essen, in Seoul ins Konzert gehen, in Chicago ein Museum besuchen, in Madras das

Polsterhandwerk erlernen und in Tokyo die Terminbörse verfolgen. Wir müssen uns der Erfahrung aussetzen.

Natürlich, es gibt das Büffeln aus Fachbüchern, die wie Schlafmittel wirken, und das Pauken bejammernswerter Schüler und Studenten. Max Horkheimer folgert daraus, daß die Vorlesung an der Hochschule „eine mißglückte Säkularisierung der Predigt" ist, und der große Meister der Zeichenkunst, Konstantin Nicolaides, zieht seine Konsequenzen: „Meine Methode besteht einzig und allein darin, die Studenten ihre Erfahrungen machen zu lassen. Ich versuche, sie anzuregen. Ich führe sie zu den Dingen, über die sie nachdenken sollen, zu den Kontakten, die sie suchen sollen. Wenn die Erfahrungen, die sie dabei gemacht haben, gut und tief waren, zeige ich ihnen, was es war und warum es dieses Ergebnis gebracht hat."

Durchschlagend wird die Didaktik aber erst beim Zen-Meister Hakuin. Als ein Fremder zu ihm kommt und fragt, ob es Himmel und Hölle gibt, fragt Hakuin zurück: „Wer bist du?" „Ich bin der oberste Samurai des Kaisers", gibt der Fragende sich zu erkennen. „Du, ein Samurai?" spottet Hakuin, „dein Gesicht sieht aus wie das eines Lumpen!" Das ist zuviel für den Stolz eines Samurai. Er zieht sein Schwert und holt aus. Hakuin steht ruhig vor ihm und sagt: „Hier tut sich das Tor zur Hölle auf." Vom Blitz der Erkenntnis getroffen, verneigt sich der Samurai vor dem Meister, der dazu bemerkt: „Und hier öffnet sich das Tor zum Himmel."

Lernen vermittelt Wissen. Das ist nicht viel wert, weil es ohnehin schnell veraltet. Erfahrung vermittelt Erkenntnis. Ist die Erfahrung tief und eindringlich, hält die Erkenntnis ewig. Ist sie nicht tief und eindringlich genug, stehen uns weitere Erfahrungen bevor – bis wir erkannt haben, was wir erkennen sollen. Der Sinn unseres Lebens ist, daß wir uns entwickeln, innerlich wachsen, reifen und Erkenntnisse erlangen, die auf der Festplatte unserer Seele für immer gespeichert bleiben; die wir ins Jenseits mitnehmen und in nachfolgende körperliche Existenzen; auf denen wir unsere Zukunft aufbauen können.

> Menschen vor Erfahrung schützen heißt, sie vor dem Leben schützen; ihnen Erfahrung vorenthalten heißt, ihnen Leben vorenthalten. Deshalb ist es die heiligste Aufgabe der Unternehmen, Menschen Gelegenheit zu geben, Erfahrungen zu sammeln.

Eindringliche Erfahrungen, solche von Ewigkeitswert, die Spuren in der Seele hinterlassen, sind entweder mit großem Glück verbunden oder mit tiefem Leid. „Schlechte" und „gute" Erfahrungen sind gleich wertvoll und notwendig und bringen uns – wenn sie verarbeitet sind – gleichermaßen nur Gutes. Der Extrembergsteiger Reinhold Messner sieht es extremer und sagt, daß er weniger durch seine Erfolge der geworden ist, der er ist, als vielmehr durch sein Scheitern. „Verlierer machen andere Erfahrungen als Sieger", schreibt er, „immer größere."

Der reife Manager führt nicht, sondern zeigt die Konsequenzen auf; er deutet nicht, sondern lehrt zu denken; er leidet nicht mit, sondern hört zu; er hat also kein Mit-Leid, sondern Mitgefühl; er forciert nicht, sondern läßt etwas geschehen; er greift nicht immer gleich ein, sondern beobachtet. Der Größere hat immer Platz für die Kleineren; er beschützt den Raum, den sie für ihre Entwicklung brauchen, ganz so wie reife Eltern ihren Kindern einen geschützten Raum bieten, in dem sie ihre Erfahrungen machen können. Das Ergebnis unserer Erfahrung ist nicht das Entscheidende. Entscheidend ist, wie wir die Erfahrung verarbeiten, mit ihr umgehen.

Das Spiel der Kinder im Sandkasten ist ihr Beruf, ihre altersgemäße Berufung, die genauso ernst ist wie die Arbeit der Erwachsenen in ihrem Beruf. Rudolf Mann nennt Unternehmen „Abenteuerspielplätze für Erwachsene". Kinder bauen Sandpisten mit dem gleichen Ehrgeiz wie Eltern Asphaltpisten. Sie sind genauso verzweifelt, wenn es mißlingt, wie Eltern, wenn sie fachlich überfordert sind. Sie streiten sich mit der gleichen Heftigkeit um Spielsachen wie Eltern um Kompetenzen. Sie schreien genauso verzweifelt zum Himmel, wenn ihr Kunstwerk zerstört wird, wie Eltern, wenn ihr Unternehmen Konkurs anmeldet. Und alles Jauchzen und Jammern, alles Lachen und Weinen, alle Freuden und Leiden haben nur einen einzigen Zweck: das Kind auf das richtige Leben vorzubereiten.

Kluge Eltern beschützen ihre Kinder nicht vor schlechten Erfahrungen, die sie verkraften können; sie wissen, welchen gewaltigen Reifeschub zum Beispiel die ersten überstandenen Kinderkrankheiten auslösen. Und sie wissen, daß Lebenserfahrungen, die sie ihren Kindern vorenthalten, nur aufgeschoben sind und das Erwachsenenleben heftiger beschweren. Wer als Kind nicht gelernt hat, mit Konflikten umzugehen, hat es eben noch nicht gelernt und wird sich vielleicht als Erwachsener mit seinem Umfeld überwerfen. Wer als Kind nicht gelernt hat, zu teilen, wird es vielleicht in diesem Leben nicht mehr lernen und als Erwachsener sehr allein sein. Wer als Kind nicht gelernt hat, Schmerz auch zu ertragen, wird vielleicht später daran zerbrechen. Wer die Kindheit nicht lebt, kann das Leben nicht leben.

Das richtige Leben? Welches Leben ist denn richtig und welches falsch? Ist es nicht mit unserem Erwachsenenleben genauso? Auch wir bereiten uns doch „nur" im Sandkasten auf das richtige Leben vor, das später kommt. Auch unsere Sandburgen sind einzig und allein Spielmaterial, das uns Gelegenheit gibt, Erfahrungen zu sammeln. Auch bei uns geht es nicht um das Produkt – es sind alles Zwischenprodukte. Die Erinnerung an unsere Vergangenheit wird uns mit dem ersten Atemzug zum großen Teil genommen, damit wir ganz präsent sind und uns auf das Hier und Jetzt konzentrieren; damit wir uns nicht in unsere Geschichte vergraben und dadurch diesem Leben keine Verbindlichkeit geben, es verpassen und vom Winde verwehen lassen; damit wir die Erfahrungen, die für uns vorbereitet werden, ernst nehmen und ausschöpfen; damit unser Leben lebenswert ist. Es geht allein um den Weg unserer Entwicklung, den wir vor uns ausbreiten.

Erfahrungen, denen wir Kinder aussetzen sollten, haben wir eingeschränkt: soweit die Kinder sie verkraften können. Die Grenze wird von physischen und psychischen Schäden gezogen, die irreparabel sind. Im Unternehmen wird die Grenze von der Verzinsung des Eigenkapitals gezogen, die erwirtschaftet werden muß. Alles, was darüber hinaus an Rücklagen angesammelt wird, ist wie ein Laufstall, in den das Kleinkind eingezäunt wird: bequem für die Eltern, sie brauchen nicht aufzupassen; grausam für das Kind, ihm werden die Erfahrungen geraubt, die es bei der Entdeckung der Wohnung hätte machen können. Und damit wird ihm ein Stück seiner Zukunft geraubt.

Viele Unternehmen prüfen neue Projekte so lange und so gründlich, bis nur noch die übrig bleiben, deren Erfolg sicher ist. Dann kommt der Erfolg; die Gewinne explodieren und werden in der Bilanz versteckt, damit die Aktionäre nicht habgierig werden. Wo es rechtlich zulässig ist, werden sie genutzt, um eigene Aktien aufzukaufen: viele Manager träumen nicht nur vom mitarbeiterlosen Unternehmen, sondern auch vom eigentümerlosen Unternehmen. Und sobald sich die Chance bietet, werden die Gewinne eingesetzt, um sich der leidigen Konkurrenz durch Akquisition zu entledigen. Dieses Szenario kennen wir bereits.

Auf der Strecke bleiben die Mitarbeiter des Unternehmens, die um ihre Erfahrungen auch mit riskanteren, weniger sicheren Projekten und Abenteuern beraubt werden. Diese Erfahrungen sind das größte unternehmerische Kapital; sie eröffnen Möglichkeiten, die ohne sie nicht gedacht und nicht verwirklicht werden können. So vernichten Unternehmen ihre Zukunft und inszenieren den Untergang nach fetten Jahren oft unvermittelt. Fett macht faul, unbeweglich, anfällig und verleitet dazu, die Abenteuer vom Sofa aus zu erleben, vor dem Fernseher.

> Unternehmen, die ihre heilige Aufgabe ernst nehmen und sich als Erfahrungshort für Menschen verstehen, betreiben das Projektcontrolling anders. Vier Fünftel der neuen Projekte müssen scheitern. Wenn es weniger sind, wird nicht alles versucht.

Wenn nicht alles versucht wird, werden nur begrenzte Möglichkeiten ausgeschöpft, die Welt zu verbessern. Wenn wir nur begrenzte Möglichkeiten ausschöpfen, werden die weiteren unbegrenzten Möglichkeiten von anderen ausgeschöpft. Und das ist – im Wettbewerb – unser Ende. Der Cash-flow, den jedes fünfte Projekt produziert, reicht aus, um die schlechten Erfahrungen bei vier anderen zu finanzieren. Und diese schlechten Erfahrungen verschaffen dem gesamten Unternehmen einen Entwicklungsstand, eine Reife und eine Robustheit, die es gegen die Gefahren in turbulenten Zeiten immunisieren.

So wie es einen Untergangsmechanismus nach fetten Jahren gibt, haben auch die Tiefpunkte, Katastrophen und Existenzkrisen der mageren Jahre ihre eigene Dynamik. Jeder andere Punkt liegt definitionsgemäß höher als der tiefste Punkt. Das heißt, daß jede Veränderung eine Verbesserung bringt. Mit dieser Logik macht mir der Personalleiter den neuen Standort schmackhaft: „Immer wenn Sie woanders hinkommen, ist es schöner".

Ökologische Herausforderungen verursachen den Übergang vom Vormenschen zum Urmenschen. Nach einer Verschiebung von Kontinentalplatten des heutigen Ostafrika gibt es eine „gute" Seite mit Wald und reicher Nahrung und eine „schlechte" mit Wüste und Steppe. Auf der guten entwickeln sich unsere Vorfahren zu Affen, auf der schlechten zu Menschen. Auch der Schmetterling erscheint in dem Augenblick, wo die Raupe den tiefsten Degenerationspunkt erreicht hat. Jedes Ende schafft Raum für einen Anfang. Zwischen Sterben und Werden ist kein Unterschied.

„Eine neue Welt wird geboren, die alte vergeht", steht im Mahābhārata, „wenn ihr eure Aufgabe erfüllt habt, ist es Zeit für euch, diese Welt zu verlassen und euch auf eine Reise in eine andere Welt vorzubereiten. Die Zeit ist der Same des Universums und die Zeit ist mächtig." Der hundertjährige Ernst Jünger sagt das in einem Interview so: „Niemand stirbt, bevor er nicht die für ihn vorgesehenen Erfahrungen hinter sich hat; manch einer aber lebt länger."

> Wenn die Erfahrung ihre Spur hinterlassen hat, führt diese Spur zu einer höheren Evolutionsstufe. An der Größe der Erfahrung erkennen wir die Größe des Entwicklungsschritts, den wir bewältigen.

Große Erfahrungen sind immer mit der Lösung großer Probleme verbunden. Große Probleme suchen wir nicht; wir versuchen, sie zu umgehen, und träumen vom „dolce vita", dem süßen, leichten Leben; so wie die Kinder von Lollipop. Weil das aber nicht die Aufgabe unseres Daseins ist, sondern Lebens-, Erfahrungs- und Zeitverschwendung, greift eine Instanz ein, die wir Schicksal nennen, und stellt uns vor Probleme – und zwar immer so präzise dosiert, daß wir, wenn wir wollen und uns darum bemühen, damit fertig werden und daran wachsen können. Wenn wir nicht wollen, zerbrechen wir daran und sterben. Auch das ist ein Weg. Er soll etwas langwieriger sein.

Das Schicksal stellt die Hausaufgaben für uns sehr gezielt zusammen. Im Geschäftsleben bedient es sich finanzieller Rückschläge, in der Karriere dramatischer Einbrüche, im persönlichen Bereich substanzzehrender Krisen, im körperlichen Bereich der Krankheit. Es gibt auch kollektive Hausaufgaben, die ein ganzes Unternehmen, eine ganze Region, ein ganzes Volk oder einen ganzen Kulturkreis betreffen können: Verarmung, Abhängigkeit, Bürgerkrieg, Kriminalität, Epidemien. „The only real question is not one of winning or losing", schreibt David Whyte, „but of experiencing life with an ever-increasing depth." (Es ist nicht wichtig, ob wir gewinnen oder verlieren; es kommt ganz allein darauf an, mit einer immer größeren Tiefe zu leben.)

Unser lineares Denken versucht die Konfrontation mit Problemen durch Kurieren an Symptomen abzufangen: Mehr produzieren, einen besseren Anwalt einschalten, sich einer Psychoanalyse unterziehen, zum Arzt gehen. Nichtlineares Denken versucht, die Botschaft zu entschlüsseln: Was will das Ereignis, die Krise, das Symptom mir sagen? Welcher Erfahrung will es mich aussetzen? Warum trifft es mich? Was soll ich lernen? Nichtlineares Denken geht davon aus, daß Leid aus dem Widerstand gegen die Realität entsteht; daß wir Leid vermeiden können, wenn wir unsere Probleme annehmen und überwinden. Als Konsequenz daraus fordert nichtlineares Denken uns auf, uns selbst zu ändern, wenn unser Leben uns nicht gefällt. Es gibt keine andere Instanz, die dafür zuständig ist, denn allein unsere Gedanken bestimmen die Qualität der Kräfte, die uns leiten und beschützen.

Rauben Sie Ihren Mitarbeitern, Ihren Kollegen, Ihren Kindern nicht deren Erfahrungen. Beschützen Sie nicht; helfen Sie nicht; antworten Sie nur, wenn Sie gefragt werden. Arbeiten Sie an sich. Der Buddhismus warnt sogar vor guten Werken an anderen:

- „Wer Gutes tut, tut es wohl nicht um des Ruhmes willen, aber doch wird der Ruhm ihm folgen.
- Der Ruhm hat an sich nichts mit Gewinn zu tun, aber doch wird der Gewinn ihm folgen.

▶ Der Gewinn hat an sich nichts mit Streit zu tun, aber doch wird sich Streit an ihn heften.

▶ Darum hütet Euch davor, Gutes zu tun."

Jemand will Buddhas Schüler werden, und der Meister fragt ihn: „Hast du schon einmal gestohlen?" „Nie", ist die Antwort. „Dann geh hin und stehle", sagt Buddha, „und wenn du auch das getan hast, kannst du wiederkommen." Edith Piaf untermalt das mit ihrem großen Chanson: „Non, je ne regrette rien" (Es gibt nichts, gar nichts, was ich bereue). Erfahrung ist nicht zu ersetzen.

Wir aber versuchen das ständig: Rückschläge ersetzen wir durch Versicherungspolicen; Kälte durch Heizung; Hitze durch Klimaanlagen; Bedürfnisse durch Filmphantasien; unternehmerische Wagnisse durch Pläne; Experimente durch Analysen; Probieren durch Studieren; Probleme durch Gutachten; Krankheit durch Medikamente; Tod durch Intensivmedizin. Schmerzen betäuben wir mit Streß, und der Streß betäubt uns selbst.

Die Ursache des Mangels verschwindet nicht, wenn wir seine Symptome töten: sie bahnt sich einen anderen Weg. Symptome sind Signale, die uns eine Botschaft übermitteln. Wenn uns die Botschaft nicht gefällt, stellen wir das Signal ab und vergessen die Botschaft. Wir kurieren Symptome, lenken deren Ursachen um, aber beseitigen sie nicht. Jede Managementkultur versucht, bestimmten Erfahrungen auszuweichen. Damit wird ein Gleichgewicht zerstört, und das geschieht immer um den Preis der Krankheit.

Managerkrankheiten sind Kollektivsymptome, die auf kollektive Probleme hindeuten. Weil es aber kein globales Managementmodell, kein weltweit uniformes Managementverhalten gibt, gibt es auch keine globalen, sondern nur kulturbedingte Managerkrankheiten. Die Kulturen auf der Welt sind verschieden und jede produziert ihre eigenen Verdrängungsmechanismen, Symptome und Krankheiten.

Im europäischen Mittelalter wird das Gleichgewicht zerstört, indem das Denken tabuisiert wird. Wer mit dem Kopf nicht denken darf, also „kopflos" ist oder seinen „Kopf verloren" hat, muß die überschüssige Energie nach unten verlagern. Das führt zu Unterleibsproblemen, Blinddarmentzündungen, Bauch- und Magenschmerzen, die das häufigste Symptom jener Zeit sind. Auf einem Salzburger Friedhof stehen mehrere Grabsteine, auf denen sie als Todesursache eingemeißelt sind.

Der asketische Puritanismus zerstört das Gleichgewicht, indem er die Sexualität tabuisiert. Wer seine sexuellen Bedürfnisse verdrängt, muß die überschüssige Energie nach oben verlagern. Dort kann sie ihm „den Kopf verdrehen", manchmal so sehr, daß er für ein Abenteuer „Kopf und Kragen riskiert". Ein verdrehter Kopf verursacht Kopfschmerzen – die nordamerikanische Managerkrankheit. Amerikanische Politiker geraten über Dinge ins Trudeln, die in Asien oder Europa keine Nachricht wert sind. Ostasien kennt die Geishakultur, und über Europa schwebt noch immer der schützende Schatten des antiken Rom. Dort beobachtet ein germanischer Chronist verzückt, was an amerikanischen Stränden kleinen Kindern nicht erlaubt ist: „Die Römerinnen bewegen sich in den Quellen und Bädern in offenen, durchsichtigen Gewändern. So schwatzen sie unter den Augen ihres Gemahls sogar mit Fremden."

Es gibt zwei Arten von Kopfschmerz. Beim Spannungskopfschmerz brummt der Schädel; das Blut, das unten verboten ist, schießt nach oben. Der Kopf wird umfunktioniert und übernimmt das Anschwellen und Erröten. Jeder sieht, daß das, was er denkt, nicht gedacht werden darf. Der „kühle Kopf" stellt sich erst durch Entspannung ein, also das Gegenteil von Anspannung. Spannung durch Ergebnisdruck, Ehrgeiz und Überforderung aber ist ein Grundmuster amerikanischen Managements. Vom Manager wird erwartet, daß er „tough" (durchsetzungsstark, hart) ist und „mit dem Kopf durch die Wand" geht. Das tut natürlich weh.

Die andere Art von Kopfschmerz ist Migräne. Migräne ist ein Orgasmus im Kopf, der Kopf wird zum Unterleib umfunktioniert und „schwirrt". Die lateinische Bezeichnung für Migräne – hemikranie – deutet an, daß der Schädel dabei in zwei Hälften zerbricht: „hemi" ist halb und das altgriechische „kranion" der Schädel. Der Liebeshunger, der anders nicht zu befriedigen ist, wird über den Mund gestillt. Wer sich dabei nicht beherrschen kann, zeigt als Symptom extreme Dickleibigkeit, die im gesundheitsbewußten und sportbeflissenen Nordamerika bei einer Minderheit aller Rassen häufiger ist als in jeder anderen Kultur.

Die japanische Managerkrankheit ist das Magengeschwür. Der Magen nimmt die Nahrung auf, produziert Magensäure, mit der er sie zersetzt, assimiliert das, was der Körper verwerten kann, und gibt ab, was er nicht braucht. Auch hier kann es „Appetit" zum „Vernaschen" eines „süßen" Mädchens geben oder das Brennen im Hals durch eine „scharfe" Frau. Aber die Geishas regeln das schon.

Für den japanischen Manager ist etwas anderes entscheidend. Wer Konflikte leugnen muß, „nein" nicht sagen und Wut nicht zeigen darf, der kann seinen Ärger nicht in Aggression umsetzen, nicht durch eine Explosion auflösen. Auch eine Fischer- und Reisbauernkultur hat ihren Preis. Der japanische Manager darf nicht zubeißen, denn Beißen ist eine aggressive Sache. Wenn er an den Problemen „schwer zu kauen" hätte, würden sie trotzdem verdaulicher, wenn er sie nur kauen dürfte. Aber zerkleinern durch Kauen ist gleich dem Beißen tabu. Deshalb werden die „großen Brocken", die „schwer zu schlucken" sind, unzerkaut hinuntergewürgt und bleiben dann natürlich „schwer verdaulich". Mit Flüssigkeit läßt sich da nachhelfen. Deshalb werden japanische Manager nach Büroschluß im Kollegenkreis gern zu „Schluckspechten". Das vernebelt die Wahrnehmung und macht es erträglich.

Das „Sauersein" führt zur Übersäuerung des Magens, der die Nahrung nicht verdauen kann und sich deshalb selbst verdauen muß. Ein Magengeschwür ist nicht etwa eine Wucherung, wie der Name nahelegt, sondern eine Durchlöcherung der Magenwand, die von ihrer eigenen Säure zersetzt wird: Selbstzerfleischung. Die Selbstmordrate ist in Japan die höchste der Welt – bei Schülern und bei Managern.

Die deutschen Managerkrankheiten sind Rückenleiden. Die Wirbelsäule verbindet Halt mit Beweglichkeit: die Wirbel ermöglichen Stabilität, die Bandscheiben Flexibilität. Als die Vorfahren des Menschen beginnen, sich aufzurichten, eröffnet dies die Chance des besseren Kontakts zu den Mitmenschen; aber es bringt die Gefahr größerer Verletzlichkeit der Weichteile. Sich zusammenziehen und steif machen verhärtet die Weichteile und mindert die Verletzungsgefahr. Die germanischen Jäger haben das gebraucht. „Keine Bewegung", „keine Experimente": Die Bedeutung der Ordnung in

Deutschland, mit einer erwürgenden Regelungsdichte des geschäftlichen und gesellschaftlichen Lebens, hat ihre Vorgeschichte.

Mit einem Aufwand an Scharfsinn, Argumenten und Begründungen, der von den Problemen her unverständlich ist, werden Stellungskriege geführt. „Was festgelegt, geordnet, durch Tatsachen erhärtet ist, kann nie die ganze Wahrheit erfassen", schreibt Boris Pasternak: „Das Leben schwappt über den Rand jedes Bechers." Wem Flexibilität und Urvertrauen fehlen, dem kann nur eine Organisation Sicherheit geben, in der er die „Situation im Griff" und „alle Fäden in der Hand" hat. Oder er muß „Management by Champignon" betreiben. Champignons sind delikate Pilze, die deshalb immer sofort abgeschnitten werden, wenn sie den Kopf herausstrecken.

Das lateinische Wort „ordo" bezeichnet die Fadenreihe eines Gewebes. Soldaten, die in Reih und Glied stehen, sind nicht nur ordentlich aufgestellt, sondern auch steif. Die Dressur der äußeren Haltung zerbricht das Innere des Menschen, welcher der Obrigkeit deshalb keinen Widerstand mehr entgegensetzen kann. Nachdem ihm auch noch „das Rückgrat gebrochen" ist, kann er vor höheren Instanzen oder der Firmenleitung nur noch „buckeln" und „kriechen"; oder „Radfahren" – nach oben buckeln und nach unten treten.

Die Überlastung durch Druck von oben führt zu Bandscheibenleiden oder Ischias. Die Knorpelscheiben zwischen den Wirbeln werden herausgequetscht, drücken auf die Nerven und verursachen Schmerzen. Der Manager versucht, den Druck durch Überaktivität und zwanghaften Perfektionismus aufzufangen. Das aber löst die Probleme nicht, sondern führt zur Ablagerung von Toxinen im Bindegewebe, die Rheuma verursachen. Der Endzustand ist Versteifung und Verkrüppelung. Stur, steif und starr sind sehr deutsche Charakterzüge; sie klingen sehr nach streben – und nach sterben.

Wir haben drei Beispiele von Managementkulturen angeschaut und dazu diejenigen ausgewählt, die das größte Bruttosozialprodukt erwirtschaften; es hätten auch 30 oder 300 Beispiele sein können. Kollektivsymptome sind Kollektivsignale. Jede kulturelle Erfahrung produziert bestimmte Probleme, und jedes Problem hat einen Sinn. Das Symptom hilft uns, den Sinn zu erkennen. Eine einfache Regel lehrt uns, wie das funktioniert:

> Wir müssen beobachten, wozu die Symptome uns zwingen. Statt sie zu verbiegen, müssen wir uns vor ihnen verbeugen. So beugen wir ihnen vor und lösen sie auf.

Kopfschmerzen und Migräne zwingen uns, nicht mehr zu denken, weil wir falsch denken; sie zwingen uns, loszulassen und zu entspannen. Wenn wir nicht mehr hart, stark und potent sein wollen, verschwindet auch die Impotenz. Wenn wir den Ehrgeiz aufgeben und uns dem Fluß des Lebens anvertrauen, uns in ihm treiben lassen, jedes Ereignis als Geschenk akzeptieren und schauen, wozu es gut ist, dann sind wir geheilt.

Magengeschwüre zwingen uns, Schonkost zu essen und, wenn wir das nicht tun, zu erbrechen. Wenn wir die dicken Brocken von Vorgesetzten, Firma und Kollegen nicht mehr unbesehen herunterschlucken, sondern ihnen unser Erbrochenes ins Gesicht schleudern, wenn wir zeigen, was wir nicht mehr verdauen können, wollen und werden und unser Leben so gestalten, wie es für uns bekömmlich ist, dann sind wir geheilt.

Bandscheibenleiden und Rheuma zwingen uns, im Bett zu liegen, oder, wenn wir das nicht tun, krumm zu gehen. Wenn wir unsere Unbeugsamkeit aufgeben, uns freiwillig der Situation beugen, und zwar nicht indem wir versuchen, dem Druck durch Gegendruck standzuhalten, sondern indem wir nachgeben, und das bedeutet in den Knien einknicken oder eben, wenn das nicht genug ist, uns flachlegen, dann sind wir geheilt.

Unsere äußeren Probleme spiegeln unsere inneren Konflikte. Wir sehen das Problem als unseren Gegner und bekämpfen es. Diesen Kampf können wir nicht gewinnen, weil das Problem unser Schatten ist und wir, wenn wir unseren Schatten vernichten, uns selbst vernichten.

Der Shintó-Glaube lehrt einen anderen Weg; es ist der Weg (tó) der Gottheit (shin). Wir Menschen sind in der Polarität gefangen. Zwischen den Polen entsteht Spannung: plus gegen minus, rechts gegen links, reich gegen arm, heiß gegen kalt, hoch gegen tief, laut gegen leise, naß gegen trocken, gut gegen böse, gesund gegen krank. In dieser Spannung verzehren sich beide Pole. Wir können den anderen Pol nie besiegen, wir können ihn nur überwinden. Die Methode der Überwindung besteht darin, sich in den Gegenpol zu verwandeln. Wenn Sie im Gegenpol sind, sich mit ihm versöhnen und identifizieren, seine Gedanken denken und seine Gefühle fühlen, wenn Sie auf ihn einleuchten, dann gibt es den Gegenpol nicht mehr – dann haben Sie ihn aufgelöst.

Probleme sind unsere Hausaufgaben. Wenn wir sie nicht annehmen, müssen wir die Lektion oder die ganze Klassenstufe wiederholen. Es ist sinnlos, gegen Hausaufgaben zu kämpfen; sie müssen erledigt werden. Hausaufgaben erledigen heißt, sich in sie hineindenken und hineinfühlen, in ihnen aufgehen und leben. „Wer angreift, hat die Schlacht schon verloren", sagt Bodidharma, Begründer des Shaolin-Mönchsordens vor 1 500 Jahren. „Wahrhaft siegt, wer nicht kämpft", umschreibt es der chinesische Weise Sun Tsu vor 2 500 Jahren.

Wenn wir unsere Managerkrankheiten „behandeln", und das heißt wegschieben, leugnen, verdrängen, dann vergrößern wir das Problem, bei dessen Lösung uns die Krankheit helfen will. Vielleicht haben wir die Krankheit erwürgt, aber die Firma eben auch. Vielleicht haben wir den Schatten beseitigt, aber das Licht eben auch. Vielleicht haben wir die Botschaft verbrannt, aber den Boten eben auch.

Mit Problemen eins werden, sie annehmen und als Helfer begrüßen, bedeutet, sich durch Erfahrung seiner Bestimmung nähern. Das gilt für jeden einzelnen Menschen, für jede Gruppe von Menschen und für jedes Unternehmen. Wer anderen Erfahrung abnimmt, raubt ihnen ein Stück Leben und berauscht sich an einer Illusion: „Schließlich ist er reich geworden", schreibt Honoré de Balzac, „und er will seinem einzigen Sohn die gebündelten und geläuterten Erfahrungen vermitteln, die er im Laufe seines Lebens gegen die Illusionen seiner Jugend eingetauscht hat. Eine noble letzte Illusion des Alters." Erfahrung ist nicht übertragbar.

5 Sachkonflikte gibt es nicht

Liebe auf den ersten Blick habe ich schon erlebt, sie hat mich blind gemacht. Aber was hier geschieht, stellt alle bisherigen Aufwallungen in den Schatten: Der Inhaber und Geschäftsführer öffnet die Tür und läßt mir den Vortritt. Ich sehe in die Runde und erschrecke. Um den Besprechungstisch sitzen fünf Herren und eine Dame, die er mir nacheinander vorstellt. Als ich dem letzten die Hand geben muß, erstarre ich zu einer Salzsäule; ein eisiger Schauder läuft über meinen Rücken, eine Gänsehaut überzieht mein Gesicht, Schweißperlen in meinen Handflächen verschmieren den Händedruck.

Haß auf den ersten Blick macht nicht blind, sondern scharf. Dieser gestriegelte Widerling, dieses eiskalte Pokerface, dieser arrogante Ehrgeizknochen – der, ausgerechnet der, soll firmenintern für mein Projekt zuständig sein, die Maßnahmen zwischen meinen Beratungsterminen koordinieren, mir jede Unterstützung gewähren, mich vor Fettnäpfchen und Fallstricken warnen, mir sämtliche erforderlichen Informationen beschaffen, immer alles Notwendige veranlassen, Feinabstimmungen vornehmen, die gemeinsamen Besprechungen organisieren und alle Zwischenergebnisse dokumentieren.

Der Inhaber überschüttet mich mit Vorschußlorbeeren und erklärt, warum dieser Kreis, der das Projekt begleiten soll, so und nicht anders zusammengesetzt ist. Aber mein Kopf schwirrt vor anderen Dingen. Wie schaffe ich es, den Auftrag jetzt noch abzulehnen? Finde ich Gründe, ein anderes Mitglied dieser Runde für die Koordination vorzuschlagen? Habe ich vielleicht einen Kollegen, der kompetenter ist als ich, nachdem ich genau gesehen habe, worum es geht? Kann ich mich irgendwie der Situation entziehen?

Ich finde keinen Ausweg, der mich nicht diskreditieren und blamieren würde, definiere mein Problem als Lernaufgabe und bleibe sitzen.

Wenn es mir in dieser Konstellation schon nicht gelingen kann, meinem Kunden zu helfen, so wird doch wenigstens irgendwie und in irgendeinem Punkt mir weitergeholfen. Erfahrung ist nicht übertragbar; ich muß ins Wasser springen.

Herr Paul, so will ich ihn nennen – nur in diesem Fall verschweige ich den wahren Namen – beschreibt kurz das Problem, das alle kennen, und visualisiert die Zusammenhänge mit einer Skizze auf dem Flip-chart. Ich berichte, daß ich vom Inhaber schon so weit vorinformiert worden bin und schildere die Gedanken, die ich mir bisher darüber gemacht habe etwas ausführlicher. Herr Paul macht sich eifrig Notizen, und als ich fertig bin, legt er los: Punkt für Punkt nimmt er meine Überlegungen geschickt und sachkundig auseinander, bis von allem, was ich vorgeschlagen habe, nichts, wirklich gar nichts mehr übrig bleibt.

Die anderen wirken nicht überrascht, vermutlich kennen sie ihn schon. Nun, wo er fertig ist, zielen alle Blicke auf mich. Ich hole zum Gegenschlag aus, der sich gewaschen hat: Ich decke Widersprüche in seinen Ausführungen auf; zeige, wo er keine Ahnung hat; mache deutlich, daß er nur alles zerreißen kann, aber noch nicht einen einzigen konstruktiven Beitrag vorgelegt hat; ernte eine Lachsalve mit dem Hinweis, daß noch kein Unternehmen durch professionelle Bedenkenträgerei Erfolg gehabt hat. Und als ich schließe, sehe ich in viele dezent freundliche Gesichter.

Bis auf eines. Herr Paul erhebt sich, haut mit der Faust auf den Tisch, bleibt stehen und wird laut: So etwas habe er in den ganzen vier Jahren noch nicht erlebt, die er dieser Firma angehöre. Immer sei man an der Sache orientiert gewesen. Mit jedem im Hause könne man vernünftig reden. Allen gehe es allein darum, die Firma voranzubringen. Jedes Problem habe man bisher durch Zusammenarbeit gelöst und nicht durch Konfrontation. „Und jetzt kommt da einer von draußen und meint, er kann Schlammschlachten hoffähig machen. Nein. So nicht. Nicht mit mir." Der Inhaber des Unternehmens, ein feiner, zurückhaltender, älterer Herr mit Adleraugen und Lausbubenbacken, hat seine Rolle auf der Zuschauertribüne still genossen. Nun aber richten sich alle Augen auf ihn. Er muß Stellung nehmen. Ich wünsche mir sehr, daß er den Auftrag an mich zurückzieht.

„Ich habe Ihnen fasziniert zugehört", sagt er, „hier sind zwei hochkarätige Männer aneinandergeraten, jeder von großer Kompetenz. Diese Art von Auseinandersetzung ist es, die unser Unternehmen auf dem Markt mit unserer ebenfalls hochkarätigen Konkurrenz bestehen muß. Wir können deshalb im Hause nicht den Schwanz einziehen, wenn es einmal heftig wird. Ich will die beste Lösung für unser Problem haben, die möglich ist. Hier sind zwei Fachleute am Tisch, die ich beide dafür brauche. Herr Paul, wir werden diese Sitzung in der nächsten Woche fortsetzen – mit Ihnen. Sie haben die Argumente von Herrn Berger kennengelernt. Bereiten Sie bitte eine Unterlage vor, die jeden einzelnen Vorschlag schriftlich würdigt und bewertet. Auf Papier kann es ja nicht so laut werden. Und Herr Berger, Sie bitte ich um das gleiche: eine schriftliche Würdigung und Bewertung jedes einzelnen Vorschlags von Herrn Paul. Überlassen Sie beide diese Unterlagen bitte einen Tag vor der Sitzung meinem Sekretariat; wir werden sie verteilen. Ich danke Ihnen." Ein kurzer Händedruck, kein weiteres Wort, ich werde zum Ausgang gewiesen, und er ist verschwunden.

Eine Woche lang sammele ich scharfe Munition, spitze meine Pfeile und tränke sie in Gift. Meine brillante Analyse denkt jede Idee von Herrn Paul zu Ende, löst sie in ihren eigenen Widersprüchen auf und kommt mit knallharter Logik zu dem Ergebnis, daß daraus mein Vorschlag folgt. Erfreut, erleichtert und erwartungsvoll schicke ich die Unterlage ab. Jetzt kenne ich ihn, diesmal bin ich vorbereitet, so etwas wird mir nicht noch einmal passieren. Die Sitzung ist auf neun Uhr früh angesetzt. Als ich am Vorabend an meinen Schreibtisch zurückkehre, wartet dort die Vorlage von Herrn Paul. Noch während ich sie lese, gelingt es mir nicht mehr, tief durchzuatmen. Meine Stirn wird eiskalt. Ich beiße mir auf die Unterlippe. Ich verkralle meine Finger ineinander. Ich trampele mit dem rechten Schuh auf meinem linken Fuß herum. Als ich fertig bin, falle ich zurück in die Stuhllehne, schließe die Augen und sehe schwarz. In einer brillanten Analyse hat Herr Paul jede meiner Ideen zu Ende gedacht, sie in meinen eigenen Widersprüchen aufgelöst und ist mit knallharter Logik zu dem Ergebnis gekommen, daß daraus sein Vorschlag folgt.

Die Nacht hindurch liege ich wach im Bett. Wenn ich nachgebe, kann ich den Auftrag auch gleich zurückgeben. Doch dazu ist es jetzt zu spät. Es wäre eine schreckliche Niederlage. Auch er wird nicht nachgeben. Die Fronten sind so verhärtet, daß ein Kompromiß unmöglich ist. Von der Sache her wäre ein Kompromiß ohnehin schlecht. Jede praktikable Lösung verlangt, daß einer von uns besiegt wird und dann entweder doch noch aussteigt oder gezwungenermaßen dem anderen hilft, dessen Konzept umzusetzen. Und das heißt dann wohl eher: insgeheim und mit viel Geschick dafür sorgt, daß dessen Konzept scheitert. Ich bin ratlos.

Das Frühstück schmeckt nicht. Der Grabenkampf Teil zwei liegt mir im Magen. Ich will und muß kämpfen und den Firmeninhaber zu einer Entscheidung zwingen. Und wenn sie gegen mich ausfällt, ist es auch gut; dann werde ich um Verständnis bitten und den Auftrag zurückgeben. Das ist eine ehrenhafte Niederlage. Als die Runde vollständig um den Besprechungstisch sitzt, schaue ich Herrn Paul an, Herr Paul schaut mich an, der Inhaber wirkt etwas abwesend, alle anderen schauen nach unten, ahnen wie es weitergeht, wissen nicht wie es ausgeht und wollen sich heraushalten. „Nun?" eröffnet der Chef den Ring und nachdem er betretenes Schweigen erntet: „Möchte jemand etwas sagen?"

Ich hole tief Luft, atme unendlich viel Kraft ein; alle bekommen es mit und schauen mich erwartungsvoll an. „Ja", beginne ich, „ich möchte sagen, warum wir so hier nicht weiterkommen. Das hat einen Grund und der ist, daß ich Sie, Herr Paul, nicht leiden kann."

Plötzlich sind alle hellwach, sitzen kerzengerade, die Münder geöffnet, die Pupillen riesengroß, die Hände zu Fäusten geballt, die Knie um die Stuhlkanten gepreßt und halten die Luft an, die unter Hochspannung knistert. Die Blicke blitzen hin und her, von mir zu Herrn Paul, von Herrn Paul zu mir, und durchbohren uns beide. Ich lehne mich erleichtert zurück. Es ist vollbracht. Herr Paul ist versteinert, regungslos, ausdruckslos, fassungslos, und nachdem er spürt, daß er im Mittelpunkt steht, schaut er mich lange an, sehr lange, mit stahlhartem Blick, den ich ertragen muß, direkt in die Augen. Und dann antwortet er: „Und ich Sie auch nicht."

Wir müssen die Sitzung verlängern. Den ganzen Tag dauert sie, bis sieben Uhr am Abend. Und dann liegt das Ergebnis auf dem Tisch: die beste Lösung des Problems, die möglich ist. Alle haben daran mitgewirkt und sehr viel beigetragen. Es ist nicht seine Lösung, es ist auch nicht meine. Das Beste ist besser als alles, was Herr Paul oder ich allein je zustande gebracht hätten. Keiner von uns hat ahnen können, was möglich ist; keiner von uns hat ohne die Beiträge der anderen auf diese Idee kommen können. Wir haben eine außergewöhnliche Innovation zustande gebracht, die alle begeistert.

Nach dem erfolgreichen Abschluß des Projekts trinken Herr Paul und ich ein Bier darauf, daß wir so gut zusammengearbeitet haben, obwohl wir uns noch immer nicht leiden können. Ich bin nicht sicher, ob wir bei diesem Bier ehrlich sind. Wenigstens in diesem Punkt wollen wir vielleicht beide nun wirklich nicht nachgeben. Daß ich der Firma die erste Sitzung und die schriftliche Ausarbeitung berechne, ist nicht ganz korrekt: Am Anfang habe ich gar nicht für das Projekt gearbeitet, sondern gegen Herrn Paul. „Thema verfehlt" hätte da unter einem Schulaufsatz gestanden. Aber nach diesem Maßstab dürften viele Angestellte nur noch ein Viertel ihres Gehalts bekommen.

> Drei Viertel aller Energie, Kraft und Zeit im Management geht in Machtspiele. Je undramatischer das Spiel, desto brutaler sind die Auswirkungen auf die Kosten.

Dramatik im Spiel drückt auf ein rasches Ende, weil die Situation unerträglich ist. Wenn es zwischen Herrn Paul und mir etwas erträglicher gewesen wäre, hätten wir es monatelang miteinander aushalten können, ohne ein Ergebnis zu produzieren. Und das ist der Normalfall. Manche Eheleute halten es Jahrzehnte miteinander aus, weil es ein bißchen erträglicher als absolut unerträglich ist. Es hätte ja alles noch viel schlimmer kommen können.

Was läuft eigentlich bei dem Berger-Paul-Spiel ab? Mein Ziel ist es, einen guten Eindruck zu machen. Sein Ziel ist es auch, einen guten Eindruck zu machen. Zwei Leute haben also das gleiche Ziel. Wie bei jedem Ziellauf geht es nun darum, wer zuerst ankommt und dadurch nicht nur einen guten, sondern den besten Eindruck macht.

Wie mache ich den besten Eindruck? Das ist sehr klar: ich muß beweisen, daß ich recht habe. Wenn sich kein Widerspruch regt, ist es aber kein Sieg. Wenn ich beweise, daß der Tag hell und die Nacht dunkel ist, wird niemand widersprechen; deshalb bekomme ich keinen Lorbeerkranz. Ein Sieg braucht jemanden, der am Boden liegt. Recht haben nützt mir deshalb nur, wenn ein anderer Unrecht hat. Deshalb muß ich Gründe für mein Recht und sein Unrecht finden.

In einer von der Ratio regierten Welt hängen Gründe nicht im Kleiderschrank, und in einer schwierigen Angelegenheit gibt es sie auch nicht von der Stange zu kaufen. Wenn die Sache kompliziert ist, müssen Gründe erarbeitet werden, bedarf es tiefschürfender Nachweise, Darlegungen und Erläuterungen, warum das eine gut und das andere schlecht ist. Und wenn die Maßanzüge geschneidert sind und sitzen, bin ich zu einer wirklich fundierten Meinung gekommen, nämlich der, daß ich recht habe und der andere Unrecht. Mit dieser Meinung bewaffnet gehe ich in die Besprechung. Da ich recht haben und das heißt siegen will, „verteidige" ich sie dort mit meinen guten Gründen, Erklärungen und Beweisen. Und wenn jemand anders auch einen guten Eindruck machen will und deshalb eine andere Meinung vertritt, greife ich ihn an. Als Angriffswaffen dienen Gegenbeweise, Vorwürfe, Verdächtigungen, Schuldzuweisungen, Recherchen, weitere Analysen, Statistiken, Erhebungen, Gutachten, Absprachen, Durchsetzungsstrategien, Druck, Verlockungen, rhetorische Brillanz und ein großes Arsenal von Geheimwaffen.

Diese „Meinungskriege" erleben wir zwischen Glaubensgemeinschaften, wissenschaftlichen Schulen, politischen Parteien, Interessengruppen, unterschiedlichen „Lagern" im Unternehmen, Anhängern rivalisierender Führungskräfte, kurz: zwischen Menschen. Offenbar ist es menschlich, einen guten Eindruck machen und recht haben zu wollen. Und offenbar ist es deshalb auch menschlich, Meinungen zu haben. Und was haben wir von unseren Meinungen, nachdem wir sie „durchgesetzt" haben? Recht und einen guten Eindruck. Das ist ein Wert an sich.

Was aber hat unser Unternehmen von unseren Meinungen und deren Siegen? Vierfach höhere Kosten, als wenn es Mitarbeiter ohne Meinungen hätte. „Die Schrift ist unveränderlich", sagt Franz Kafka dazu, „und die Meinungen sind oft nur Ausdruck der Verzweiflung darüber."

> Unsere Meinungen sind die überflüssigste aller Kostenarten und der größte aller Kostenblöcke. In einer klaren Nacht können wir hinausgehen und sie den Sternen vorbeten. Vielleicht interessieren die sich dafür.

Bei der Arbeit haben Meinungen nichts zu suchen, weil sie nichts bewirken. Das Berger-Paul-Spiel ist in der Sekunde beendet, in der wir aufhören, unsere Meinungen auszutauschen, und anfangen, unsere Beziehung anzuschauen. Obwohl diese Beziehung nicht geklärt wird und wir sie nicht in einer Gruppentherapie „aufarbeiten", wie die Aufarbeiter das nennen, reicht das offene und ungeschminkte Hinschauen und Aussprechen der Beziehung aus, um eine Zusammenarbeit zu ermöglichen, die vorher undenkbar ist.

Woher kommt diese Wunderwirkung? Wir benutzen unsere Argumente, Begründungen und Erklärungen als Waffen, mit denen wir unsere Gegner ins Unrecht setzen, ihnen die Schuld zuschieben. Wenn uns das gelingt, wir also „Schuldige" gebrandmarkt haben, betrügen wir uns selbst. Schuldige versuchen zu verdecken, und damit kommt die Wahrheit nicht auf den Tisch. Indem wir behaupten, für die Sache zu kämpfen, verschütten wir sie. Diese Behauptung ist immer gelogen. Jeder kämpft immer nur für sich und benutzt Sachen als Ritterrüstung, die ihn unangreifbar macht.

In dem Augenblick, wo ich die Beziehung offenlege, kann ich nicht mehr kämpfen. Jeder durchschaut das Spiel. Ich blamiere mich, wenn ich es weiterspiele. Die gesamte Dramaturgie und Inszenierung ist darauf ausgerichtet, einen guten Eindruck zu machen. Alles Recht haben wollen dient allein diesem Zweck. Aber jetzt plötzlich sind die Spielregeln umgekehrt: Wer jetzt noch Recht haben will, ist ein Fiesling, dem es gerade nicht um die Sache geht, sondern um die Demütigung seines Gegners. Sogar die Sache lockt er in diesen Hinterhalt und opfert sie seinem Ehrgeiz oder seiner Eitelkeit. Einen schlechteren Eindruck kann man nicht hinterlassen.

Sobald die Beziehung sichtbar für alle auf dem Tisch liegt, löst sich jeder Beziehungskonflikt in ein Sachproblem auf, also in eine Lernaufgabe, die es gemeinsam zu bewältigen gilt. Argumente werden nicht mehr in „pros" und „contras" sortiert, sondern jedes Argument ist plötzlich ein möglicher Beitrag zur Lösung des Problems. Waffen sind zu Werkzeugen umgeschmiedet worden. „Konversion" heißt das bei der Umpolung der Rüstungsindustrie, die dann aus Teflon keine Raketenhitzeschilder, sondern Bratpfannen herstellt; mit Laserstrahlen keine Bomber, sondern Krebszellen bekämpft; die computergesteuerte Maschinentechnik nicht mehr für Merhava-Panzer einsetzt, sondern für Merhava-Traktoren, deren Fahrwerk das des amerikanischen Mondautos ist.

An einem Sachproblem gibt es nichts zu kämpfen. Es gibt nur Arbeit – so lange, bis das Problem gelöst ist. Die Lösung gelingt besser und schneller, je besser und schneller der Verstand der vielen einzelnen, die zusammen arbeiten, „synergetisiert" wird. Aber die Technik bleibt die gleiche wie beim Berger-Paul-Spiel. Es geht immer noch darum, gut dazustehen. Das bleibt menschlich. Nur die Methode, zu diesem guten Eindruck zu kommen, ist eine andere:

> Wir erreichen unsere Ziele nicht durch Kampf, sondern durch die Arbeit an unseren Beziehungen, die es ermöglichen, gemeinsam ein Ergebnis zu erzielen. Beziehung ist der Schlüssel für Ergebnisse.

„Kyosei" heißt das auf japanisch – das harmonische Zusammenwirken der Menschen untereinander, der Menschen und der Technik, der Menschen und der Natur, der Mitarbeiter und des Unternehmens und auch der Unternehmen untereinander. Wenn Wettbewerber in den Vereinigten Staaten sich so miteinander absprechen, wie es in Japan üblich ist, können sie ihren nächsten Geschäftsbericht im Gefängnis lesen. Nordamerika kitzelt Neugründungen hervor und lähmt reife Geschäfte. Japan veredelt reife Geschäfte und macht aus Neugründungen einen Hürdenlauf.

Ohne geklärte Beziehungen endet Kooperation in der Sackgasse des Kampfes. Wir investieren unsere Stärken in das Imponierspiel, den Kampf, und verlieren Kraft bei dem Versteckspiel, wo es darum geht, unsere Schwächen zu verbergen. Erst wenn die Beziehungsfrage „abgehakt" ist und es dazu nichts mehr zu fragen gibt, sind wir frei, uns den Problemen zu widmen und ein Ergebnis zu produzieren. Wenn aber eine Besprechung mit dem Schwur beginnt, immer und unter allen Umständen sachlich zu bleiben, können Sie förmlich sehen, wie unter dem Tisch die Messer sachlich gewetzt werden.

Beziehungsfragen sind nicht sachlich, sondern emotional. Gewiß kann ich tief graben, bis ich herausfinde, warum ich Herrn Paul nicht leiden kann, und er kann das umgekehrt auch tun. Das ist interessant und hilfreich für mich und für ihn. Vielleicht ist es sogar für das Unternehmen interessant, aber wenig hilfreich. Über interessante Dinge können wir unsere Meinungen haben, unsere und anderer Zeit damit vertreiben. Interesse aber bringt keine Ergebnisse. Ergebnisse verlangen Offenheit gegenüber anderen Menschen, die immer das Fundament einer Beziehung ist. Eine Beziehung muß nicht gut sein; zwischen Herrn Paul und mir ist sie immer noch schlecht. Die Offenheit aber hat ein Fundament geschaffen, auf dem sich arbeiten läßt, auf dem Ergebnisse entstehen.

Eine Beziehung zu einem Menschen haben heißt, ihn ohne irgendeine Bedingung akzeptieren, wie er ist, und als mir gleichwertig anerkennen. Zur Anerkennung der Gleichwertigkeit des Herrn Paul bin ich gezwungen worden. Wenn wir um diese Gleichwertigkeit bei jedem Menschen wissen, steht uns ein ganzer Himmel voller Möglichkeiten offen. Jeder, dem wir so gegenübertreten, wird unsere Offenheit als offene Tür erkennen, als Einladung zum Eintreten. Jede uneingeschränkte Anerkennung ist eine Partnerschaft; vielleicht nur für ein Gespräch während einer halbstündigen Bahnfahrt; vielleicht für eine längere gemeinsame Unternehmung; vielleicht aber auch für etwas Großes, das wir gemeinsam leisten können – nur gemeinsam.

Anerkennung wertet unser Gegenüber auf, verleiht ihm also einen Wert, der vorher nicht vorhanden gewesen ist. Dies ist die schönste Art der Wertschöpfung. Und an-erkennen bedeutet, daß wir den anderen erkennen, mehr nicht; daß wir erkennen, wer er ist. Er kann sich nur zu erkennen geben, wenn er sich öffnet, also in sich hineinschauen läßt. Den meisten fällt es sehr schwer, das zuzulassen. Das ist okay, aber es versperrt viele Wege. Zum Beispiel den, auf dem Fundament gegenseitiger Anerkennung gemeinsam etwas zu unternehmen. Doch wenn Sie den ersten Schritt tun, sich zuerst öffnen und den anderen hineinschauen lassen, bekommen Sie fast immer eine Gegeneinladung.

Dieses Öffnen darf sich nur auf uns selbst beziehen; nicht auf andere, nicht auf andere Beziehungskisten, ganz besonders nicht auf die mit dem Schicksal. Der Frau, die ihren Kummer vor mir ausschütten will, weil ihr der Mann weggelaufen ist, sage ich, daß ihr genau so einer gegenüber sitzt und ihre Geschichte mich deshalb überhaupt nicht interessiert. Ich erzähle ihr, worauf ich bei Frauen reagiere. Das findet sie sehr spannend und erzählt mir, worauf sie bei Männern reagiert. Als die Bahnfahrt vorüber ist, haben wir beide viel gelernt.

Jede Beziehung, die wir uns schaffen, eröffnet uns Möglichkeiten, die es vorher nicht gegeben hat. Unser „space of possibilities" (Raum möglicher Entwicklungen) wird größer. Das Schöpfungspotential erweitert sich. Wir haben Optionen, die vorher nicht da gewesen sind. So entwickeln wir die Schöpfung weiter. Natürlich können wir nicht alle Möglichkeiten ausschöpfen, die uns gegeben sind. Wenn Sie Schauspieler, Elektriker, Gärtner, Finanzbeamter oder Jazzpianist werden können, müssen Sie sich entscheiden. Wenn Sie aber nur Steuerberater werden können, weil Sie die elterliche Kanzlei übernehmen müssen, können Sie nicht wählen; andere haben Ihnen die Entscheidung abgenommen, vorenthalten, geraubt.

Entscheidungsspielraum gibt uns Freiheit, und erst diese Freiheit bringt kraftvolle Aktionen hervor, die zu Ergebnissen führen. Wir haben uns entschieden, und wir haften für das Ergebnis. Es ist unsere Aktion, nicht die von irgend jemand anders. Und deshalb steht es uns auch zu, das Ergebnis zu genießen. Genießer sind begehrte Menschen. Alle sonnen sich gern in ihrer Nähe und wollen ein bißchen abbekommen. Das erweitert ihren „Beziehungshorizont". Beziehungen sind ein Selbstläufer.

Beziehungen, aus denen Ergebnisse wachsen, sind immer symmetrisch. Symmetrische Beziehungen bestehen so lange, wie beide Seiten davon profitieren. Sobald eine Seite auf Dauer mehr gibt als sie nimmt, entsteht Abhängigkeit. Wer mehr nimmt, ist auf die Gaben des anderen angewiesen. In dieser Lage wird er den Geber „moralisch" verpflichten, ihn nicht im Stich zu lassen. Viele Menschen schreien so nach Aufmerksamkeit und verwandeln Bedrohungen in Rechtfertigungen. Die von Eric Berne erfundene Transaktionsanalyse bezeichnet das als „Poor-me-Syndrom" (oh, ich schrecklich Armer, schaut bitte alle her). In Wirklichkeit aber sind Opfer Menschen, die nicht wach sind. Täter sind wacher als Opfer; sie helfen, die Opfer aufzuwecken.

Viele können da nicht widerstehen, besonders die nicht, die erst vor diesem Kontrast groß und stark aussehen. Sobald sie kontrastsüchtig sind, erscheint die Beziehung symmetrisch und ihre Welt wieder in Ordnung; sie sind süchtig danach, mit den Sorgen anderer Leute ihre innere Leere auszustopfen und bekommen Beklemmungen bei der Vorstellung, auf sich selbst zurückgeworfen zu sein. Ein „Das tue ich alles nur für dich" oder „Für die Firma opfere ich mich auf" ist ein brutales, egoistisches und scheinheiliges „Kontrolldrama", wie Melody Beattie es nennt. Dem durch die Aufopferung Abhängigen, der sich allein nun nicht mehr zu helfen weiß, wird mit vampirischem Eifer Energie ausgesaugt.

Bleibt die Beziehung aber asymmetrisch, wird der, der mehr gibt, auszubrechen versuchen, wenn das in seinem „space of possibilities" (Raum möglicher Entwicklungen) liegt. Ein solcher Ausbruch kann nur durch Macht verhindert werden.

> Die Macht hierarchischer Strukturen hält Asymmetrie gegen den Willen derer aufrecht, die mehr geben – genau wie bei einer militärischen Unterwerfung. Durchsetzungsstrategien sind Freiheitsberaubungsstrategien.

Unfreie Menschen können gehorchen; sie haben keine andere Wahl. Aber sie können keine Schöpfer sein. Schöpfung verlangt die Freiheit einer gleichgewichtigen Beziehung. Macht produziert immer Konflikt. Und Konflikte sind *immer* persönlich. Sachkonflikte gibt es nicht.

6 Organisatorische Macht ist wirkungslos

Der Traktor rattert auf einem holprigen Weg zum Rübenfeld. Er zieht einen Leiterwagen, auf dem 20 fröhliche Kinder sitzen, die ununterbrochen schwätzen, obwohl sie sich schon den ganzen Vormittag in der Schule genug haben erzählen können. Ich bin eines von ihnen und verdiene mir mit der Arbeit eines Nachmittags ein kleines Taschengeld und eine große Wurststulle. Ich bin acht Jahre alt.

Wir sollen die Rüben eines Feldes „verziehen"; das heißt, die maschinell eingesäten Pflänzchen, die jetzt in endlosen Reihen sprießen, so ausdünnen, daß jede, die stehen bleibt, genug Raum hat, zu einer großen Rübe heranzuwachsen – einem Rohstoff für die Produktion von Zucker. Ungefähr alle 20 Zentimeter muß eine Pflanze stehenbleiben und darf auch nur eine stehenbleiben. Dazu rutschen wir auf Knien die endlosen Reihen ab. Die Bezahlung ist nach Akkord. Für jede etwa 200 Meter lange Reihe gibt es einen Groschen, für den wir uns ein Eis kaufen können. Die Wurststullen gibt es fürs bloße Mitmachen; sie sind Fixkosten des Landwirts.

Das Ausmessen von jeweils 20 Zentimetern mit dem zweimaligen Spann zwischen Daumen und Zeigefinger zwingt dazu, anzuhalten, und das Herausreißen sämtlicher dicht beieinander stehender Pflanzen bis auf genau eine erfordert den Einsatz beider Hände. Ohne sich zumindest mit einem Arm nach vorne abzustützen, ist rasche Fortbewegung auf Knien nicht möglich. Mein Sinn für die Maximierung meines Stundenlohns ist früh entwickelt. Ich entdecke, daß ich meine Leistung verdreifachen kann, wenn ich ohne Unterbrechung weiterrutsche, mich dabei mit der einen Hand abstütze und mit der anderen, während ich mich fortbewege, die Rübenpflanzen herausreiße, wie sie gerade kommen. Das ist nicht, wie es sein soll, aber aus der Entfernung ist der Unterschied nicht zu erkennen.

Plötzlich fährt ein Donnerdrache vom Himmel: „Wolfgang!" faucht es über mir so heftig, daß es als Echo aus dem nahen Wald zurückhallt und aus meinen Knochen Knete macht: „Wenn du so arbeitest, können wir dich hier nicht gebrauchen. Erstens: für diese drei Reihen bekommst du gar nichts. Zweitens: morgen nachmittag bleibst du zu Hause. Und drittens: wenn du danach noch einmal mitkommen willst, darfst du ab sofort keinen einzigen Fehler mehr machen." Waltraud Brehm, die Herrin des Bauernhofs, hat mich ertappt.

Heute heißt das Qualitätsmanagement.

Alle auf dem Hof haben Respekt vor ihr; sie kontrolliert, ob die Knechte den Stall ordentlich ausmisten, die Pferde sauber striegeln und die Felder sorgfältig eggen; ob die Mägde die Kühe gewissenhaft melken, die Federbetten ordentlich auslüften und den Brotteig lang genug walzen. Aber das Feld pflügen, das Heu wenden und uns zum Rübenverziehen bringen, die Jungtiere sterilisieren, das Korn dreschen und die Jauchegrube leeren – das alles ist nicht ihr Job. Darum kümmert sich ihr ältester Sohn und Hoferbe Karlheinz.

Heute heißt das Produktionsmanagement.

Dann gibt es noch die großen Entscheidungen: Wie viele Schweine sollen aufgezogen werden? Wie viele Milchkühe werden gebraucht? Soll ein eigener Zuchtbulle sein? In welchem Verhältnis und auf welchen Feldern sollen Kartoffeln und Rüben, Roggen und Raps angebaut werden? Wann sollen die Kartoffeln gesetzt, wann soll das Korn geschnitten, wann die Mutterkuh gedeckt werden? Um das alles kümmert sich Johannes Brehm, „der Alte". Seine Wetternase ist berühmt: Wenn er Regen ankündigt, dann kommt Regen; wenn er Frost ankündigt, dann kommt Frost – absolut sicher. Das ganze Dorf richtet Aussaat- und Erntetermine danach.

Heute heißt das Strategisches Management.

Nun ist es vorgekommen, daß Knechte und Mägde im Stroh der Scheune Verbotenes miteinander getrieben haben, was auch noch Folgen hatte, daß Knechte nach einer Schlägerei blutüberströmt sind und Mägde sich die Haare ausgerissen haben. Sogar den Pfarrer hat eine beleidigt und sich damit gebrüstet, er habe ihr nachgeschaut. Und der Schmied hat einen der Knechte beschuldigt, ihm mit dem

Fuß den Blasebalg beschädigt zu haben und seitdem immer weggeschaut, wenn er Johannes Brehm auf der Straße begegnet ist. In diesen Augenblicken strömender Tränen, großen Schmerzes und tiefer Verzweiflung ist immer Gisela zur Stelle, die junge Frau von Karlheinz. Bei ihr kann jeder Trost finden, sich ausheulen, Rat suchen; sie setzt sich zwischen die Streithähne und versöhnt sie; sie hört immer zu, versteht alles, verbindet die Wunden und findet meist eine Lösung.

Heute heißt das Personalmanagement.

Frederick Taylor überträgt dieses traditionelle Führungsmodell menschlicher Produktionsgemeinschaften auf den Industriebetrieb, macht aus den Mitgliedern der Familie Brehm Funktionsmeister und nennt das ganze Mehrlinienstruktur. Die fachliche Breite, die die Leitung eines Produktionsbetriebs verlangt, überfordert einen einzelnen Meister oder Betriebsleiter. Der Arbeiter, der eine Maschine bedient, hat einen Vorgesetzten für Fragen der Produktionsplanung und Maschinenbelegung, einen für Wartung und Instandhaltung, einen für Qualität und einen für Personaldinge. Entscheidungskompetenz und Fachkompetenz sind in einer Hand.

Bei Konflikten wird diese Struktur auf die Probe gestellt. Wenn der Firma Schadenersatz droht, weil ein Liefertermin nicht eingehalten wird und der Geschäftsführer den Produktionsplaner zur Rechenschaft zieht, fällt diesem sicher ein guter Grund ein: „Der Kollege hat einen Wartungstermin bei der Engpaßmaschine gerade zum kritischen Zeitpunkt angesetzt", wird er sich herausreden. Der Kollege wird sich hinter dem Qualitätsbeauftragten verstecken, der die Wartung verlangt hat, weil die Toleranzen überschritten werden. Der Qualitätsbeauftragte kann den Schwarzen Peter an den Personalmeister weitergeben: „Dem einzigen Mann, der die Sache rechtzeitig hätte in Ordnung bringen können, hat er Urlaub genehmigt." Und das nächste Mal, wenn jeder der Vorgesetzten dem armen Arbeiter an der Maschine eine andere Weisung gibt, denkt dieser an das „Leck mich am A…" des Götz von Berlichingen und tut das, was er für richtig hält. Schon der Apostel Matthäus hat es gewußt: „Niemand kann zwei Herren dienen."

Die schlechten Erfahrungen mit der Mehrlinienorganisation in Industriebetrieben haben zur Einlinienorganisation geführt. Jeder hat nur noch einen Vorgesetzten, der die Gesamtverantwortung trägt. Eine einzige Linie als Dienstweg für Weisungen von oben nach unten, für Beschwerden von unten nach oben und als Informationsweg in beiden Richtungen – klare Verhältnisse. Der Vorgesetzte hält alle Fäden in der Hand. Dies überfordert ihn fachlich und zeitlich. Die Überforderung wird mit einem Konzept gelöst, das sich beim Militär bewährt hat und seitdem aus Unternehmen, öffentlichen Verwaltungen und der politischen Führung nicht mehr wegzudenken ist:

Als Friedrich II., König in Preußen, einem Entwicklungsland, seinen General Hellmuth Graf Moltke beauftragt, einen Krieg gegen die Weltmacht Frankreich vorzubereiten, wird dieser kreidebleich. Das ist ein Himmelfahrtskommando. Soll es auf Erden Erfolg haben, muß es minutiös vorbereitet sein. Als erstes studiert Moltke vergangene Kriege. Im Mittelalter gelingt den Türken um Haaresbreite die Islamisierung Europas. In der entscheidenden Schlacht vor Wien werden die christlichen Heere vom Prinzen Eugen angeführt. Und im entscheidenden Augenblick dieser Schlacht, der die religiöse Zukunft Europas besiegelt, steht Prinz Eugen seinem türkischen Gegenspieler hoch zu Roß gegenüber, zückt sein langes Schwert und haut mit voller Wucht zu. „Da sieht man zur Rechten und zur Linken, einen halben Türken herniedersinken", meldet der mittelalterliche Kriegsberichterstatter.

„Es hätte ebensogut umgekehrt kommen können", folgert Graf Moltke. Wir können noch mehr folgern. Von nicht kriegsentscheidendem Gemetzel abgesehen, ist die Schlacht nach einem Zweikampf und einem einzigen Toten beendet. Weil der Oberbefehlshaber einer Seite gefallen ist, flüchtet seine Truppe kopflos. Mein Sohn Fabian hat als Neunjähriger überlegt, wie man auch diesem einen Gefallenen das Leben hätte retten können: „Statt sich niederzustechen, hätten sie doch um den Sieg Schach spielen können."

Die persische Hochkultur hat das getan; sie hat den Krieg mit dem Schachspiel simuliert und das Simulationsergebnis als kriegsentscheidend anerkannt. Wenn der König fällt, ist die Schlacht verloren. Die Dame darf alles, um ihn zu verteidigen. Frauen sind oft die wendigeren Diplomaten, ziemlich unentbehrlich und dürfen dann alles. Bauern dienen, wie immer in früheren Zeiten, als einfache Soldaten. Dieser ganze Troß – das Fußvolk – schiebt die Front langsam nach vorn.

Pferde, die auch über Hindernisse springen können, bleiben den Edelmännern vorbehalten. Den Läufern, die sich, von Nachschubproblemen unbelastet, schnell bewegen können, bleibt deshalb der Zugang zu vielen Feldern versperrt. Solange die Bewegungen des Feindes von Hochsitzen, Beoabachtungsposten, Wachttürmen aus eingegrenzt werden können, ist noch Hoffnung auf Sieg. Wenn der letzte Turm einstürzt, ist das Kampfgeschehen nur noch schwer zu kontrollieren, der König bald manövrierunfähig – matt gesetzt.

Der preußische König hat nicht vor, seinen Kollegen aus Paris zum Schachspiel einzuladen. Graf Moltke muß sich etwas anderes einfallen lassen. „Wenn ich so vorgehe wie Prinz Eugen", denkt er laut, „hängt der Ausgang des Kriegs vom Glück eines Augenblicks ab. Wenn der Franzose den gewinnt, ist das Vaterland verloren. Das dürfen wir nicht riskieren. Das Wichtigste für die Moral der Truppe ist, daß ich am Leben bleibe. Und das ist nur gewährleistet, wenn ich mich gar nicht am Kampf beteilige, in sichere Distanz auf einen ‚Feldherrenhügel' zurückziehe, von dort das Geschehen mit einem ‚Feldstecher' beobachte und meine Befehle durch schnelle Reiter an die Front schicke."

Aber auch das allein ist noch riskant: Was nützt es Preußen, wenn der General überlebt, aber sein Heer von dem übermächtigen Feind überrannt wird? Bei diesem Kräfteungleichgewicht muß ein Krieg geplant werden. Moltke ruft seine fähigsten Generäle zusammen und bildet aus ihnen einen „Generalstab". Der Auftrag an den Stab lautet: den Krieg simulieren – nicht als Kriegsersatz, wie bei den Persern, sondern als Vorbereitung des Kampfgeschehens. Die Generäle besorgen ihr Geschäft auch nicht mit Schachfiguren, sondern mit Zinnsoldaten – blauen für die Franzosen und roten für die Preußen. Aus angerührtem Gips formen sie auf einer großen Tischplatte eine hügelige Landschaft und überziehen sie, nachdem der Gips trocken ist, mit grünem Filz – grün wie Wiesen und Wälder. Dort spielen sie ihre Manöver solange durch, bis sie eine optimale Angriffsstrategie herausgefunden haben. Deshalb heißt es von Stäben, die mit Plänen hantieren, statt mit der Wirklichkeit: „Das haben die sich am grünen Tisch ausgedacht."

Seit Preußen diesen Krieg gewonnen hat, dadurch neben Österreich zur innerdeutschen Großmacht aufgestiegen ist und auf dieser Basis

Deutschland gegen den Rivalen Österreich geeinigt hat, sind Stabsabteilungen aus dem Militär, der Politik und den Unternehmen weltweit nicht mehr wegzudenken – ist aus der Einlinienorganisation eine Stab-Linien-Organisation geworden.

Der Stab hat Fachkompetenz, aber keine Entscheidungsgewalt. Damit kann er den fachlich überforderten Linienvorgesetzten mit Kompetenz ausstopfen, seine Befugnisse erweitern, seine Kontrolle festigen, seine Macht vergrößern. Er kann Netzwerke von „egg heads" (Eierköpfen) bilden, das Gelbe vom Ei: wenn man sie gegen die Wand wirft, zerplatzen sie. Den Kopf müssen die ohne Eigelb hinhalten.

> Der Stab kann sich zum Wasserkopf aufblasen, zur grauen Eminenz aufbauen und, wenn es hart auf hart kommt, hinter den in dicken Stapeln von Papier versteckten vielschichtigen Wenns und Abers verschanzen.

Procter & Gamble steckt in einer Krise, als sein Corporate Executive Officer (Vorstandsvorsitzender) montag früh vor seiner Bürotür in der Hauptverwaltung in Cincinnati von einem Beauftragten des Aufsichtsrats erwartet wird, der die Büroschlüssel gegen das Entlassungsschreiben tauscht. Als zwei Tage später der Nachfolger das Büro betritt, hat das obere Management sämtliche externen Termine abgesagt und harrt angst- oder erwartungsvoll in den Büros. Richard R. Deupree hat einen klaren Auftrag: er soll Gewinn machen. Wie beginnen Sie Ihren ersten Arbeitstag in einer Firma, die Sie nicht kennen, mit diesem Ziel? Der neue Boß legt die Füße auf den Schreibtisch, wie es in Amerika üblich ist, bestellt sich Kaffee, liest das Wallstreet Journal und tut sonst gar nichts. Er will mal sehen, ob andere etwas tun. Nach einer Viertelstunde bringt eine seiner Sekretärinnen eine dicke Mappe mit hausinterner Eingangspost. Nach einer weiteren Viertelstunde bringt ein Assistent einen großen Stapel Projektstudien zu geplanten Produkten und Marketingkonzepten. Nach nochmals 20 Minuten kommt ein anderer Assistent und stellt sich vor; er hat eine Menge Investitionsanträge unterm Arm, die er ablegt. Als die zweite Sekretärin mit drei Kilogramm externer Eingangspost hereinkommt, wundert sie sich: „Und Sie lesen immer noch Zeitung?"

„Bitte", sagt ihr neuer Chef, „in einer halben Stunde möchte ich sämtliche mir direkt unterstellten Damen und Herren aus der Hauptverwaltung hier versammeln, und einen Hausmeister und einen Container." Nachdem er sich vorgestellt hat, läßt er die Runde schätzen, wie viele Seiten auf dem voll beladenen Schreibtisch liegen. Man einigt sich auf 9 000. Dann läßt er einen der Herren eine beliebige Seite aufschlagen und so vorlesen, daß alle den Inhalt verstehen. Sein Sekundenzeiger mißt die Zeit dafür mit drei Minuten. 27 000 Minuten sind über 45 Stunden – eine ganze Arbeitswoche.

„Ist das nur heute soviel, weil dieser Platz zwei Tage vakant gewesen ist, die Woche angefangen hat oder noch Monatsanfang ist?" fragt er die beiden Sekretärinnen? „Weil wir seit Montag gesammelt haben, ist es schon etwas mehr", sagt die ältere von ihnen, „aber so groß ist der Unterschied zu normalen Tagen nicht." „Gut", stellt er fest, „da ich nicht vorhabe, mehr als ein Drittel meiner Arbeitszeit hier im Büro zu verbringen, werde ich das alles nicht lesen können. Wenn ich es nicht lese, wird es meine Entscheidungen nicht beeinflussen, und wenn es meine Entscheidungen nicht beeinflußt, braucht es auch niemand zu schreiben. Dies hier ist offenbar eine Firma, deren wichtigstes Produkt beschriebenes Papier ist. Mit beschriebenem Papier verdienen wir kein Geld, sondern drücken unsere Gemeinkosten in die Höhe. Deshalb nehmen Sie bitte die externe Post beiseite, darüber reden wir noch, und" – an den Hausmeister – „schieben Sie den gesamten Rest in den Container und vernichten ihn im Reißwolf." Und dann gibt er dem Sekretariat noch die Weisung, ab sofort alle hausinterne Post, die länger als eine Seite ist, ungelesen zu vernichten. „Ich lese nur noch Dinge, die auf eine Seite passen", formuliert er seinen Führungsgrundsatz. Zwei Jahre später weist die Bilanz dieser „one page company" (Eine-Seite-Firma) einen stolzen Gewinn auf.

> Nur die kompakte Information vereitelt Selbstdarstellungsorgien, läßt die Hand der Leitung über viele Zwischenentscheidungen am Puls des Geschehens und verhindert, daß die Entwicklung ihnen entgleitet, daß Sachzwänge aus taktischen oder opportunistischen Gründen von unten aufgebaut werden und Alternativen verbarrikadieren.

Aber die Stabsabteilungen im größeren Teil der restlichen Welt gibt es noch immer. Sie haben der Machtausweitung und ihrem Erhalt vor 100 Jahren gedient, als sie erfunden worden sind. Machterhalt ist auch heute noch *das* Führungsparadigma. Doch Stabsabteilungen sind ein Kropf am Hals, und ein Kropf beruht auf Jodmangel im Trinkwasser, einem Mangel an dem Stoff, mit dem wir Wunden desinfizieren.

Stäbe sind entweder ein Indiz dafür, daß die Vorgesetzten ihre Mitarbeiter in der Linie nicht für kompetent halten; dann sollten die Linienmitarbeiter ausgewechselt werden. Oder sie sind ein Indiz dafür, daß die Unternehmensleitung den Linienvorgesetzten mißtraut, sie sachkundiger kontrollieren will; dann sollten die Linienvorgesetzten ausgewechselt werden. Oder sie sind schließlich ein Indiz dafür, daß die Leitung unsicher ist, sich hinter Beratern und Papier verschanzt, um sich abzusichern; dann muß die Spitze ausgewechselt werden. Der römische Politiker Marcus Tullus Cicero schließt jede seiner großen Reden mit dem gleichen Satz, bis er sich erfüllt hat: „Ceterum censeo Carthaginem delendam esse" (im übrigen meine ich, daß Carthago zerstört werden muß). Wenn Sie Unternehmer sind oder „Oberbefehlshaber" einer anderen Institution, sollten Sie jeden Reorganisationsschritt im übrigen als Schritt zur Zerstörung von Stabsabteilungen und Stabspositionen gestalten. Das entschlackt.

Nachdem wir den Grafen Moltke als Programmschleife der Organisationsgeschichte abspeichern können, kommen wir – in anderer Sache – auf Max Weber zurück. Nicht nur die protestantische Ethik hat er entdeckt, auch die Linienorganisation. Nachdem wir die Stäbe in der Organisation wieder beseitigt haben, wollen wir uns nun daranmachen, auch noch die Linien in einer Programmschleife der Unternehmensführung unschädlich zu machen.

Vor der Industrialisierung ist Führung personenorientiert. Die Unternehmer dieser Zeit sind Großgrundbesitzer, deren Vorfahren den Besitz zum Dank für persönliche Treue von ihrer Obrigkeit geschenkt bekommen haben. Aufgaben der kommunalen oder regionalen öffentlichen Verwaltung werden entweder von diesen oder vom Klerus wahrgenommen und selbstverständlich nicht nochmals gesondert vergütet; der Besitz bringt ja Ertrag. Die Kunst des Lesens und

Schreibens ist auf die Kirchenmänner beschränkt, und das soll auch bleiben, damit nicht jeder Untertan zum „Schriftgelehrten" wird und die Lehre der Kirche an Hand biblischer Quellen überprüfen kann. Streitigkeiten – Rechtsstreitigkeiten – werden in mündlicher Verhandlung nach Ermessen entschieden, und als einziger Nachweis dienen Zeugen.

Max Weber erfindet nun radikale Neuerungen. Diener des Staates sind Beamte, die für ihre Tätigkeit bezahlt und damit von anderen Begünstigungen unabhängig werden. Beamte zeichnen sich nicht durch persönliche Treue aus, sondern durch fachliche Kompetenz. Sie sind nicht dem Monarchen verpflichtet, sondern dem Gesetz. Alle Vorgänge werden in Akten schriftlich festgehalten, bleiben damit nachvollziehbar und nachprüfbar. Für die Bearbeitung der Vorgänge gilt ein Dienstweg, der einzuhalten ist. Im Rahmen eines Instanzenzugs werden jedem Bearbeiter bestimmte Zuständigkeiten und Befugnisse übertragen. Entscheidungen werden unabhängig von der Person nach festen Regeln getroffen, denen auch die Obrigkeit unterworfen ist.

Es ist das erste Führungsmodell, das nicht vom Militär kommt, sondern von einem Wissenschaftler. Es ist das organisatorische Pendant zu den technischen Erfindungen; das zweite Bein der entstehenden Unternehmen und damit Voraussetzung für die industrielle Entwicklung. „Wir haben nur die Wahl zwischen Bureaukratisierung und Dilettantisierung", schreibt Weber; heute sagen wir dazu Professionalität und Stümperei. Bürokratie ist das Synonym für Effizienz.

Cyril Northcote Parkinson sieht das anders; er formuliert zwei berühmte Gesetze. Nach dem ersten wird in einer Bürokratie Arbeit so lange ausgedehnt, bis sie die verfügbare Zeit ausfüllt. Nach dem zweiten wächst die Zahl der Beschäftigten einer Behörde mit einer festen Rate zwischen fünf und sieben Prozent pro Jahr, unabhängig von der Entwicklung ihrer Aufgaben. Parkinson hat auch vorgeführt, daß die Zahl der englischen Kriegsschiffe seit 100 Jahren mit der gleichen Rate abgenommen hat, wie die Zahl der Beschäftigten im Marineministerium gestiegen ist; die beiden Zahlenreihen korrelieren also negativ. Und er hat ausgerechnet, wann – wenn der Trend sich fortsetzt – die gesamte englische Bevölkerung im Marineministerium arbeitet und dort nur noch ein einziges Kriegsschiff verwaltet. Unsere Alltagserfahrung bestätigt Parkinson: Wenn eine Katastrophe geschieht, versichert die Regierung, den Opfern werde „unbürokratisch" geholfen. Bürokratie funktioniert offenbar nicht mehr.

Als Max Weber die Effizienz der Bürokratie nachweist, arbeiten im preußischen Finanzministerium 27 Personen – der Minister, der Türsteher, der Kutscher und die Kopisten eingeschlossen. Preußen ist mehr als die Hälfte des heutigen Deutschland. In dieser Situation nützt ein weiterer Beamter mehr, als er kostet. Ökonomen sprechen dann von einem positiven Grenznutzen. Auf dem Weg zu einem Marineministerium, das die gesamte berufstätige Bevölkerung beschäftigt – ob Preußen oder England spielt hier keine Rolle –, ist irgendwo der Punkt, wo ein weiterer Beamter gerade soviel bringt, wie er kostet. Dies ist die „optimale Staatsquote". Die meisten Staaten der Welt haben diesen Punkt inzwischen überschritten. Wir befinden uns im Zeitalter des Etatismus, in dem ein zusätzlicher Staatsdiener mehr kostet, als er nützt. Ökonomen sprechen hier von einem negativen Grenznutzen.

Ein Staat oder ein Unternehmen kann nur funktionieren, wenn seine Beschäftigten leistungsfähig sind und sich mit seinem Wohl identifizieren. Psychisch gesunde Menschen können sich mit dem Wohl des Ganzen nur dann identifizieren, wenn sie sich dadurch nicht selbst schaden. Das ist menschlich, und es ist normal.

> Leistungsfähige Menschen sind psychisch normal. Psychisch normale Menschen sind weder Märtyrer, die sich selbst und ihre eigenen Interessen zum Wohle des Ganzen opfern, noch Masochisten, die sich selbst quälen, weil das für andere gut ist.

Sich selbst nicht schaden heißt, sich, wo es möglich ist, selbst nützen. Wie nützt ein Staatsdiener sich selbst? Das ist kein Staatsgeheimnis: er muß etwas tun, was ihm eine höhere Besoldungsstufe bringt, was zu seiner Beförderung führt. Er braucht mehr Mitarbeiter, mehr Budgetverantwortung, mehr Kompetenzen. Ein Staatsdiener, der weder Masochist noch Märtyrer ist, muß alles tun, was ihm möglich ist, um den Einfluß des Staates auszuweiten und dadurch die Staatsquote zu erhöhen. Und wenn er nicht sehr dumm ist, wird er das auch schaffen, selbst gegen den erklärten Willen seiner Regierung.

Tancredo Neves, gewählter Präsident Brasiliens, der noch vor seinem Amtsantritt 1985 verstorben ist, hat diese vertrackte Dynamik erkannt und mit einem Ministerium für Entbürokratisierung zerbrechen wollen. Er hätte auch den Teufel zum Papst küren können.

> Bürokraten sind wie Bakterien. Bakterien wirken nicht, indem sie kämpfen, sondern indem sie sich vermehren.

Wenn der Grenznutzen des öffentlichen Sektors positiv, die Staatsquote also unterhalb des Optimums ist, stiftet diese Vermehrung Nutzen; sie bewahrt vor Schaden, sorgt für Sicherheit und schafft Ordnung – so wie es die nützlichen Bakterien in unserem Körper auch tun. Sobald aber der Grenznutzen des öffentlichen Sektors negativ ist, die Staatsquote sich also über das Optimum hinaus ausgedehnt hat, richtet diese Vermehrung Schaden an, werden die Staatsdiener zu schädlichen Bakterien, die das Immunsystem lahmlegen und das Ganze schwächen, zersetzen, töten.

In dieser Situation befinden sich viele Staaten der Welt, und deshalb werden die meisten von ihnen von ihren eigenen Eliten degeneriert, ausgesaugt, geopfert. „Die Freiheit verringert sich in dem Maße, wie sich der Staat vergrößert", diagnostiziert Jean-Jacques Rousseau, und José Ortega y Gasset schreibt: „Das Skelett frißt das Fleisch um sich herum."

Um die Unternehmen steht es nur dann besser, wenn sie von den Kräften des Marktes kontrolliert werden, die unerbittlich sind. Diejenigen Unternehmen, die nur im Windschatten staatlicher Umzäunungen gedeihen, sind schutzlos, wenn der Zaun einstürzt, der Wind zum Orkan wird und die Krähen ihre Opfer suchen. Die Volkseigenen Betriebe des kommunistischen Blocks sind ein Beispiel dafür.

Der Kommunismus ist nicht untergegangen, weil er die Freiheit beschränkt hat. Er hat die Freiheit beschränken müssen, weil er wirtschaftlich erfolglos gewesen ist. Wer Erfolg hat, braucht niemanden einzuschränken; alle suchen seine Nähe. Völkerwanderungen, welche die Wohlstandsfestungen bedrohen, belegen das.

Der Kommunismus ist auch nicht untergegangen, weil er kein Privateigentum zugelassen hat. Viele Bank- und Versicherungsgesellschaften sind durch ihre Eigentümer nicht zu kontrollieren, weil diese von ihnen abhängen. Die Firma Volkswagen hat die höchsten Wachstumsraten und Gewinne ihrer Geschichte zu einer Zeit erwirtschaftet, als nicht klar gewesen ist, wem sie gehört. Das Management vieler großer Unternehmen hat die Eigentümer in eine Art britisches Oberhaus verbannt, mit Pfründen ausgestattet, die satt und trunken machen, und bleibt Herr des Geschehens mit der Maxime des Imperators Julius Cäsar: „Laßt dicke Männer um mich sein."

Der Kommunismus ist einzig und allein untergegangen, weil er eine noch höhere Staats- und Bürokratisierungsquote gehabt hat, sich noch tiefer im Bereich negativen Grenznutzens der Systemdiener verfangen hat, noch brutaler von schädlichen Bakterien zerfressen worden ist als der Rest der Welt und dadurch *relativ* benachteiligt gewesen ist und destabilisiert werden konnte.

Bürokratie ist verfahrensorientiert. Der Bearbeiter ist auf die Vorgehensweise festgelegt, auf die Einhaltung der Vorschrift. Wer die Regeln einhält, hat eine weiße Weste. Für den Funktionär zählt nicht der Erfolg, sondern die Funktion, die er verabsolutiert, weil sie allein seine berufliche Existenz legitimiert. Die Leistung des öffentlichen Sektors geht mit ihren Kosten in das Sozialprodukt ein. Damit ist Verschwendung vorprogrammiert.

> Der Verbraucher einer öffentlichen Leistung bezahlt sie nicht und will sie deshalb erweitert haben; der Träger, der sie bezahlt, entscheidet nicht und muß sie deshalb erweitern lassen; die Politik oder Verwaltung, die entscheidet, verbraucht sie nicht und will sie deshalb mit gutem Gewissen erweitern – und ihren Einfluß auch.

Wettbewerb ist nicht verfahrens-, sondern ergebnisorientiert. Der Erfolg wird vom Markt beurteilt, auf dem der Bearbeiter sein Gehalt verdienen muß. Die Leistung des privaten Sektors geht nicht mit ihren Kosten, sondern mit ihren Preisen in das Sozialprodukt ein. Auch der private Sektor ist bestrebt, seine relative Macht durch seinen Anteil am Sozialprodukt zu vergrößern und die Preise zu erhöhen, wenn es durchsetzbar ist. Das ist aber nur durchsetzbar, wenn er sein Angebot verbessert. Dies ist die geheimnisvolle Wirkung von Adams Smiths „unsichtbarer Hand", der Antrieb des wirtschaftlichen Erfolgs der Marktwirtschaften.

Das Schicksal, vor einem Schalter zu stehen, und „das Ideal, hinter einem Schalter zu sitzen", wie Kurt Tucholsky es beschreibt, kennzeichnen eine sterbende Gesellschaft, wenn die Symptome umfassend sind; eine sterbende Branche, wenn sie auf einen Sektor beschränkt sind; ein sterbendes Unternehmen, wenn sie auf eine Firma beschränkt sind.

Der Dienstweg, die „Linie", ist das äußere Kennzeichen der Verfahrensorientierung, die von institutioneller Größe erzwungen wird, weil große Einheiten anders nicht zu steuern sind. Damit wird die organisatorische Linie zum Strick, der die Luft abschnürt. So wie ein Paradigma nicht aufgegeben werden kann, ohne die eigene Existenz aufzugeben, kann auch auf die Linienverantwortung nicht verzichtet werden, ohne daß die Unternehmensleitung sich selbst aufgibt. Und weil sie sich selbst gar nicht aufgeben will, muß sie das Ganze aufgeben.

Eine meiner ehemaligen Studentinnen, Beate, bearbeitet heute den Auftragseingang in einem Maschinenbauunternehmen. Bevor sie einen hereinkommenden Auftrag bestätigt, muß sie klären, wann welche Kapazitäten wofür frei sind. Auf der Linie, dem Dienstweg, geht das so: sie gibt die Frage über den Vertriebsleiter an die Geschäftsleitung. Diese gibt sie über den Produktionsleiter an den Produktionsplaner. Der gibt die Antwort über den Produktionsleiter an die Geschäftsleitung. Von dort gelangt sie dann über den Vertriebsleiter an Beate.

Der Produktionsplaner, Ralf, auch ein ehemaliger Student von mir, arbeitet zufällig im gleichen Raum wie seine frühere Kommilitonin. Hätte ihn die Anfrage tatsächlich auf diesem Wege erreicht, würde er gewiß zu Beate sagen: „Bei dir piept's wohl." Natürlich braucht er das nicht; sie klärt die Dinge direkt mit ihm, und das ganze Liniengestänge über ihnen bekommt davon nichts mit.

> Die Abläufe funktionieren nicht wegen, sondern trotz der hierarchisch strukturierten Organisationskästchen, zwischen denen sinnlose Linien auf Organisationsplänen gezogen sind.

Da die Linien über Informations- und Kooperationsstränge keine Auskunft geben, reduziert sich ihre Funktion auf die Beurteilung derer, die unten sind, durch die, die oben sind. Mit einer Beurteilung werden Urteile gesprochen, die in die Personalentwicklungsplanung eingehen und damit berufs- und das heißt für viele lebensentscheidend sind.

Woher nimmt ein Vorgesetzter die Kompetenz, die Leistung seiner Mitarbeiter zu beurteilen? Der einzige, dem diese Kompetenz zusteht, ist eine Instanz, die nicht mit den Stimmen der Vorgesetzten abstimmt und auch nicht mit denen der Wähler, sondern mit Kaufkraft: der Markt. Er produziert positive externe Effekte und erschafft dadurch echten Mehrwert. Bei größeren Unternehmen ist diese „saubere" Form der Leistungsbeurteilung durch den Markt nur beim Außendienst möglich, und auch dort nicht immer.

Unternehmen sind nicht für den Markt da. Deshalb ist es auch da, wo es möglich wäre, nicht sinnvoll, dem Markt das Urteil zu überlassen. Der Markt weiß nicht, ob ich mich entwickelt habe; nur ich selber kann das wissen. Und deshalb kann nur ich meinen Fortschritt beurteilen. Da die Möglichkeiten, die mir für meine Entwicklung offen stehen, von meinem Vorgesetzten beeinflußt werden, muß er von mir und seinen anderen Mitarbeitern beurteilt werden und nicht ich durch ihn.

Dieses Urteil darf keine demoskopische Unverbindlichkeit haben und „mit Interesse zur Kenntnis genommen" werden. Die Person des Vorgesetzten und seine Rolle, die Ausstattung seiner Funktion und die Macht, die ihm übertragen wird, müssen davon abhängen. Damit wird der Organisationsplan umgedreht: Vorgesetzte hängen an und unter ihren Mitarbeitern, weil sie mit ihrer Position von ihnen abhängen. Eine solche Machtverlagerung nach unten ist ein Nachvollziehen der tatsächlichen Abhängigkeits- und Kräfteverhältnisse in den Unternehmen, sonst nichts.

Thomas Peters und Robert Waterman schildern, wie sie dazu gekommen sind, nach den Gründen für Spitzenleistungen zu suchen. Nach dem Mittagessen entscheiden sie, daß sie eine zweite Nacht in Washington bleiben müssen, und fahren zurück in das Hotel, aus dem sie in der Frühe abgereist sind. Als sie auf die Empfangstheke des Hochhauses zugehen, schaut eine der Rezeptionistinnen sie entgeistert an: „Herr Peters, Herr Waterman, Sie haben heute früh ausgecheckt, was ist passiert, warum sind Sie wieder hier?"

„Woher kennt sie unsere Namen?" schießt es den beiden gleichzeitig durch den Kopf. Wenn eine wildfremde Person, die Sie einmal kurz gesehen haben, Sie danach noch mit Ihrem Namen anredet, fühlen Sie sich so geschmeichelt, daß Sie mit dieser Person mehr zu tun haben wollen. In dieses Hotel mit dieser wunderbaren Dame am Empfang sind sie seit dieser schönen Erfahrung immer gegangen.

Als sie sich die Bilanz der Hotelgesellschaft anschauen, staunen sie über den hohen Gewinn. Und nachdem sie Hunderte von Bilanzen aus vielen Branchen verglichen haben, kommen sie zu ihrem Ergebnis: Hohe Gewinne werden nur dort erzielt, wo die untersten Mitarbeiter der Unternehmenshierarchie sich am stärksten mit dem Unternehmen identifizieren. Die, die ganz unten sind, bedienen den Kunden, der die Gehälter von allen bezahlt, fassen das Produkt an, von dem alle leben, oder verkaufen es und „bringen" den Umsatz. Alle anderen hantieren nur mit beschriebenem Papier oder mit Worten. Und „wo man arbeitet, da ist genug, wo man aber mit Worten umgeht, da ist Mangel", bestätigt der Prophet Salomo das Ergebnis des Bilanzvergleichs.

Eine Linienorganisation, in der die Unteren von den Oberen eingestellt, beurteilt, befördert, eingefroren und entlassen werden, betreibt Sklavenhaltung. Denen, die die Arbeit machen und das Geld verdienen, können wir die Macht nicht vorenthalten, die mit einer Beurteilung verbunden ist und verbunden sein muß.

Gegen diese radikale Form der Mitbestimmung werden Sie viel einzuwenden haben. Ich will versuchen, Ihre Argumente vorwegzunehmen und einzeln zu entkräften:

▶ *Die Unternehmensspitze ist von den Eigentümern eingesetzt oder auch mit ihnen identisch; eine Entmachtung der Geschäftsleitung ist identisch mit einer Enteignung. Das ist Kommunimus durch die Hintertür.*

Eine Führung, die nicht von unten bestätigt wird, muß Widerstände brechen, um sich durchzusetzen. Zerbrochene Mitarbeiter kämpfen mit Geschick um ihr Überleben; einen Beitrag, der die Zukunft des Unternehmens sichert, können sie nicht mehr leisten. Ein Unternehmen, dessen Mitarbeiter nicht zu seiner Zukunft beitragen, hat keine Zukunft. Macht von oben enteignet die Eigentümer.

▶ *Es gibt einen Verteilungskonflikt zwischen den Produktionsfaktoren Kapital und Arbeit, der sich im Unternehmen fortsetzt. Wenn Mitarbeiter die Macht übernehmen, gehen die Eigentümer leer aus.*

Wenn die Mitarbeiter eines Großunternehmens das Kapital nicht angemessen bedienen, beschneiden sie ihre Möglichkeiten der Eigenkapitalfinanzierung, die risikoloser und deshalb meistens besser ist als die Finanzierung über Fremdkapital. Kompetente Mitarbeiter werden diese Option nicht verspielen. Und mehr als angemessen werden anonyme Anleger ohnehin nie bedient. Das hatten wir schon. Wenn es sich um ein kleines Unternehmen handelt, gibt es zwei Möglichkeiten: Entweder sind die Eigentümer im Unternehmen tätig oder nicht. Wenn sie tätig sind, müssen sie für diese Tätigkeit marktgerecht bezahlt werden und können von ihrer Leitungsposition aus beurteilen, ob die Bedienung des Kapitals angemessen ist; es gelten die Regeln für große Unternehmen. Oder die Eigentümer sind nicht im Unternehmen tätig, weil die leitenden Mitarbeiter eine bessere Wahl getroffen haben. Dann ist eine schleichende Enteignung schwer zu vermeiden und auch wahrscheinlich. Bei einer durch ihre Eigentumsrechte nicht absetzbaren Geschäftsführung, die inkompetent ist, ist diese schleichende Enteignung aber überhaupt nicht zu vermeiden, also sicher. Deshalb ist die faktische „Übernahme" durch eine kompetente Belegschaft der bessere Weg, der auch das

Unternehmen erhält. Untätiges Kapital ist nicht mehr wert, als der Kapitalmarkt hergibt. Da der Reichtum durch Köpfe geschaffen wird, ist das auch gerecht.

▶ *Eine Geschäftsleitung muß Wahlkampf betreiben, wenn sie eingesetzt oder bestätigt werden will; dadurch werden die Unternehmen politisiert. Es gibt nur Worte und Mangel und keine Arbeit mehr.*

Einstellung, Beurteilung oder Entlassung obliegen nicht der Betriebsversammlung oder der Gesamtheit der Beschäftigten, sondern dem überschaubaren Kreis der direkt zugeordneten Mitarbeiter, die unmittelbar von der Personalentscheidung betroffen sind. In diesem Kreis, der kompetent ist zu beurteilen, wer ihm bei seinen Aufgaben und Problemen weiterhelfen kann und wer nicht, ist jeder Versuch, einen Wahlkampf zu inszenieren, kontraproduktiv.

▶ *Ein Vorgesetzter, der von seinen Mitarbeitern abhängt, kann keine harten Entscheidungen gegen die Mitarbeiter treffen; er wird immer versuchen, nett zu sein und es allen recht machen wollen. So aber kann ein Unternehmen im Wettbewerb nicht bestehen.*

Wenn das Unternehmen im Wettbewerb nicht besteht, haben die Mitarbeiter ihren Arbeitsplatz verloren und sich von ihrem lieben netten Vorgesetzten ihr Grab schaufeln lassen. Gute Leute tun das nicht; sie wollen die Herausforderung und suchen sich einen anspruchsvollen Trainer, der sie ihnen bietet.

▶ *Es gibt einfach manchmal Dummköpfe, Trittbrettfahrer, Faulenzer, Schmarotzer, die sich an ein gutes Team dranhängen und von ihm durchfüttern lassen. Wenn der Vorgesetzte solche Leute nicht entlassen kann, wird das Unternehmen „schwarze Schafe" nicht los.*

Alle Erfahrung bestätigt, daß das Urteil der Kollegen, mit denen wir täglich zusammenarbeiten, viel härter ist als das der Vorgesetzten; ihnen können wir nichts vormachen oder vorspielen; bei ihnen können wir nicht krankfeiern und die Last auf sie verladen, wenn wir nicht krank sind; sie können Glanzverpackung von Inhalt, Show von Substanz unterscheiden und schwitzen Schmarotzer schneller und härter aus, als alle Macht von oben das vermag.

▶ *Wenn eine Gruppe sich auf keinen Vorgesetzten einigen kann, möglicherweise auch, weil keine Mehrheit zustande kommt – wer soll dann Zünglein an der Waage spielen und die Entscheidung übernehmen?*

In grundsätzlichen Dingen sind Mehrheitsentscheidungen verboten; sie führen dazu, daß die unterlegene Minderheit nach Rache sinnt und die Gruppe sprengt. Entscheidungen müssen einmütig sein, damit jeder sich mit ihnen identifiziert und ihnen dadurch zum Erfolg verhilft. Die Entscheidung für einen Vorgesetzten muß von der Gruppe solange offen gehalten werden, bis Einigkeit herrscht. Wenn der Traumkandidat dann vergeben ist, ist es eine Erfahrung für alle. Erfahrungen sind ein Wert an sich. Das hatten wir schon. Wenn der Traumkandidat noch zu haben ist, wird er Erfolg haben, weil er von allen getragen wird. Hat nur ein einziger in der Gruppe Zweifel, kann es sein, daß sein Urteil das richtige ist. Wenn er dabei böswillig ist, muß er ausgeschwitzt werden. Das hatten wir schon. Wird aber jemand, der guten Willens ist, von einer Gruppe ausgeschwitzt, weil sie es sich bequem machen will, dann kann er dankbar dafür sein. Die Gruppe hat ihn nicht verdient, und seine schlechte Erfahrung wird ihn woanders viel weiterbringen. Das hatten wir auch schon.

▶ *Was soll geschehen, wenn eine Gruppe ohne Vorgesetzten auskommen will? Gegenüber Vorgesetzten oder Kunden kann doch diese ganze antiautoritäre Heerschar nicht jedesmal im Kollektiv auftreten.*

Haben Sie sich mit Ihrem Ehe-, Lebens- oder Liebespartner auf einen Vorgesetzten geeinigt? Wenn ja, okay. Wenn nein, auch okay. Jede Gemeinschaft wird sich die Arbeit teilen. Entweder übernimmt der eine das Haus und der andere den Garten, der eine die Elternabende in der Schule und der andere den Ärger mit dem Finanzamt, der eine das Geldverdienen und der andere den Haushalt. Oder die gleiche Sache wird mal vom einen und mal vom anderen erledigt. Entweder delegiert die Gruppe Kontakte nach oben auf einen „Hierarchieminister" und Außenkontakte auf einen „Außenminister", ohne daß damit eine Vorgesetztenfunktion verbunden ist. Oder sie einigt sich, daß das im Wechsel mal der eine und mal der andere übernimmt. Eine einige Gruppe ist stark. Um dieser Stärke willen darf es nichts geben, was es nicht geben darf.

▸ *Wenn es unrealistisch oder ungerechtfertigt ist, Führungspositionen von unten zu besetzen – wie soll dann ein geeigneter Vorgesetzter extern gefunden, wie sein Vertrag marktgerecht gestaltet und eine angemessene Vergütung von den Mitarbeitern festgelegt werden?*

„Wir sind ein Super-Power-Team und suchen unseren neuen Chef. Die Sterne soll er uns vom Himmel holen. Wenn Sie sich das zutrauen, rufen Sie unseren Personalberater an. Heute noch." Na? Und wenn das Gehalt und die Konditionen nicht stimmen, bleiben die Sterne am Himmel, weil der Chef, der sie runterholen könnte, nicht zu haben ist. So einfach ist das.

▸ *Da besteht aber die Gefahr, daß ein solcher Superchef mit einem Gehalt angelockt wird, das die Firma sich nicht leisten kann und das auch die Gehälter der Mitarbeiter nach oben zieht. Das bringt das interne Gefüge durcheinander und schafft Unruhe, besonders bei der durch die Macht der Mitarbeiter erzwungenen Transparenz.*

In kleinen Unternehmen kann es das nicht geben, weil eine unangemessene Personalkostenlast Wettbewerbsfähigkeit und Existenz gefährdet. Das werden Mitarbeiter sich nicht antun. Und in einem großen Unternehmen kann es das auch nicht geben, weil Unternehmen, in denen es das gibt, nicht mehr lange groß sein werden. Die Zerschlagung der Großunternehmen in viele überschaubare Profit-Center ist die Voraussetzung für diese Form der Selbstkontrolle. Viele erfolgreiche Große haben diese Voraussetzung bereits geschaffen und die anderen werden sich beeilen müssen.

Organisatorische Macht ist wirkungslos

▷ *Es gibt unverzichtbare Stufen der Wertschöpfungskette, denen ein Erfolg nicht direkt zurechenbar ist und die deshalb über Umlagen finanziert werden müssen. Da kann doch Selbstkontrolle nicht funktionieren.*

Sie können aus jeder internen Dienstleistung ein Profit-Center machen oder es „outsourcen" (verselbständigen und auslagern) und die Leistung einkaufen. Es gibt praktische Beispiele in großer Zahl, die das mit Erfolg vorführen: für Rechtsabteilung, Organisation, Datenverarbeitung, Buchhaltung, Revision, Finanzdienstleistungen, Schreibdienst, Personalberatung, Kantine, Putzkolonne, Fuhrpark, Werksverwaltung, Wachdienst, Lagerwesen, Materialwirtschaft, Logistik, Wartung, Instandhaltung, Beschaffung, Vorfertigung, Endfertigung, Teilefertigung, Vertrieb, Export, Werbung. Was übrig bleibt, sind Stabsfunktionen. Das hatten wir schon. Wo immer Sie kein Profit-Center bilden, schalten Sie den Markt aus und müssen bürokratisch regieren, und das heißt verschwenden. Das hatten wir auch schon.

▷ *Wenn wir alles outsourcen, bleibt von uns nicht mehr viel übrig. Dann können wir uns auch noch selbst outsourcen und die Firma liquidieren.*

Wenn Sie dem Rest der Welt nichts voraus haben, tun Sie es. Dann wird auf globalen Märkten von Ihnen ohnehin nichts mehr übrig bleiben. Wenn Sie aber dem Rest der Welt etwas voraus haben, konzentrieren Sie sich darauf, machen Sie aus dem Vorteil Ihr strategisches Kerngeschäft, rutschen Sie in Ihrer Kernkompetenz auf der Lernkurve so schnell und so weit es geht nach oben. Dann kann Sie auf diesem Gebiet niemand mehr einholen. So bleiben oder werden Sie ein Sieger. Und nur so ist da, wo Sie sind, oben.

▷ *Es ist riskant, ganz auf ein einziges Geschäft zu setzen. Diversifizierung wird doch auch als eine Versicherung betrieben – gegen schlechte Zeiten in diesem Markt, in dieser Branche, in diesem Geschäftszweig.*

Diversifizieren ist ein Investmentgeschäft. Wenn es da etwas gibt, das Sie besser können als andere, betreiben Sie eine Investmentbank oder einen Anlagefonds. Wenn es das nicht sein soll, gibt es nur zwei Möglichkeiten: Entweder hat der Erfolg in Ihrem Kerngeschäft Sie übermütig gemacht und Sie wollen Ihr Erfolgsrezept übertragen; dann wird Ihr Turmbau zu Babel bald einstürzen, denn Erfolgsrezepte beruhen auf Erfahrung, und Erfahrung ist nicht übertragbar. Das hatten wir schon. Oder Sie wollen von Ihrem Mißerfolg ablenken, Ihre Probleme verstecken und sich noch schnell in eine bessere Welt einkaufen; diese verbreitete Managerkrankheit ist die Weigerung, Probleme als Lernaufgaben anzunehmen – ein Integritätsproblem. Integrität aber ist das einzige Tor zum Erfolg. Das hatten wir auch schon.

Ein Vorgesetzter, der von seinen Mitarbeitern nicht „getragen" wird, muß gegen sie kämpfen. Dieser Machtkampf – ein Nullsummenspiel – wird um mentale Energie geführt. Die negativen externen Effekte erleidet das Unternehmen. Der Sieger fühlt sich gut wie jeder Blutsauger. Der Verlierer ist ausgelaugt, impotent, für das Unternehmen wertlos.

> Vorgesetzte, die mit organisatorischer Macht regieren, können dies nur, indem sie ihre Mitarbeiter dominieren. Wer sich über andere Menschen stellt, saugt deren Energie aus. Diese Energie gibt den Vorgesetzten Selbstsicherheit, Stärke und Macht. Es ist eine Infusionslösung mit dem Knochenmark derer, die ihnen unterstellt sind.

Organisatorische Macht hebt Vorgesetzte auf einen Heldensockel, der über den ausgebrannten Seelen ihrer Mitarbeiter errichtet wird. Für das Unternehmen ist sie wirkungslos.

7 Planung ist Dummheit

Sirenen heulen über den Dächern. Polizeiautos rasen durch die Straßen, wenden in halsbrecherischen Manövern und donnern wieder zurück. Die Bewohner schauen ratlos aus den Fenstern. „Da!" schreit ein Volkspolizist in sein Funkgerät und gestikuliert hektisch in eine Richtung, als ob es um sein Leben ginge. Mit quietschenden Reifen biegen mehrere Autos dorthin ab. Eine Minute später kommen zwei von ihnen zurück und setzen die Rallye in eine andere Richtung fort. An einer Kreuzung knallt es. Ein Zusammenstoß. Die Polizeifahrzeuge hasten an der Unfallstelle vorbei, als ob sie unsichtbar wäre.

Endlich gibt der Rundfunk eine Warnung durch: „Verlassen Sie die Häuser nicht. Halten Sie die Außentüren geschlossen. Fahrverbot für alle Privatfahrzeuge. Warten Sie am Straßenrand in Ihren Autos. Wir melden, wenn die Gefahr vorüber ist." Aus dem Raubtiergehege im Ostberliner Tiergarten ist ein Löwe ausgebrochen und rennt durch die Straßen. Als er auf die Grenzsperren zum Westteil der noch geteilten Stadt zutrottet, schauen sich die Grenzsoldaten des kommunistischen Regimes ratlos an. Ihre Dienstanweisungen schreiben präzise vor, was getan werden muß, wenn ein Mensch sich den Absperrungen nähert. Ein Löwe im Todesstreifen ist nicht vorgesehen. Und so tun sie das einzige, was Weisungsempfänger in unvorhergedachten Situationen tun können: Nichts.

Sein aufgestauter Bewegungsdrang treibt den Löwen zu einem gewaltigen Sprung, mit dem er unverletzt auf der Westseite der Mauer landet. Die westalliierten Soldaten werden für ihre Verfolgungsjagd dem Kommando eines Raubtierpflegers im Westberliner Zoo unterstellt und schaffen es, das Tier in einem westlichen Löwenkäfig einzufangen. Bis zur Klärung der diplomatischen Verwicklungen im Kontrollrat der alliierten Siegermächte des Zweiten Weltkriegs muß es nun hier zunächst gemeinsam mit seinen Artgenossen versorgt werden.

Als ihm die erste Mahlzeit hereingelegt wird, leckt sich der Ostlöwe das Maul und verschlingt die bluttriefende Schweinehälfte. Danach schläft er ein, erschöpft von dem ersten aufregenden Tag in seinem langweiligen Leben. Als er erwacht, wartet schon das nächste Fressen – ein ganzer Hammel. „Sagt mal", fragt er da seine Westkollegen, „das ist ja unglaublich, wie ihr im Kapitalismus schlemmt. Ist heute Feiertag? Was steht denn an normalen Tagen auf eurer Speisekarte?" „Neben Schweinen und Hammeln gibt es auch Kaninchen, Rinder, Pferde, immer im Wechsel", bekommt er zur Antwort. „Das ist ja Wahnsinn", begeistert er sich, „hier bleibe ich."

Die Westlöwen wundern sich. „Erzähl uns", fragen sie ihn, „was bekommst du denn im Osten zu fressen?" Seine wehklagenden Laute erweichen die Herzen, als er berichtet: „Morgens Datteln, mittags Nüsse und abends Bananen." „Datteln, Nüsse und Bananen für einen Löwen? Sind die verrückt da drüben?" entsetzen sich die Westtiere. „Ja wißt ihr", erläutert das Osttier mit dem fahlen Fell, „ich bin zwar ein Löwe, aber meine Planstelle ist die eines Affen."

Drei Generationen der halben Menschheit werden geopfert, weil Wladimir Iljitsch Lenin die Konsequenzen der Planwirtschaft zu spät erkennt. „Wenn die Arbeiter erst einmal die Macht übernommen haben, werden sie den alten bourgeoisen bürokratischen Apparat bis auf seine Grundmauern zerschmettern, bis zu seinen Wurzeln zerfetzen", sagt er vor der Oktoberrevolution. „Unsere lebendige Arbeit, die ganze Kraft der Revolution versinkt in einem toten Meer von Papier, vermodert in einem fauligen bürokratischen Sumpf, der uns alle aufsaugt", korrigiert er sich kurz vor seinem Tod im Jahre 1924 – für ihn noch rechtzeitig, für sein Volk nicht.

Mao Tse Tung folgert daraus, daß die Bürokratie radikal zerschlagen werden muß, und er will das mit der chinesischen „Kulturrevolution" erreichen. Ein Umsturz führt meistens zum Gegenpol des gegenwärtigen Zustands, und wer den nicht will, sollte mit dem Status quo leben.

> Es gibt nur zwei Wege zur Reform einer Gesellschaft und zur Reform eines Unternehmens: entweder durch Organisation oder durch Wettbewerb. Wer beides nicht will, wählt das Chaos.

Die Führungen vieler Großunternehmen aber folgen lieber den Vorbildern Lenins oder Maos. Ergebnispläne, aus denen Kostenpläne und Kostenpläne, aus denen Personal- oder Stellenpläne abgeleitet werden, sind die Mittel, mit denen Unternehmensziele auf die einzelne Kostenstelle heruntergebrochen werden. Im Stellenplan und seinen Stellenbeschreibungen werden die Aufgaben jedes Stelleninhabers so festgelegt und abgegrenzt, daß auf der Gesamtheit der Stellen die Gesamtheit der Aufgaben erledigt wird. Das ist Planwirtschaft par excellence. Und wenn der Ertrag das nicht mehr zuläßt, wird frei nach Mao mit Personalabbau dazwischen gehauen und Friedrich Nietzsches flotte Aufforderung „was fällt, das soll man auch noch stoßen" so umgedeutet, daß auch noch die gestoßen werden, die gar nicht fallen.

„Gute Leute können wir immer gebrauchen", ist die Devise, die ich statt dessen ausgebe. Die Personalabteilung rauft sich die Haare: „Kontinuierliches Verbesserungsprogramm – KVP – heißt doch nicht **K**ekse **v**on der **P**ersonalabteilung", versucht sie mich zu bremsen und zetert: „Wie wollen Sie definieren, wer gut ist? Wie wollen Sie die Einstellungslawine abfangen, die Sie lostreten?" „Wir fangen einfach mal mit zehn Leuten an, mit denen wir nichts anzufangen wissen", entgegne ich. Auf eine Definition von „gut" einigen wir uns schnell. Die zehn müssen das Doppelte dessen einbringen, was sie einschließlich ihrer Arbeitsplätze kosten. Wenn das Experiment gelingt, soll der Cash-flow, den sie produzieren, die nächste Zehnergruppe finanzieren.

Wir einigen uns auf junge Hochschulabsolventen beliebiger Fachrichtungen, die ihr Studium in Rekordzeit abgeschlossen und dabei noch etwas Außergewöhnliches erreicht haben. Wer in der Ausbildung trödelt, trödelt auch später, verdient deshalb nur einen Teil seines Gehalts, und das ist nicht gut. Und wer in den ersten beiden Jahrzehnten seines Lebens noch nichts Außergewöhnliches erreicht hat, wird das danach kaum noch schaffen. Auch das ist nicht gut.

Die Sportpädagogin hat zwei Himalayaexpeditionen überlebt. Dem Verfahrensingenieur ist eine Erfindung patentiert worden. Der katholische Theologe hat als Lagerarbeiter zwei noch uneheliche Kleinkinder ernährt. Der Feinwerktechniker hat seinen kranken Vater in dessen Betrieb vertreten. Die Betriebswirtin aus Schweden hat ihr Studium mit einem „Dottore" in Italien abgeschlossen. Der Physiker ist in Etappen um die Welt gesegelt. Die Architektin hat als Fachpublizistin Aufsehen erregt. Der Informatiker hat einen Konkurs hinter sich. Der Mediziner war für eine Hilfsorganisation immer wieder im Südsudan. Der Soziologe hat als Studentenführer die Weltrevolution vorangebracht; nun muß er auf Evolution umschalten.

Wir stecken die zehn einzeln und für ein Jahr zur Hälfte als Arbeiter in die Produktion und zur Hälfte als „Klinkenputzer" in den Außendienst und erwarten von ihnen dort originäre Verbesserungsvorschläge beziehungsweise „eigenhändigen" Umsatz. Da sind es nur noch acht, die unsere Erwartungen in diesem Jahr erfüllen. Auf sie wartet ein mit Metaplantechnik vollgestopftes etwas abgelegenes Gruppenbüro. „Wir haben nun nichts mehr für Sie zu tun", erklären wir, „Ihre Galgenfrist beträgt 18 Monate." Ein Jahr später sind bei den Transportkosten im Verkehr zwischen den Werken weltweit 17 Millionen Dollar eingespart. Das jährliche Einsparvolumen steigt weiter an, nachdem vertragliche Bindungen gelöst werden können. Der Erfolg basiert auf vier Säulen der Unternehmensentwicklung:

▶ Die Aufgabe muß einem Team übertragen werden, das sich selbst organisiert und große Freiheiten in der Gestaltung der Arbeit hat. Diese Säule nennen wir *keine Stellenplanung* oder *keine Personalplanung.*

▶ Alleiniger Beurteilungsmaßstab für die Leistung eines Teams ist das Ergebnis. Ergebnis ist der Ertrag abzüglich der Kosten, die zur Erzielung des Ertrags aufgewendet werden müssen. Diese Säule nennen wir *keine Kostenplanung.*

▶ Weder bei der Festlegung der Gesamtaufgabe noch bei der internen Kompetenzverteilung darf es fachliche oder ablauforientierte Beschränkungen geben. Diese Säule nennen wir *keine Aufgabenplanung* oder *keine Arbeitsteilung.*

▶ Die klare Aufgabe muß komplex oder die präzise Zielsetzung anspruchsvoll sein; Wege zur Erfüllung der Aufgabe oder zur Erreichung des Ziels dürfen aber nicht vorgegeben werden. Diese Säule schließlich nennen wir *keine Maßnahmenplanung*.

Zunächst zur *Unternehmensentwicklung ohne Stellen- oder Personalplanung*: Eine Stelle ist der Aufgabenbereich einer Person. Der Stellenplan definiert diese Bereiche, die Stellenbeschreibungen erläutern sie und fügen sie zu einem Ganzen zusammen. Wenn Stellen nicht geplant und nicht beschrieben werden können, gibt es keine Stellen, und die kleinste organisatorische Einheit im Unternehmen entfällt. Aus ihr sind bisher die Instanzen des Organisationsgefüges gebildet worden. Kernmodul oder Baustein der Organisation wird jetzt das Team oder die Arbeitsgruppe. *Team*, nicht im Sinne von „**T**oll, **e**in **a**nderer **m**acht's", sondern als eine Gruppe, die eine umfassende Aufgabe als Ganzes übernimmt und dabei sich und die Arbeit selbst organisiert.

„Personal" – das sind die Maskenträger im griechischen Drama, die ihr Gesicht verbergen und ihre Rolle anonym spielen, „per sona" (durch die Stimme). Der Mensch hinter der Maske ist unsichtbar, man sieht nur die Pergamentrolle, auf der steht, was er zu tun und zu sagen hat – seine Stellenbeschreibung. Der Unternehmensleiter ist Theaterregisseur, der entscheidet, wer wann was wie spielt. Das „Warum" bleibt er schuldig; die Aufführung ist Selbstbefriedigung des Regisseurs.

Chester Cooper erzählt, wie er das beim Präsidenten der Vereinigten Staaten erlebt hat: „Der Präsident gibt die anstehende Entscheidung bekannt und befragt dann jeden im Raum – Mitglieder der Regierung, deren Staatssekretäre, Mitarbeiter des Weißen Hauses und des Nationalen Sicherheitsrats: Herr Minister, stimmen Sie der Entscheidung zu? Ja, Herr Präsident. Herr X, sind Sie einverstanden? Ich bin einverstanden, Herr Präsident. Während dieses Spiels phantasiere ich ein Heldenepos: Wenn ich an der Reihe bin, erhebe ich mich langsam, werfe einen Blick in die Runde und dann direkt in die Augen des Präsidenten und sage ruhig und bestimmt: Herr Präsident, meine Herren, ich stimme ganz entschieden nicht zu. Aber ich werde aus meinen Träumen gerissen, als ich die Stimme des Präsidenten sagen höre: Herr Cooper, sind Sie einverstanden? Und heraus kommt ein: Jawohl, Herr Präsident, ich bin einverstanden."

Autorität erdrückt ein Team und macht alle außer der Autoritätsfigur zu Statisten. Auch Mehrheitsentscheidungen wirken als Sprengsätze. Wenn Mehrheitsentscheidungen etwas mit Demokratie zu tun haben, dann darf ein Team keine demokratische Veranstaltung sein; aber sie haben eigentlich nichts mit Demokratie zu tun. Die Bürger im klassischen Athen, die diese Staatsform entwickelt haben, besprechen ihre politischen Angelegenheiten auf der Agora (dem Marktplatz) solange, bis eine Übereinkunft erzielt ist. Wahlen, bei denen sich die Mehrheit durchsetzt, sind das Ende der Demokratie und der Anfang der Diktatur – einer Diktatur der Mehrheit, bei der die Menschen nicht mehr zuhören müssen, um sich zu einigen.

Die überstimmte Minderheit wird durch die Niederlage in ihrem Selbstwert getroffen und identifiziert sich nicht mit dem Ergebnis. Was tun Sie, nachdem Ihre Argumente, von denen Sie felsenfest überzeugt sind, von einer Mehrheit Ihres Teams überstimmt worden sind? Wenn Probleme auftauchen und es nicht so läuft, wie die Mehrheit sich das vorgestellt hat, werden Sie Ihre Freude verbergen, aber doch strahlen, wenn der erste von der Gegenfraktion zugibt: „Hätten wir doch auf Sie gehört". Wenn Sie selbst Mängel ausbügeln müssen, werden Sie auch bei gutem Willen überfordert sein, jetzt Ihre ganze Kraft und Phantasie in das Umgehen der Fehler zu stecken. Ihre Kraft ist in der Niederlage verpufft, und Ihre Phantasie träumt heimlich, still und leise von Ihrem Triumph: einem Fiasko der Mehrheit.

Die sachliche Meinungsverschiedenheit ist zu einem persönlichen Konflikt geworden, weil jede Niederlage in der Sache Ihre Person trifft. Meine Kinder, damals noch im Grundschulalter, sitzen gemeinsam über ihren Hausaufgaben. Als ich hinzukomme, sagt mein Sohn, der ältere: „Papa, die Debora hat Rhythmus total falsch geschrieben." Deboras Gesicht läuft rot an, ihr Oberkörper richtet sich kerzengerade auf, ihre Lungen atmen tief durch, und sie landet den Gegenschlag: „Und du bist total doof."

Ich bin aufgerufen, Schiedsrichter zu spielen, schaue mir an, was sie geschrieben hat, und sage: „Nein, total falsch hat sie das überhaupt nicht geschrieben; bei diesem schwierigen Wort mit acht Buchstaben hat sie sieben Buchstaben total richtig geschrieben. Und das ist eine gute Leistung." Debora strahlt übers ganze Gesicht, erkundigt sich nach dem letzten Buchstaben, den sie auch noch richtig schreiben will, und weiß seitdem, wie Rhythmus im Duden steht.

Die Psychologie nennt das „positive Verstärkung", die im Gegensatz zur „negativen Verstärkung" wirksam Verhalten in die gewünschte Richtung lenkt. Voraussetzung dafür ist eine intakte persönliche Beziehung. Das hatten wir schon. Diese persönliche Beziehung gerät immer in Gefahr, wenn eine Mehrheit im Team eine Sachentscheidung gegen die Überzeugung einer Minderheit durchsetzt.

> Über-Zeugung ist Zeugung höheren Grades, also die Gewißheit, daß der eigene Weg zu einem neuen, einem guten, einem großen Ziel führt. Wenn Sie eine Über-Zeugung töten, töten Sie die Nachkommen, die von ihr gezeugt werden können, gleich mit.

Wenn Sie zur Mehrheit gehören, müssen Sie mit der Möglichkeit rechnen, daß die Minderheit recht hat, und wenn sie nur aus einer einzigen Person besteht. In dem Drama „Twelve angry men" (Die zwölf Geschworenen) schildert Reginald Rose, wie am Anfang alle Indizien eindeutig für Mord sprechen, ein Geschworener seine Zweifel nicht begründen kann und von den anderen elf unter Druck gesetzt wird. Die Verhandlung zeigt, wie einer nach dem anderen umfällt, bis schließlich der Freispruch einstimmig ausgesprochen wird.

Teamarbeit ist nur sinnvoll bei geringem Informationsstand, bei großer Unsicherheit, bei komplexen Aufgaben, bei hohen Anforderungen an Kreativität. Wenn dagegen die Lösungswege festliegen, der Informationsstand hoch und der Handlungsrahmen begrenzt ist, die Komplexität gering und die Sachkompetenz vorhanden, wenn es sich um Routineentscheidungen handelt, kann die Arbeit von einzelnen erledigt oder automatisiert werden. Arbeitsplätze, die nicht in ein Team integriert werden brauchen, sind leicht wegzurationalisieren.

Wenn es aber bedeutsam ist und vom Gelingen einiges abhängt, wenn es darum geht, die beste aller möglichen Lösungen zu finden, dürfen Sie eine Entscheidung erst fällen, wenn auch der letzte einverstanden ist. Blockadeverhalten ist damit nicht gedeckt. Wer blockiert, intrigiert auf der Beziehungsebene. Das Problem muß auf dieser Ebene gelöst werden, notfalls auch durch Trennung. Wenn ein Team aber Zweifel als Blockade definiert und den leichten, schnellen Weg wählt, wird es seine Aufgaben nicht gut lösen können und stellt sich selbst in Frage.

Wenn Sie sich zu einer Lösung durchgerungen haben und es trotzdem hinterher damit Schwierigkeiten gibt, wird Ihr Verhalten anders sein. Es ist auch Ihre Lösung, Sie identifizieren sich mit ihr, auch Ihr Ruf steht auf dem Spiel. Sie werden also Ihre ganze Kraft und Phantasie einsetzen, um die Sache trotz der Schwierigkeiten zum Erfolg zu bringen. So wie Sie, wird es jeder tun. Identifikation jedes einzelnen mit der Entscheidung sichert die Richtigkeit der Entscheidung ab und macht sie zu einer „self-fulfilling prophecy", einer sich selbst erfüllenden Prophezeiung, die sich allein dadurch verwirklicht, daß sie ausgesprochen wird; ganz so wie allein die Voraussage des Konkurses einer Bank den Konkurs der Bank bewirkt.

Identifikation aller Akteure mit der Entscheidung macht die Hauptaufgaben der vorgesetzten Managementebene überflüssig: die Kontrolle von Personen und die Kontrolle von Vorgängen. Das Team, das seine eigene Entscheidung umsetzt, gibt sich selbst auf, wenn es nicht verantwortlich vorgeht. Damit verkommt Kontrolle zu einem Dominanz- und Züchtigungsinstrument, mit dem die Existenzberechtigung einer ansonsten leeren und überflüssigen Funktion erhalten wird. Kontrolle saugt die Energie des Kontrollierten aus und macht den Blutsauger süchtig. Ohne diese regelmäßige Powerzufuhr ist er nicht existenzfähig. Dieses Suchtsymptom ist es, was viele Vorgesetzte so verzweifelt an ihren Funktionen kleben läßt und aus der Machtfrage eine Überlebensfrage macht, obwohl es sich ohne Macht meist leichter überlebt.

„Arbeit" heißt auf französisch „le travail", auf spanisch „el trabajo", auf portugiesisch „o trabalho". Das alles kommt vom lateinischen „tripalium", einer Peitsche mit drei Lederriemen, an deren Ende jeweils ein Metallstern angebracht ist – zur Züchtigung von Sklaven. Arbeiter sind also Sklaven, und Angestellte sind auch nichts Besseres: „An-gestellt" ist jemand, der an einen Arbeitsplatz gestellt wird, dort sein Gesicht verbergen und „per sona" seine Rolle erfüllen muß. Die Peitschen sind unter dem Einfluß des modernen Arbeitsrechts dematerialisiert worden, aber kaum weniger entwürdigend. Hierarchische Macht über Menschen, wie sie sich in Personal- und Stellenplänen manifestiert, ist menschenunwürdig. Die keineswegs sanftere gegenseitige Abhängigkeit von dem Netzwerk eines Teams dagegen ist – darf ich das sagen? – für Menschen „artgerecht".

Wie kann ein Unternehmen die Kosten kontrollieren, wenn es den meist kritischsten Kostenfaktor, das Personal, nicht planen soll? *Keine Kostenplanung* ist unsere zweite Säule der Unternehmensentwicklung. Kosten dienen dem Umsatz, den sie ermöglichen. Viele Unternehmen vergessen, daß maximale Umsätze eine ebenso dumme Zielfunktion sind wie minimale Kosten. Das ist wie die Eierfrau auf dem Wochenmarkt, die die Eier zehn Prozent unter ihrem Einkaufspreis verkauft. Wie sie das schafft? Die Menge bringt's.

Kostenplanung ist die Folge unvernünftiger Unternehmensgrößen. Wo ein Ergebnis nur Einheiten von Tausenden von Mitarbeitern zugerechnet werden kann, ist Kostenplanung und -kontrolle notwendig. Technische Prozesse und Verfahren der ersten Phase der Industrialisierung erzwingen große Einheiten. Die informationstechnische Revolution hat diese Zwänge aufgehoben. Unternehmen, die das organisatorisch nicht nachvollziehen, verschenken das gewaltige Innovationspotential sich selbst steuernder Teams.

Der Regelmechanismus darf nicht die Hierarchie, sondern muß der Markt sein – nicht als neuer Sklavenhalter, dem die Unternehmen zu dienen haben, sondern als eine Instanz, die darüber urteilt, ob dieses Unternehmen der geeignete Ort für die Entwicklung seiner Mitarbeiter ist. Entwicklung geschieht nicht im luftleeren Raum; wer anderen keinen Beitrag leistet, ist ein Schmarotzer. Das hatten wir schon. Der Markt muß darüber richten, ob dieser Beitrag die weitere Existenz rechtfertigt. Hier wird nichts minimiert und nichts maximiert; es ist ein einfaches „ja" oder „nein".

> Wenn das Fußvolk die Daten erfaßt, die Stäbe daraus Pläne basteln und die Vorgesetzten auf dieser Basis Entscheidungen treffen, werden Informations- und Entscheidungsprivilegien dort gebündelt, wo die Sachkompetenz in der Regel am geringsten ist.

Damit der Markt direkt eingreifen kann, muß der Marktkontakt unmittelbar sein. Managementinformationssysteme verhindern diese direkte Tuchfühlung. Wenn die Informationsverdichtung nach oben und die Befehlsverbreitung nach unten weggefallen ist und zum Beispiel jeder einzelne Verkäufer auf seine eigenen Zahlen und die aller seiner Kollegen zugreifen kann, dann wird sein Team zu einer vom Markt direkt gesteuerten Instanz. Computernetze stellen Hierarchien in Frage.

Die Zellen der Organisation sind Teams von sechs bis zwölf Leuten, die sich selbst steuern, die entscheiden, wer ihr Vorgesetzter wird, und die einen Vertreter in das Leitungsgremium des Profit-Centers entsenden, das sich aus sechs bis zwölf Teams zusammensetzt. Daraus ergeben sich etwa 100 Personen in einem Profit-Center. Das Leitungsgremium eines Profit-Centers entscheidet, wer sein Geschäftsführer wird, und über diesem gibt es nur noch Kunden. Eine solche Struktur verleiht auch großen Unternehmen die Beweglichkeit, die bis jetzt das Privileg der kleinen Firmen ist.

Eine einheitliche Muttergesellschaft kann, wenn es sein soll, Hunderten oder auch Tausenden solcher Profit-Center exklusiven Service anbieten, exklusive Möglichkeiten einräumen und dafür exklusive Bindungen verlangen. Leistungsbeurteilungen, Existenzgarantien und Kostenpläne aber sollten weder zu den Möglichkeiten noch zu den Bindungen gehören. Cost-Center oder Revenue-Center anstelle von Profit-Centern, Kosten- oder Leistungsvergleichzahlen anstelle von Erfolgsvergleichzahlen sind immer nur Krücken, die den Markt nicht ersetzen können, sondern die Verzückungen der Dekadenz ihre Blüten treiben lassen.

Konrad Lorenz erklärt uns, was natürlich ist: die elfköpfige menschliche Ursozietät, die „Horde" (Team), die Kleingruppe, in der wir uns geborgen fühlen, die ein gemeinsames Nomandenleben geführt hat, ist die ursprünglichste Form der Arbeits- und Lebensgestaltung. Die elfköpfige Fußballmannschaft hat tiefe anthropologische Wurzeln. Nach der Entfremdung durch die Industrialisierung sollten wir auch in unseren Unternehmen wieder dahin zurückkehren. Strukturen miteinander vernetzter Teams und Profit-Center erfüllen die Voraussetzungen der Lektionen des *Business Reframing* und setzen ein gewaltiges Energiepotential frei. Eigenverantwortliche Menschen bauen in einem Unternehmensverbund an ihrer Zukunft, die ohne Grenzen ist – ohne Grenzen in ihren Entwicklungsmöglichkeiten und ohne Grenzen in ihren Aufgaben und Verantwortlichkeiten. Dies ist die dritte Säule der Unternehmensentwicklung: *keine Arbeitsteilung.*

Als Henry Ford sein erstes Auto montiert, das Modell A, gibt es noch keine Arbeitsteilung. Der Rahmen liegt auf einer Montageplattform, und jeder seiner Mitarbeiter kann alles und tut das, was gerade ansteht, fertigt die nächsten Teile vor, paßt sie an und montiert sie. Bei den Modellen C und D werden dann schon mehrere Autos gleichzeitig gebaut, auf mehreren Montageplattformen, die in einer Reihe angeordnet sind. Mit jedem weiteren Modell muß die Montagehalle verlängert werden. Das „Verkehrschaos" von Arbeitern, die zum Lager gehen und vom Lager kommen, nimmt zu und löst die erste Stufe der Arbeitsteilung aus: Arbeiter in der Werkstatt fertigen die Teile und Arbeiter in der Montagehalle montieren sie.

Nachdem Ford in einem Schlachthof in Chicago gesehen hat, wie dort frisch geschlachtete austropfende Rinder an großen Haken hängen, die wiederum in eine Kette eingehängt sind, welche sich langsam und kontinuierlich an der Bühne vorbeibewegt, auf der die Metzger stehen und jeweils nur einen einzigen und immer wieder gleichen Arbeitsgang bei der Zerlegung der Tierhälften verrichten, welche an ihnen vorbeiziehen, kommt ihm die Idee, auch seine Arbeiter nicht mehr zu den Autos gehen zu lassen, sondern die Autos an den Arbeitern vorbeizuführen. Er installiert Walzen unter die Montageplattformen, läßt ein Förderband über sie laufen, das am Ende umgelenkt und unter dem Boden wieder zurückgeführt wird, und treibt die Anfangs- und Endwalzen mit Elektromotoren an. Auf das Förderband legt er die Montageplattformen. Die vielleicht 30 Montageteams bauen nun nicht mehr ein Auto komplett zusammen, sondern übernehmen jeweils nur einen 30. Teil des Montageablaufs.

Als Ford bei seinem ausgereiften Model T angekommen ist, der legendären Tin Lizzy – bis zum VW-Käfer das meistgebaute Auto der Welt – ist die Arbeitsteilung so weit fortgeschritten, daß der einzelne Arbeiter immer nur einige wenige identische Handgriffe an den mit fester Geschwindigkeit an ihm vorbeiziehenden Karossen verrichtet. Das Fließband hat das Zeitalter der Massenproduktion eingeläutet und die Versorgung breiter Bevölkerungsschichten mit Industrieprodukten ermöglicht.

„Die Arbeitsteilung", schreibt Adam Smith 1766, „dürfte die produktiven Kräfte der Arbeit mehr als alles andere fördern und verbessern." Smith denkt vor, was Ford umsetzt, sieht aber 600 Seiten später schon, was wir erst heute wieder entdecken: „Mit fortschreitender Arbeitsteilung wird die Tätigkeit der überwiegenden Mehrheit derjenigen, die von ihrer Arbeit leben, also der Masse des Volkes, nach und nach auf einige wenige Handgriffe eingeengt. Nun formt aber die Alltagbeschäftigung ganz zwangsläufig das Verständnis der meisten Menschen. Jemand, der tagtäglich nur wenige einfache Handgriffe ausführt, hat keinerlei Gelegenheit, seinen Verstand zu üben. Denn da Hindernisse nicht auftreten, braucht er sich über deren Beseitigung keine Gedanken zu machen. Und so ist es ganz natürlich, daß er verlernt, seinen Verstand zu gebrauchen."

Karl Marx, der andere große Klassiker der Ökonomie, hat daraus seine Entfremdungstheorie abgeleitet: „Die Arbeit ist dem Arbeiter äußerlich, das heißt, sie gehört nicht zu seinem Wesen. Er bejaht sich nicht, sondern verneint sich in seiner Arbeit, er fühlt sich nicht wohl, sondern unglücklich, er entwickelt keine freie psychische und geistige Energie, sondern kasteit seine Physis und ruiniert seinen Geist. Der Arbeiter fühlt sich daher erst außer der Arbeit bei sich und in der Arbeit außer sich. Zu Hause ist er, wenn er nicht arbeitet, und wenn er arbeitet, ist er nicht zu Haus. Seine Arbeit ist nicht die Befriedigung eines Bedürfnisses, sondern sie ist ein Mittel, um die Bedürfnisse außer ihr zu befriedigen."

Sind Segen und Fluch der Arbeitsteilung die beiden Seiten, die zu einer Medaille gehören? Schon während des Zweiten Weltkriegs wird in einem britischen Bergwerk das Gegenteil bewiesen. Bisher hat die erste Schicht Sprengungen vorbereitet und durchgeführt, die zweite Schicht Förderbänder montiert und Wände verschalt, die dritte Schicht die Kohle abgebaut und nach oben gebracht. Jetzt werden Spezialisten aus allen drei Schichten zu Teams zusammengefaßt, die in einem Flözteil die gesamte Arbeit erledigen, also immer auch beenden, was sie begonnen haben. Die Ergebnisse sind eindrucksvoll:

Nacharbeit wird um 80 Prozent weniger, Fehltage gehen um 60 Prozent zurück, und die Produktivität steigt um mehr als 20 Prozent.

Aus dieser frühen Erkenntnis werden Jahrzehnte später Führungskonzepte abgeleitet, die die Arbeitsteilung reduzieren oder abschaffen und statt dessen Ganzheitlichkeit, Vielseitigkeit und Abwechslungsreichtum bieten: Job Enrichment (Aufgabenbereicherung), Job Enlargement (Aufgabenerweiterung) und Job Rotation (Aufgabenwechsel).

Job Enrichment bezeichnet die Reduzierung der horizontalen Arbeitsteilung, die bisher auf verschiedene Hierarchiestufen verteilt ist. Jetzt gibt es keinen Stab mehr, der denkt, keinen Vorgesetzten mehr, der lenkt, und keinen Mitarbeiter mehr, der malocht, sondern nur noch einen Bearbeiter, der seine Aufgabe konzipiert und vorbereitet, die Entscheidungen auf seinem Gebiet selbst trifft und die Bearbeitung in eigener Verantwortung übernimmt.

„Ich bin viel zu teuer, um Tausende meiner Meßdaten selbst einzugeben", sagt mir die Laborantin, „eine Datentypistin kostet nur halb so viel." Ich frage sie, ob sie als Kleinkind hat Spinat essen müssen. Das hat sie, weil es für kleine Kinder gesund sein soll. Hier die wahre Erklärung: Mitte des 19. Jahrhunderts veröffentlicht Louis Pasteur eine Analyse des Eisengehalts in Europa angebauter Salat- und Gemüsesorten. Die Werte für Tomaten, Karotten, Rhabarber, Sellerie, Spargel, Rosenkohl, Kopfsalat und Linsen liegen zwischen 0,008 und 0,086 Promille; der Wert für Spinat liegt bei ungefähr 0,310 Promille, also um ein Vielfaches höher. Das ist mehr als 100 Jahre her, und noch immer werden Kinder mit Spinat gequält, weil eine Datentypistin vor vier Generationen eine Dezimalstelle falsch gesetzt und Pasteur, der den Beitrag gezeichnet hat, nicht jeden Meßwert hat nachprüfen können. Das Meßergebnis ist 0,031 Promille gewesen. „Sind Sie auch zu teuer, um Zehntausende von Familien vor unnötigen Dramen zu bewahren?" frage ich die Laborantin. Wer die Daten erfaßt hat, dem können Fehler in der Größenordnung bei der Eingabe nicht unterlaufen, denn die Zahlen sind für ihn nicht tot, sondern sprechen, und er versteht, was sie sagen, und sieht, wenn sie lügen. Job Enrichment verbessert die Qualität.

„Daß wir selbst entscheiden dürfen, ist gut. Wenn wir aber Schreibkräfte wegrationalisieren, brauchen wir die doppelte Zahl von Sachbearbeitern – eine sinnlose Verschwendung", wehren sich die Mitarbeiter im Export gegen die Zumutung, ihre Fertigkeit im Bedienen einer Tastatur mit zehn Fingern nachweisen zu sollen. Nach der Umstellung wird jeder Exportmarkt von einem Sachbearbeiter mit programmierter Textverarbeitung vollständig bearbeitet, mit allen Hilfstätigkeiten und allen Entscheidungsfunktionen. Dies führt zu höherem Umsatz und besseren Ergebnissen ohne einen einzigen zusätzlichen Exportsachbearbeiter, obwohl sämtliche Schreibkräfte weggefallen sind. Und nach der Einarbeitungszeit macht es allen auch noch viel mehr Spaß.

„Wir sollen Toiletten putzen? Wissen Sie eigentlich, was Sie da gesagt haben?" entrüsten sich die beiden Abteilungsleiter, die sie auch benutzen und – ebenso wie alle anderen 50 Leute auf dieser Etage – je eine Woche im Jahr diesen Dienst tun sollen. Was an Toiletten so „enrichend" (bereichernd) sei, werde ich gefragt. Die Erregung ist so groß, daß das Kostenargument gar nicht fällt. Was ich ihnen zumute, ist eine Verletzung ihrer Menschenwürde – in dieser Position. „Job Enrichment hat viel mit Qualität zu tun, viel mit Spaß, aber auch viel mit Menschenwürde für alle", entgegne ich. Vielleicht liegt die Entwicklungschance für diese beiden Abteilungsleiter gerade darin, den Wert von Menschen zu erkennen, die nicht Abteilungsleiter sind. „Alle unterhalb des Ranges eines Fregattenkapitäns sind unreif", soll der Marinegeneral Elmo Zumwalt gesagt und damit wohl allein sich selbst die Reife abgesprochen haben.

> ▶ Keine Sklaven für Schmuddelarbeiten zu halten und unangenehme Aufgaben gleichmäßig zu verteilen, gehört auch dazu, wenn wir jedem Mitarbeiter die Chance geben wollen, sich zu entwickeln und an die Grenzen seiner Möglichkeiten vorzustoßen.

Job Enlargement bezeichnet die Reduzierung der vertikalen Arbeitsteilung, also die Überwindung fachlicher Spezialisierungen, die Zusammenfassung aufeinander folgender Arbeitsgänge, die Integration von Abläufen, so weit dies fachlich möglich ist. Für die Ablaufintegration ist der Begriff „Reengineering" geprägt worden, obwohl es nichts mit Technik und viel mit Organisation zu tun hat. In diese Kategorie fällt das Beispiel aus dem britischen Bergwerk: Soweit es irgend möglich ist, sollen diejenigen eine Aufgabe beenden, die sie begonnen haben. Dies schafft Identifikation mit dem Ergebnis, produziert Stolz auf die eigene Leistung und führt zu zurechenbarer Verantwortlichkeit.

„Crafted with pride and care by" (Gebaut mit Stolz und Sorgfalt von) gefolgt von vielen Unterschriften – so habe ich es auf einem großen Messingschild im Maschinenraum eines Ozeandampfers gesehen und mir vorgestellt, wie gern ich das Schild meiner Familie zeigen würde, wenn meine Unterschrift dort stünde, wenn ich diese Maschine, diesen Dampfer gebaut hätte. In Job Enlargement lebt die alte Handwerksethik wieder auf: das „Werk" als Kunstwerk, mit einem ideellen Wert, der nicht in Geld zu messen ist. Haben Sie schon einmal vor einem Stück Handarbeit gestanden, das Sie selbst vollendet haben, im Garten, im Haus, am Auto, und sind einfach stolz gewesen auf diese – in Marktwert vermutlich lächerliche – Leistung? Job Enlargement macht nicht nur Aufgaben größer, sondern auch Menschen.

Das gewaltige Innovations- und Einsparungspotential von Job Enlargement entsteht durch den großen Überblick, den die Menschen über die Zusammenhänge bekommen. Als kaufmännischer Lehrling lerne ich auch die Versandabteilung kennen. Ich frage eine Bearbeiterin nach der Funktion der Versandformulare. Das weiß sie nicht; sie kann mir nur zeigen, was sie zu überprüfen und einzutragen hat. Auf meine Frage, wo diese Formulare herkommen, sagt sie: „Die liegen immer im Eingangskorb", und auf meine Frage, wo die Formulare nach ihrer Bearbeitung hingehen: „Ich lege sie immer in den Ausgangskorb."

Eine Unternehmensberatung hat dann für das tausendfache Monatsgehalt dieser Dame den Versand durchforstet und die Abläufe verbessert. Ob die Verbesserungen das Beratungshonorar jemals amortisiert haben, weiß ich nicht. Aber eines ist mir inzwischen klar: Bei Job Enlargement im Versand hätten die Sachbearbeiter sich diese Verbesserungen an drei Wochenenden nebenbei ausgedacht.

Nun zu Job Rotation. Ziel des Aufgabenwechsels ist es, Mitarbeiter so vielseitig wie irgend möglich im Unternehmen einsetzen zu können. Dazu müssen sie viele sehr unterschiedliche Aufgabenbereiche kennenlernen, und zwar immer so lange, bis sie in einem Bereich einen eigenständigen Beitrag leisten. Die herkömmliche Auffassung sieht die Einarbeitungszeit als Investition, die sich amortisieren muß; deshalb werden die Leute dort, wo sie einmal eingearbeitet sind, festgehalten. *Business Reframing* sieht jede Arbeitszeit als Entwicklungzeit für den Menschen. Deshalb soll jemand nur so lange mit einer Aufgabe betraut bleiben, wie er dort etwas lernen kann.

Der junge Mann, der ganz unabhängig von seiner Ausbildung in der Produktionsplanung beginnt, wird die Welt nicht verstehen, wenn der Geschäftsführer hereinkommt und das sorgfältig ausgeklügelte Produktionsprogramm mit dem Hinweis durcheinanderwirft, dieser vom Außendienst akquirierte Erstauftrag müsse vorrangig abgewickelt werden. „Außendienstler reisen in der Gegend herum, wohnen in schönen Hotels, essen auf Firmenkosten und tun nicht viel", wird er vielleicht denken. Sobald er aber, zwei Jahre später, selbst in den Außendienst kommt und verkaufen muß und nach langen vergeblichen Anläufen endlich seinen ersten großen Auftrag haben kann – ihn aber nur bestätigen darf, wenn das Produktionsprogramm von den Füßen auf den Kopf gestellt wird –, sieht er die Dinge anders.

Aber noch etwas ist anders: Mit seinen guten Beziehungen braucht er nicht den Geschäftsführer einzuschalten und die Produktion von oben vergewaltigen lassen. Nein, noch vom Kunden aus ruft er direkt in der Produktionsplanung an, erklärt seinen früheren Kollegen, daß er weiß, was er ihnen zumutet, sie aber vielleicht nicht ahnen können, worum es geht, und bittet sie darum, doch eine Lösung zu finden. Vielleicht fordern die ihn auf, mit dem Kunden eine Kaffeepause einzulegen, rufen dann zurück und fragen, ob es nicht doch eine Woche später sein darf; das wäre mit Klimmzügen zu ermöglichen. Und wenn der Neukunde es zu schätzen weiß, daß nicht alte Kontakte wegen neuer vernachlässigt werden, kann er sich vielleicht auf diese eine Woche Verzögerung des Liefertermins einlassen.

> ▶ Job Rotation schafft ein Beziehungs- und Kompetenzgeflecht im Unternehmen, das flexibel, informell und robust macht. Es identifiziert die Mitarbeiter nicht mit einer Funktion oder Fachdisziplin, sondern mit dem Unternehmen. Und es führt zu Selbstregelungsprozessen, die Entscheidungen und Eingriffe durch Vorgesetzte überflüssig machen.

Die Selbstorganisation sowohl routinemäßiger Abläufe als auch ständig notwendiger Verbesserungen, die sich aus einer so weit wie möglich reduzierten Arbeitsteilung ergibt, macht nicht nur Planung und Kontrolle überflüssig; sie eliminiert auch den ausufernden Beratungsbedarf zur Verbesserung von Abläufen, welche sich jetzt von selbst ergeben. Und sie reduziert die Aufgaben von Vorgesetzten; für Großunternehmen heißt das: sie reduziert die Zahl der Vorgesetzten. Die Mitarbeiter können es jetzt mit Moshé Feldenkrais halten: „Wenn du weißt, was du tust, kannst du tun, was du willst."

Unsere vierte und letzte Säule der Unternehmensentwicklung – *keine Maßnahmenplanung* – bedeutet: Identifikation allein mit einem Ziel. Friedrich II., König in Preußen, weiß nicht, wie er die sich abzeichnenden Kriege gegen die Königreiche Sachsen und Österreich gewinnen soll; aber er schafft es, daß seine Soldaten sich mit seinem Ziel identifizieren. Diese Identifikation macht Preußen zum Sieger. Gottlieb Duttweiler weiß nicht, wie er die Schweizer Bevölkerung mit besseren, frischeren und billigeren Lebensmitteln versorgen soll; aber er schafft es, daß seine Belegschaft sich mit seinem Ziel identifiziert. Diese Identifikation macht Migros zum marktbeherrschenden Lebensmittelhändler. John F. Kennedy weiß nicht, wie die Vereinigten Staaten innerhalb von zehn Jahren eine bemannte Mondlandung erreichen sollen; aber er schafft es, daß sein Land sich mit seinem Ziel identifiziert. Diese Identifikation bringt Amerikaner auf den Mond.

> Das Ergebnis ist vor allen einzelnen Maßnahmen da, die es verursachen. Die Ursache-Wirkungs-Kausalität hat sich umgekehrt. Die Wirkung ist der Magnet, der die Ursachen anzieht, die sie braucht, um sich zu verwirklichen.

Vielleicht haben Sie Gegenbeispiele, wo von Ihnen gewollte Wirkungen ganz andere Ursachen angezogen haben. Es ist alles eine Frage der Integrität. Vielleicht sind Sie ein Magnet für Scheiße.

Carl Friedrich Gauß wird gefragt, wie er zu seinen Ergebnissen gekommen ist. „Meine Resultate habe ich längst", antwortet er, „ich weiß nur noch nicht, wie ich zu ihnen gelangen soll." Galileo Galilei, der auch das Fernrohr erfunden hat, fängt es geschickter an. Er behauptet, er habe das Instrument aufgrund mathematischer Berechnungen konstruiert. Johannes Kepler hat dargelegt, daß Galilei keine optischen Kenntnisse gehabt hat und deshalb solche Berechnungen nicht hat durchführen können. Die Berechnung ist von anderer Art gewesen: aufgrund seiner Behauptung ist Galileis Gehalt verdreifacht worden.

Pläne können sich nur auf den Stand unseres Wissens beziehen und ausgetrampelte Pfade weisen, wie einer Herde Vieh. Joseph Schumpeter bezeichnet diese Trampelpfade als „die Konkurrenz innerhalb eines starren Systems unveränderter Bedingungen" und sagt von ihr, daß sie alle Aufmerksamkeit monopolisiert und unsere Entwicklung blockiert. In Wirklichkeit, so Schumpeter, zählt nur „die Konkurrenz der neuen Ware, der neuen Technik, der neuen Versorgungsquelle, des neues Organisationstypus", die die bestehenden Firmen in ihren Grundlagen, in ihrem Lebensmark trifft. Es sind Problemlösungen, die wir nicht planen können, weil wir nicht wissen, daß sie möglich sind. Wenn sie gefunden werden, ist es ein Durchbruch.

> Durchbrüche geschehen auf Feldern, von denen wir nicht wissen, daß wir nichts davon wissen, auf denen unser Nichtwissen für uns nicht existiert. Wir können sie nicht planen, weil sie unseren gegenwärtigen Wissensgrundlagen widersprechen.

Planung muß auf Wissensgrundlagen aufbauen, die in der Vergangenheit gründen. Die Vergangenheit eines Unternehmens wird von seinem Jahresabschluß gespiegelt – einem Überbleibsel der Bestandsaufnahme nach der Ernte. Wer daraus seine Zukunft ableitet, verhält sich wie der Autofahrer, dessen Frontscheibe beschlagen ist und der deshalb mit Hilfe der Rückspiegel fährt.

Glauben Sie, daß vor 200 Jahren viele Leute an die Entwicklung von Flugzeugen gedacht haben: „Sind Sie schon erfunden?" „Noch nicht; aber habt Geduld, einige technische Voraussetzungen fehlen noch; in 100 Jahren, vielleicht, ist es soweit."

Von Johannes Kepler bis Albert Einstein, von David Ricardo bis Milton Friedman, von Hellmuth Graf Moltke bis Norman Schwartzkopf, von Elton Mayo bis Peter Drucker – immer, wie bei Gauß, existiert das Ergebnis vor dem Nachweis. Newton soll es auf einer Blumenwiese gefunden haben, Moltke an einem See, Einstein im Wald, Mayo in den Bergen, Schwartzkopf in der Wüste.

Planung unterstellt eine Ursache-Wirkungs-Folge. Das ist das klassische Wissenschaftsparadigma, welches diejenige Seinsebene ausblendet, in der Wirkungen, Ziele und Berufungen entstehen, welche die Ursachen zu sich rufen, an sich ziehen. Planung ist die Hoffnung, daß es klappt, und das Wissen, daß es schiefgeht.

Wenn wir etwas wollen, hebeln wir die Ursache-Wirkungs-Folge aus und gestalten die Umstände so, daß sie das beabsichtigte Ergebnis verursachen. Wollen ist die schöpferische Gestaltungskraft. *Business Reframing* geht deshalb von einer Wirkungs-Ursache-Folge aus, von einer „Kausalität" in entgegengesetzter Richtung.

Im Westen Nordamerikas stehen Jahrtausende alte Sequoias, 100 Meter hohe Baumgiganten mit einem Stammumfang von etwa 30 Metern. Der älteste Sequiadendron gigantam ist 4 900 Jahre alt geworden und im Jahre 1993 an den Folgen der brachialen Datierungsversuche eines Doktoranden der Forstwissenschaft eingegangen. Auf einer Bergtour raste ich allein in einem Sequoiawald, lehne mich an einen der rotbraunen, knorrigen, feuerfesten Stämme und spüre, wie leise, langsam und sanft eine wunderbare Energie meinen ganzen Körper durchströmt, schöner, als ich es je in den Armen einer Frau erlebt habe; wie ein Kraftfeld mich erhebt und ergreift, erhöht und erhellt; wie ein Blitz meinen Geist durchfährt und ich die Lehre des *Business Reframing* vollständig, ganz und gleichzeitig sehe – dieses Buch, in dem ich „mit der Mühe und Arbeit einer Menschenhand", wie Ernst Wiechert es umschreibt, das ausbreite, was Gott in dem Bruchteil einer Sekunde vorgesehen hat.

Wie könnten wir Menschen sein, wäre die Erde von alten Wäldern überzogen, die auf viele von uns die Kraft übertragen, welche unsere Probleme in kosmischer Harmonie löst? Wie könnten wir Menschen sein, wenn wir, statt zu planen und zu kämpfen, uns von dieser Kraft tragen ließen? Wie könnten wir Menschen sein, wenn wir, aufgeladen mit dieser Urenergie, den Göttern näher kämen?

Statt dessen bewerten wir den Baum nach dem Marktwert seines Holzes, wie wenn der Mensch nach dem Gewicht seines Fleisches zu bewerten wäre, ein Rembrandt nach dem Wert der Ölfarbe oder die Software nach dem Materialpreis der Diskette. Statt dessen quälen wir uns auf dem Niveau des Kannibalismus in den Fesseln unseres alten Paradigmas und erforschen die Ursachen.

Die Ursache von *Business Reframing* ist vielleicht die Regierung der Vereinigten Staaten, die in ihren Nationalparks die Sequoias erhält. Vielleicht aber auch die deutsche Hochschule, an der ich arbeite und die mir die Zeit zum Schreiben dieses Buches gegeben hat. Sicherlich haben, wie es sich für einen Zeugungsakt gehört, beide Dinge zusammenkommen müssen. Aber die ganze Synergie zwischen einer Regierung und einer Hochschule hätte nichts gebracht, wenn mein Vater und meine Mutter sich nicht ineinander verliebt hätten. Wie das gekommen ist? Der Zug hatte Verspätung, sie hat auf dem Bahnsteig gewartet und fürchterlich gefroren. Forschen wir also weiter, warum der Zug Verspätung hatte. Das läßt sich nicht mehr ermitteln. Also forschen wir weiter in der Entstehungsgeschichte meines Vaters. Die Vorfahren aller deutschen „Bergers" (französisch „Schäfer") sind Hugenotten, die der König von Frankreich wegen ihres Glaubens vertrieben und die Preußen, wo „jeder nach seiner Fasson" hat selig werden können, aufgenommen hat. Wir können bis zu Adam und Eva zurückgehen, ohne die selbst Frankreich keinen König gehabt hätte.

Ursachenforschung ist Geschichtsschreibung: die ausführliche Darstellung von Begebenheiten, die sich niemals ereignet haben. Die Lektion daraus ist Maßnahmenplanung: „Je planvoller wir dabei vorgehen, um so wirkungsvoller trifft uns", so Friedrich Dürrenmatt, „der Zufall."

> **Business Reframing** ist Wirkungsforschung: die verantwortungsvolle Setzung der Ziele, die den Reifeprozeß der Menschheit voranbringen. Die Lektion daraus ist: mit feinen Antennen die Signale aus der Seinsebene empfangen, welche Ursachen und Zufälle so gestalten, daß sie die vorgesehenen Wirkungen produzieren.

Als ich bei einer anderen Bergtour in der wilden wuchtigen Schönheit der Sierra Nevada an einem Gebirgssee ausruhe, überwältigt mich ein neues Sequoia-Erlebnis. „Vielmehr ist da mein Geist getroffen worden, von einem Blitz, der seinen Wunsch erfüllte", beschreibt Dante Alighieri solche Sternsekunden. Ich sehe mein bisheriges Leben wie einen Film vor mir ablaufen, wieder sekundenschnell, mit seinen Freuden und Dramen, Episoden und Warteschleifen, Triumphen und Untergängen, die alle ein einziges Ziel verfolgen: mich hier und jetzt so zu haben, wie ich durch sie geworden bin – vorbereitet auf und bereit für dieses Buch.

Ich erzittere vor der Unerbittlichkeit, der Präzision und der Reichweite dieser Dispositionen und denke an die Weisheit des Tao: Von allen Elementen soll der Weise das Wasser zu seinem Lehrer wählen. Wasser ist weich und zerstört, was hart ist. Wasser gibt nach und erobert alles. Wasser folgt planlos seinem Gesetz und gewinnt immer. Menschliches Planen ist Dummheit.

8 Mitarbeiter sind Resonanzkörper

Auf dem Tisch in der Mitte des Raumes strahlen üppige Blumensträuße. Auf den Tischen entlang der Fensterfront schmachten einsame Champagnergläser. Innerhalb weniger Minuten füllt sich der Raum mit vielen Herren und wenigen Damen. Sie wechseln hin und her, haben mal diesem, mal jenem etwas zu sagen, stehen redend und lachend in kleinen Gruppen. Alle sind sehr entspannt, bis auf einen. *Ich* habe Lampenfieber.

Mein erster Karrieresprung steht bevor. Abteilungsleiter soll ich werden, nachdem mein Vorgänger in den Ruhestand verabschiedet worden ist. Und dieser Abschied wird hier gefeiert. Der Personalleiter wird sprechen, ein Mitglied des Vorstands hat sich angekündigt, der Jubilar ist da, und ich – sein designierter Nachfolger – soll auch etwas sagen. Es ist mein erster feierlicher Stehkonvent.

Als der Herr vom Vorstand eintritt, wird es still. Mit großen Schritten geht er auf den Jubilar zu, schüttelt unter Fotoblitzen lange und fröhlich dessen Hand und ergreift das Wort: Ein engagierter Mitarbeiter sei er gewesen, vorbildlich in der Menschenführung, unermüdlich in der Erfüllung seiner Aufgaben, nie habe er sich in den Vordergrund gedrängt, seine persönlichen Interessen habe er überall zurückgestellt, zu jeder Zeit sei er eine solide Stütze für das Unternehmen gewesen, immer habe man sich auf ihn verlassen können, viele hätten sich an ihm ein Beispiel genommen, als junger Diplom-Ingenieur mit 25 Jahren habe er in einem Zweigwerk begonnen, über 40 Jahre habe er der Firma treu gedient, nur zweimal in vier Jahrzehnten sei er krank gewesen, Aufbauarbeit habe er geleistet, bei all seinen bewundernswerten Leistungen sei er sehr bescheiden geblieben, sein Ausscheiden werde eine schwer zu schließende Lücke hinterlassen, er werde uns allen sehr fehlen.

Danach spricht der Personalchef, und dann bin ich an der Reihe. Seit zwei Wochen habe ich Tag und Nacht gegrübelt, wie ich es anfangen kann. Kurz soll es werden, heiter und entspannt Die Leute sollen etwas zu lachen haben. Ich bin noch keine 30 Jahre alt und kann mir nicht vorstellen, 40 Jahre lang bei der gleichen Firma zu bleiben. Ich bin noch nicht verheiratet und kann mir auch nicht vorstellen, 40 Jahre lang bei der gleichen Frau zu bleiben. Nach einigen launigen Vorbemerkungen stelle ich meinem Vorgänger also die Frage: „Haben Sie, lieber Herr Döring, in diesen 40 Jahren eigentlich nie an Scheidung gedacht?"

Die Gesellschaft lacht gequält. Der Witz ist schlecht angekommen. Meine Knie zittern. Ich suche Halt und kralle mich an ein Champagnerglas.

Und dann kommt Martin Döring. „Mein lieber Herr Doktor Berger", sagt er und legt seine Hand väterlich auf meine Schulter, „das ist eine interessante Frage." Während sein Blick aus dem Fenster schweift, fährt er fort: „Und ich muß Ihnen ehrlich sagen, wenn Sie mich das vor einem Jahr gefragt hätten, hätte ich Ihnen nicht ehrlich geantwortet. Heute brauche ich zum ersten Mal seit 40 Jahren nicht mehr diplomatisch zu sein. Wenn ich hier herausgehe, bin ich ein freier Mann, und deshalb kann ich jetzt die Wahrheit sagen, die keiner von Ihnen kennt. Ich werde also Ihre Frage offen und ehrlich beantworten: An Scheidung habe ich in diesen 40 Jahren nie gedacht – aber an Mord."

Die Wahrheit ist schlimmer, als Marx prophezeit hat. Was beim Unternehmen Staat offensichtlich ist, ist in den Führungsetagen unserer Wirtschaftsunternehmen nicht anders: Der größere Teil der Energie der Führungskräfte wird nicht in die Lösung von Problemen gesteckt, sondern in die Lösung von Machtfragen. Und was bei der Bevölkerung unserer Staaten offensichtlich ist, ist auch in den Belegschaften unserer Unternehmen nicht anders: Unsere Staaten sind zu Institutionen verkommen, mit deren Hilfe jeder versucht, auf Kosten von anderen zu leben. Unsere Unternehmen sind zu Institutionen verkommen, mit denen Hilfe jeder versucht, auf Kosten von anderen Geld zu verdienen.

Auf Kosten von anderen bedeutet, mit deren Energie. Wer anderer Energie „verbrennt", läßt sein eigenes Potential ungenutzt. Diese anderen – ausgebrannt und körperlich anwesend – sind nur mit einem Bruchteil ihres eigenen Selbst präsent. Viele Großunternehmen könnten 100 Millionen Dollar im Jahr einsparen, wenn die körperliche Anwesenheit minimal häufiger und die Fehlzeitenquote um nur ein Prozent niedriger wäre. Viele Großunternehmen könnten einige Milliarden Dollar im Jahr einsparen, wenn die mentale Anwesenheit vollständig, ganz, integer wäre; wenn jeder einzelne im Unternehmen für das Ganze die volle Verantwortung übernähme.

> Verantwortung übernehmen heißt, Ursache sein für das, was geschieht. Die Synergie der Kräfte, die freigesetzt werden, wenn jeder im Unternehmen voll und ganz anwesend ist, löst innovative Explosionen aus.

Das Gegenteil einer solchen innovativen Explosion ist der Tod. Was bedeutet der Tod unseres Körpers physikalisch und chemisch? Unser menschlicher Körper besteht zu mehr als zwei Dritteln aus Wasser, und nach dem Tod tut dieses Wasser das, was Wasser – elementspezifisch – tut: es verdunstet, verfließt, versickert. Solange wir aber leben und unsere 50 oder 70 Liter auf die Waage stellen, steht die Waage trotzdem nicht unter Wasser. Leben ist eine Kraft, die Wasser dazu bringt, etwas Wasserunspezifisches zu tun, etwas, was Wasser nicht tut, wenn es sich selbst überlassen ist.

Der Unterschied zwischen Leben und Tod besteht darin, daß beim Tod die einzelnen Substanzen unseres Körpers ihren eigenen Gesetzen folgen, während sie sich beim Leben den Gesetzen des Lebens unterordnen. Bricht ein Element oder eine Zelle aus diesem Lebensgesetz aus und fügt sich nicht mehr in das Ganze, ist es eine Krebszelle, die durch ihren eigenen dem Ganzen übergeordneten Wachstums- und Überlebenswillen das Ganze schwächt oder sogar vernichtet.

Das ist die Situation in unseren Unternehmen und Staaten. Jeder sieht sein eigenes Wohl und Fortkommen, seine eigene Sicherheit und Macht zuerst und ordnet, wenn er kann, das Ganze dem unter; dient dem Ganzen also nur soweit, wie seine eigenen Interessen dadurch nicht beeinträchtigt werden. Managementsysteme schützen die Machthaber, indem sie ihnen – so Frederick Herzberg – die Möglichkeit zu einem „kick in the ass" (Tritt in den Hintern) geben. „Wollen hätten wir schon mögen, nur dürfen haben wir uns nicht getraut", sagen die Mitarbeiter dann mit Karl Valentien und ziehen sich zur Hälfte in ihr Schneckenhaus zurück.

Mit einem Füllhorn von Motivationstechniken werden sie von dort wieder herausgelockt. Reinhard Sprenger zeigt, daß das alles nur Drogen sind, die Strohfeuer flackern lassen, eine Abschöpfungsmentalität produzieren, aber keine Identifikation mit der Aufgabe. „Heerscharen demotivierter Mißerfolgsvermeider" identifizieren sich mit der Belohnung und arbeiten, um danach zu leben. Wenn wir beobachten, welches Organisationstalent, welchen Ideenreichtum und welches Engagement „graue Mäuse" in Betrieb oder Büro nach der „Arbeit" im Verein, im Freundeskreis, in der Familie entfalten, wo sie *ihr* Leben leben können, müssen wir uns fragen, warum die Unternehmen für einen Bruchteil dieses Einsatzes ein ganzes Gehalt bezahlen.

Unternehmer fragen sich das auch und setzen deshalb auf Personalabbau, also den Abbau dieses gewaltigen Innovationspotentials, statt auf seine Entwicklung; und auch Sprenger erklärt nicht, wie die von ihm geforderte „verführungsfreie Unternehmenskultur" zu haben ist. Um dies zu ergründen, müssen wir historische Beispiele studieren.

Hans Christian Altmann beschreibt Erfolgsstrategien großer Personen der Geschichte. Ein Beispiel ist Friedrich der Große, König in Preußen. Er erfährt, daß sein Feind, der König von Sachsen die Stärke seiner Armee von 17 000 auf 40 000 Mann erhöht hat, daß Österreich sogar 73 000 ins Feld schicken wird und mit seinen Verbündeten von drei Seiten angreifen will, um die kleine preußische Armee von 43 000 Mann zu schlagen. Das letzte Mal hat er den zurückflutenden Truppen noch sein berühmtes „Kerle, wollt ihr ewig leben?" entgegengeschrieen; jetzt geht es nicht nur um das Leben der Soldaten, sondern um die Existenz des Königreichs.

„Sie wissen, meine Herren", sagt er zu den Offizieren – ich zitiere verkürzt – „daß ein Teil von Schlesien und die Hauptstadt der Provinz mit allen Kriegsvorräten verlorengegangen ist. Ich setze mein unbegrenztes Vertrauen in Ihren Mut, Ihre Standhaftigkeit und Ihre Vaterlandsliebe, die Sie bei so vielen Gelegenheiten bewiesen haben. Es ist fast keiner unter Ihnen, der sich nicht durch eine ehrenvolle Handlung ausgezeichnet hätte. Die Entscheidung rückt heran und es ist hier nicht die Frage von der Anzahl der Feinde noch von der Stärke ihrer Stellung. Alles dies wird die Herzhaftigkeit meiner Truppen zu überwinden wissen. Wir müssen den Feind schlagen. Wenn Sie übrigens bedenken, daß Sie Preußen sind, werden Sie sich dieses Vorzugs nicht unwürdig machen wollen. Ich rechne auf Ihre Hilfe und den Sieg. Sollte aber einer unter Ihnen sein, der davor zurückschreckt, die letzte Gefahr mit mir zu teilen, der kann noch heute seinen Abschied erhalten ohne den geringsten Vorwurf von mir zu erleiden."

Was gibt den preußischen Soldaten die Kraft, ihre hoch überlegenen Feinde zu besiegen? Was bringt Soldaten im Krieg dazu, ihr Leben zu riskieren? Was motiviert Soldaten zu dem höchsten möglichen Einsatz, wo doch Mitarbeiter unter normalen Umständen kaum bereit sind, einen freien Tag einzusetzen? Psychologen haben dies am Beispiel des Vietnamkriegs untersucht und sind zu dem Ergebnis gekommen, daß es nicht mehr die Loyalität zu dem höchsten Repräsentanten des eigenen Staates – in Preußen ein König – ist; nicht mehr das Vaterland; nicht mehr die Fahne; nicht die Sache der Freiheit, nicht die der Demokratie; nicht Familie, Braut oder Freunde zu Hause; sondern einzig und allein die Solidarität in der kämpfenden Kleingruppe. Jeder ist hier auf den anderen angewiesen, auf Leben oder Tod; niemand läßt den anderen im Stich, unter überhaupt keinen Umständen.

Wodurch entsteht diese Solidarität, und warum ist sie offensichtlich bei den Preußen stärker gewesen als bei Sachsen und Österreichern; bei den nordvietnamesischen Vietkong stärker als bei amerikanischen Soldaten, bei afghanischen oder tschetschenischen Kämpfern stärker als bei sowjetischen oder russischen Soldaten?

Nach der gängigen Antwort der Führungslehre produziert Leadership (Führung) Qualifikation und Kompetenz – Leistungspotential – bei den Geführten. Das Vorbild des Führers – wie im Beispiel des preußischen Königs – verwandelt dieses Potential in Leistungsbereitschaft. Und dann braucht nur noch eine Gelegenheit vorbeizuschauen und der Wille ist da, das Potential auch einzusetzen. Das ist wie die Geschichte vom Königreich, das gerettet wird, weil die Schlacht gewonnen wird; von der Schlacht, die gewonnen wird, weil der Reiter Dienst tut; von dem Reiter, der Dienst tut, weil sein Pferd bereit steht; von dem Pferd, das bereit steht, weil der Schmied ihm neue Hufen eingesetzt hat; von den neuen Hufen, die halten, weil die Nägel passen. Das ist Ursachenforschung. Das hatten wir schon.

In Wahrheit läuft die Geschichte anders herum: Weil der Nagel fehlt, geht das Hufeisen verloren; weil das Hufeisen fehlt, geht das Pferd verloren; weil das Pferd fehlt, geht der Reiter verloren; weil der Reiter fehlt, geht die Schlacht verloren; weil die Schlacht verloren ist, geht das Königreich verloren. Und warum hat der Nagel gefehlt? Auch das hatten wir schon – die Antwort ist einfach: Weil das Königreich verlorengehen soll und weil diese Wirkung sich die Ursachenkette zu ihrer Selbstverwirklichung schafft. Weil die Untertanen nicht qualifiziert und kompetent sind, um ihren König auf dem Thron zu halten.

Der Begriff „Qualifikation" hat eine doppelte Wurzel im Lateinischen: „qualis" (wie beschaffen) und „facere" (machen). Er fragt also danach, wie jemand gemacht worden ist, wie er beschaffen ist, welches seine Eigenschaften sind. Nach dem Wissen fragt er nicht.

Der Begriff „Kompetenz" leitet sich aus dem lateinischen „competere" (entsprechen) ab. Für die „Entsprechung" gibt es moderne Begriffe mit übertragener Bedeutung, wie „Strickmuster" oder „Wellenlänge" im deutschen, „chemistry" (Chemie) im englischen. Auch Kompetenz nimmt auf das Wissen keinen Bezug.

Nicht einmal der Begriff „Information" hat etwas mit Wissen zu tun: „in formatica" heißt, von innen her geformt, aus dem inneren Bewußtsein heraus gebildet, also nicht von Eltern, Lehrern, Professoren und anderen Besserwissern vermittelt. Daraus folgt: Leistungspotential entsteht und verwandelt sich in Leistungsbereitschaft, wenn Mitarbeiter chemisch so „zusammengesetzt" sind wie ihre Vorgesetzten, wenn sie auf der gleichen Wellenlänge „funken", wenn sie die gleiche innere Prägung oder Frequenz haben.

> Die Aufgabe der Führung ist nicht das Planen und Steuern, das Entscheiden und Kontrollieren, das Handeln und Agieren. Die Aufgabe der Führung besteht einzig und allein darin, das ganze Unternehmen auf die gleiche innere Frequenz einzustimmen – Resonanz zu schaffen.

Rupert Sheldrake spricht davon, daß die Materie von Feldern getragen wird, die alles durchdringen, die – im Gegensatz zu elektromagnetischen Feldern – durch Raum oder Zeit nicht beschränkt werden, und die er „morphogenetisch" nennt. Diese Felder gestalten nach Sheldrake sowohl die Form als auch das Verhalten von Systemen und Organismen. Ein Körper, jeder materielle Körper, ganz gleich ob es ein Fels, ein Baum oder ein Vogel ist, ein Planet, ein Fixstern oder eine Galaxie, eine Statue, ein Symphonieorchester oder ein einzelner Mensch – jeder Körper ist ein Resonanzkörper für Signale von außen, die er moduliert.

Je höher ein Körper entwickelt ist, desto weniger massiv ist er und desto höher ist die Frequenz seiner Eigenschwingung, seine Energie. Wir halten einen Felsen deshalb für weniger entwickelt als einen Baum, einen Baum für weniger entwickelt als uns Menschen, uns Menschen für weniger entwickelt als ein morphogenetisches Feld, ein morphogenetisches Feld für weniger entwickelt als die physikalisch nicht mehr „greifbare" Schwingungsebene, auf die sämtliche Felder aufmoduliert sind und die wir Gott nennen.

Francisco Varela erforscht die Schwingungsfrequenz der Neuronen von Gehirnen. Neuronen sind Nervenzellen, die Elemente des Zentralen Nervensystems. Fünf Milliarden Neuronen bilden das Zentrale Nervensystem des Menschen; sie empfangen Signale von anderen Neuronen, integrieren diese Signale, produzieren und übermitteln elektrische Nervenimpulse.

Der Zellkern vollführt biochemische Transformationen, die von den Dendriten (den „Ästen" der Zelle) angeregt werden. Die Dendriten sind Rezeptoren, die in einem Feld schwingen, das über die Grenzen der Schädeldecke, über die Grenzen des Körpers weit hinausgeht. Neuronale Felder sind diejenigen Bestandteile morphogenetischer Felder, die sich auf die Gehirnaktivität beziehen. In einem neuronalen

Feld existiert jeder Gedanke und jedes Gefühl als eine elektromagnetische Einheit.

William McDougall hat im Jahre 1920 in Cambridge, Massachusetts, Ratten trainiert, durch ein Wasserlabyrith zum Ausgang zu finden. Nach mehreren Rattengenerationen haben die Tiere gelernt, diese Aufgabe zehnmal schneller zu lösen als die erste Generation. Der „Lernpegel" jeder Generation wird also offenbar irgendwie gespeichert und an die nächste Generation weitergegeben, die dann gleich bei diesem höheren Niveau „einsteigt". McDougall hat zunächst die Vererbungslehre bemüht, um dieses Ergebnis zu erklären. Danach wären nicht nur Eigenschaften, sondern auch Lernerfolge vererbbar. Ehrgeizige Eltern müßten für ihre noch nicht geborenen Kinder „vorarbeiten" können.

Nach vielen amerikanischen Labyrinthrattengenerationen wird das gleiche Experiment von McDougalls Kollegen in Australien wiederholt. Die erste Generation australischer Labyrinthratten erreicht auf Anhieb die Zeit der letzten amerikanischen Generation. Da gibt es nur zwei mögliche Erklärungen: Entweder macht Australien intelligenter oder Verhalten wird durch einen Mechanismus außerhalb von Vererbungsketten, Trainingsprogrammen und dem unmittelbaren Vorbild übertragen. Nehmen wir an, daß Australien doppelt so intelligent macht wie der Rest der Welt und daß dies die doppelte Leistung – im Falle der Ratten Labyrinthdurchschwimmgeschwindigkeit – bewirkt. Damit werden die Australier zufrieden sein. Doch ihre Ratten sind nicht doppelt, sondern zehnmal so pfiffig. Daß Australien zehnmal so intelligent macht, werden die Australier selber nicht glauben. Also werden sämtliche Ratten dieser Erde von einem neuronalen Feld „getragen", das ihr Verhalten steuert und in das die Entwicklung einzelner Rattenpopulationen ohne räumliche Beschränkungen einfließt.

Haben Sie schon einmal einen Vogelschwarm am Himmel beobachtet? Hunderte oder Tausende von Vögeln fliegen in die gleiche Richtung und ändern plötzlich diese Richtung im Bruchteil einer Sekunde im identischen Winkel. Zeitlupenfilme zeigen 50 000 Vögel, die in weniger als einer siebzigstel Sekunde synchron abschwenken. Bei jedem solchen Manöver bleiben einige Vögel „auf der Strecke", machen den gemeinsamen Schwenk nicht mit, merken, daß sie nicht mehr zum Schwarm gehören, flattern verzweifelt, um den Anschluß zu finden, den einige von ihnen schaffen und andere nicht, die dann, wieder gemeinsam, einen neuen kleinen Schwarm der zu spät Gekommenen bilden, der – frei nach Michail Gorbatchow – vom Leben bestraft wird.

Haben Sie schon einmal einen Menschenschwarm beobachtet? Hunderte oder Tausende Teenager, die im Angesicht ihrer Idole von „Take That" die Besinnung verlieren; Hunderttausende ausgewachsener Männer und Frauen, die unter den Augen ihres Führers „Sieg Heil" schreien; Horden von Randalierern, die ohne die Kontrolle durch ihr Bewußtsein durch die Innenstadt trampeln und Schaufensterscheiben zertrümmern; ein Saal voller Parteigänger, die nach der Rede ihres Helden in Begeisterungsstürme ausbrechen; eine Menschenmenge von Fanatikern, die sich durch ihre Parolen selbst in ein ekstatisches Hochgefühl hineinsteigert; eine Zuschauertribüne bei einem Fußballänderspiel, wo die Fans sich selbst vergessen und – endlich – der Sport die Fortsetzung des Krieges mit anderen Mitteln ist?

Menschenschwärme, Vogelschwärme, Heuschreckenschwärme, Termitenschwärme, Fischschwärme, Delphinschwärme – alle Schwärme verhalten sich wie Schleimpilze, eine Amöbenart, die als Einzelzelle lebt, bei knapper Nahrung aber eine Chemikalie ausscheidet, die andere Amöben veranlaßt, sich zu versammeln und ihre synchronen Bewegungen bis zu dem Punkt zu verstärken, wo ein zusammenhängendes Gebilde sich auf dem Waldboden fortbewegt. Schwärme verkörpern, wie Amöben, individuelles und kollektives Verhalten zugleich.

Die Gleichartigkeit des Verhaltens wird bei Pflanzen chemisch gesteuert, bei höheren Tieren und Menschen dagegen neuronal – und das heißt chemisch und elektromagnetisch. Biochemische und neuronale Reaktionen sind eingebettet in ein gattungs- oder artspezifisches Feld, das sämtliche Individuen umfaßt, deren Neuronen – bei Lebewesen mit Gehirnfunktionen – synchron schwingen.

> Synchrone Schwingung in einem einheitlichen neuronalen Feld ist das neurologische Korrelat von gelebter Harmonie, solidarischer Gemeinschaft und emotionaler Zusammengehörigkeit.

Sind Sie schon einmal durch die Eingangstür eines Unternehmens gegangen und haben sofort – noch bevor Ihnen der erste Mensch begegnet ist – gespürt, daß Sie da nicht hingehören? Sind Sie schon einmal in einen Laden, in ein Restaurant, in eine Galerie, in eine Kirche gekommen und haben sofort gespürt, daß Sie hier gern bleiben möchten? Sind Sie schon einmal in eine Stadt gekommen und haben sofort gewußt, daß Sie hier nie wohnen könnten; oder auch daß Sie hier am liebsten bleiben würden, wenn es sich nur einrichten ließe? Sind Sie schon einmal über eine Landesgrenze gefahren und haben sofort gemerkt, daß Sie sich hier wohl fühlen, eigentlich hier hingehören; oder umgekehrt, daß Sie, wenn es nicht sein muß, in dieses Land nicht wieder fahren wollen? Sind Sie schon einmal einem Menschen begegnet und haben „auf den ersten Blick" gesehen, daß Sie mit ihm „können", daß die Zusammenarbeit oder Verhandlung, die gemeinsame Reise oder Unternehmung angenehm sein wird? Nalini Ambady und Robert Rosenthal haben nachgewiesen, daß unser „erster Eindruck" – unser intuitiver erster Blick nach nur 30 Sekunden – in 70 Prozent aller Fälle mit unserem Urteil nach sorgfältiger Prüfung identisch ist.

Es ist nie der erste Blick, und Ihre Augen sehen gar nichts. Ihre Neuronen erkennen, daß die Neuronen des oder der anderen auf der gleichen Welle schwimmen oder daß die Schwingung in dem Raum, in dem Menschen nicht sein müssen, Ihrer Eigenfrequenz entspricht; Sie sind in ein Ihrer Eigenschwingung entsprechendes neuronales Feld eingetaucht oder Sie sind von einem nicht kompatiblen neuronalen Feld abgestoßen worden. Und diese Kraft ist stärker als Ihr Verstand, als Ihr Wille, als Sie selbst.

Als rationaler Menschen können Sie die Kraft dieser Wellen bekämpfen. Dazu benötigen Sie extreme Energie – wie jedes Schiff, das gegen starke Strömung voranstampft und nach jedem „Schritt" ein Bugwasser abfangen muß, welches den Rumpf zuerst nach oben wölbt, danach, wie bei einer Kraftprobe, mit der Nase nach unten preßt und eintaucht, und schließlich, wie aus Protest gegen solche Verachtung des göttlichen Willens, an seinen Seiten gen Himmel spritzt, nach Hilfe schreiend für den nächsten Schritt. Vielleicht schaffen Sie es.

Neuronale Führung aber ist anders: sie nutzt den Schwung der Welle und läßt sich von ihr tragen; ohne Kampf, ohne Krampf, ohne Kraft. Dies ist die Strategie des Delphins. Es ist eine Strategie feiner Antennen, die die Feldschwingung empfängt, sie vielleicht moduliert, vielleicht aber auch nicht, und in ihr „fährt" – gemeinsam mit allen, die auch darin „schwimmen", die also synchron schwingen.

Wie entsteht synchrone Schwingung? Beginnen wir mit dem kleinsten Nenner des Gleichklangs: dem zwischen zwei Menschen. Wissen Sie, welche politische Partei Ihre Eltern wählen oder gewählt haben? 90 Prozent der Ehepaare, die länger als zehn Jahre verheiratet sind, haben synchrones Wahlverhalten. Wissen Sie noch, als Sie eine vielversprechende Bekanntschaft gemacht haben, aus der eine Partnerschaft geworden ist oder vielleicht noch werden könnte? Ist Ihre erste Frage die nach dem Wahlverhalten gewesen, und haben Sie ihm oder ihr sofort den Rücken zugekehrt, als dies mit Ihrer eigenen Parteienpräferenz nicht übereingestimmt hat? So müßte es sein, wenn wir die spätere 90prozentige Übereinstimmung beim Wahlverhalten, bei den Essens- und Trinkgewohnheiten, beim Einrichtungsgeschmack und – schauen Sie sich die Photos Ihrer Eltern, Großeltern, Urgroßeltern an – im Gesichtsausdruck rational und repressionsfrei erklären wollen.

Das wollen wir aber nicht, weil es so nicht ist: Synchrone neuronale Schwingungen zwischen zwei Menschen entstehen dadurch, daß sie Zeit miteinander verbringen. Synchrone Schwingungen zwischen zehn, hundert, tausend oder Millionen von Menschen entstehen auch dadurch, daß sie Zeit miteinander verbringen.

Da wir mit Ratten, wenn es sich einrichten läßt, keine Zeit verbringen, entstehen zwischen ihnen und uns Menschen auch keine synchronen Schwingungen. Bei Haustieren ist das schon anders und auch bei Pflanzen, obwohl diese kein Gehirn haben. Peter Tompkins und Christopher Bird (Vogel) – der Name soll wirklich Zufall sein – berichten, daß nicht nur Mitarbeiter Resonanzkörper sind, sondern auch Pflanzen. Ein an einen Philodendron angeschlossener Polygraph

(Lügendetektor) hat extrem ausgeschlagen, als der Eigentümer der Pflanze nur gedacht hat, ob der Detektor wohl reagieren würde, wenn er ein Blatt der Pflanze mit seinem Feuerzeug anzünden würde.

Neuronale Felder bilden sich auch innerhalb der Tierwelt zwischen Arten, die miteinander leben und – obwohl man hier nicht mehr von Neuronen sprechen kann – innerhalb von Pflanzengattungen. Bei Experimenten, die nach dem Philodendron-Ereignis durchgeführt worden sind, vernichtet ein Forscher absichtlich eine von zwei identischen Pflanzen. Anschließend nähern sich sechs verschiedene Labormitarbeiter der an einen Polygraphen angeschlossenen überlebenden Pflanze; der „Killer" der Schwesterpflanze ist einer von ihnen. Bei ihm zeigt der Pflanzen-Polygraph jedesmal einen meßbaren Ausschlag, bei den anderen reagiert er nicht. Pflanzen stoßen also „Hilfeschreie" aus, mit denen sie Angst signalisieren.

Neuronale und morphogenetische Felder bilden den „Raum" für einen evolutionären Entwicklungsverbund, der die Grenzen von Arten überschreiten kann. Blumen sind auf die Befruchtung durch Bienen eingerichtet, die vom Nektar der Blumen leben. Koevolution heißt das in der Biologie. Und Koevolution findet immer auch zwischen Menschen mit ähnlichen neuronalen Schwingungen statt.

Wenn Sie in einem Team Koevolution wollen, müssen Sie die Leute zusammenstecken. Je mehr Zeit sie miteinander verbringen, je geringer die Außenkontakte sind und je homogener die Teamzusammensetzung schon zu Anfang ist, desto schneller und intensiver „schwingt" das Team synchron. Homogenität von Anfang an bedeutet, daß ein partieller Gleichklang nicht erst entstehen muß, sondern schon vorhanden ist. Da eine Zusammenarbeit unter solchen Vorzeichen angenehm ist, wird sie leicht zum Selbstzweck. Manchmal ist der Gleichklang so stark, daß sein Rhythmus das Unternehmen durcheinanderbringt, weil es nicht der Unternehmensrhythmus ist, weil das Team seine eigenen Ziele verfolgt und nicht die des Unternehmens. „Wenn Sie uns auseinanderreißen, kündigen wir alle gemeinsam." Wenn ein Teamleiter das sagt, haben Sie eine Tretmine, die entschärft werden muß.

> Wenn „kollektives Teambewußtsein" und „kollektives Unternehmensbewußtsein" inkohärent sind, ist das Team ein Sprengsatz, der für das Unternehmen gefährlich werden kann. Wenn kollektives Regionalbewußtsein und kollektives Nationalbewußtsein inkohärent sind, ist die Region ein Sprengsatz, der für die Nation gefährlich werden kann. „Kohärenz" ist in der Physik die Gleichschwingung von Wellen.

Interkulturelle Differenzen – nach Geert Hofstede verschiedene „kollektive mentale Programmierungen" – sind unterschiedliche neuronale Schwingungsmuster, die durch Zusammensein, durch miteinander Leben entstehen. Ein einheitlicher Lebensraum fordert und fördert homogene Verhaltensmuster, indem er einheitliche Überlebensanforderungen stellt. In großen, selbst einsprachigen Nationen mit geringer Mobilität, wie zum Beispiel Deutschland, ergibt sich daraus eine ausgeprägte regionale Differenzierung der Lebensgewohnheiten, Mentalitäten, Schwingungen, die auch durch formal vereinheitlichte Regelungen nicht aufgehoben werden kann, wenn es sich nicht aus einem sich vereinheitlichenden Schwingungsfeld herauskristallisiert.

Das deutsche Bundesland Baden-Württemberg ist aus den beiden traditionellen Einheiten Baden und Württemberg zusammengesetzt, die trotz ihrer unterschiedlichen Dialekte seit zwei Generationen einheitlich regiert und verwaltet werden. Baden ist die Wiege der deutschen Demokratie im 19. Jahrhundert. Wenn Sie in eine badische Behörde kommen, werden Sie meistens „Was wolle Sie?" gefragt. Im württembergischen Landesteil dagegen klingen mit dem Vorwurf „Wolle Sie was?" noch immer monarchistische Traditionen durch.

Jeder Autofahrer kennt das Schild, das am Ende einer Einbahnstraße anzeigt, daß Autos nur in der Gegenrichtung durch diese Straße fahren dürfen. Dieses Verkehrsschild ist in allen Ländern, in denen ich Auto gefahren bin, gleich. Als ich in Montevideo in der richtigen Richtung durch eine Einbahnstraße fahre, kommt mir ein Auto entgegen. Ich betätige die Lichthupe. Der entgegenkommende Autofahrer betätigt auch die Lichthupe. Ich kurbele das Fenster herunter und halte an. Der andere kurbelt auch das Fenster herunter und hält an. „Dies hier ist eine Einbahnstraße", sage ich. „Ich weiß", bekomme ich zur Antwort. „Aber in meine Richtung", versuche ich aufzuklären.

„Ich weiß", sagt der andere. Meine Fassungslosigkeit droht zu explodieren: „Warum aber fahren Sie dann in der falschen Richtung?" „Esta calle está mal flechada; así es contre la contumbre de la gente" (Die Schilder in dieser Straße sind falsch aufgestellt; so ist das gegen die Gewohnheit der Leute), muß ich mich belehren lassen.

In einem einheitlichen Feld fühlen sich die Einzelwesen, die darin sind – in unserem Fall Menschen – zusammengehörig. Dieses Zusammengehörigkeitsgefühl bildet eine höhere Schwingung, die die Unterschiede der „Subkulturen" überlagert und so das Ganze erhöht. Afroamerikaner, Angloamerikaner, Latinoamerikaner und asiatische Amerikaner in den Vereinigten Staaten fühlen sich zuerst als Bewohner ihres Landes und danach als Angehörige einer bestimmten ethnischen Gruppe. Die Heterogenität in einem großen, einheitlichen Wirtschaftsraum gibt dem Land seine innovative Dynamik.

Die Vegetation des tropischen Regenwalds ist schöner als eine Grassteppe. Eine Melodie ist schöner ist als ein einziger Ton. Ein Werk Chagalls ist schöner ist als eine uniweiße Wand. Ein vereinheitlichtes, aber heterogenes Schwingungsfeld ist vielseitiger und lebendiger, reicher und üppiger, sensibler und robuster als ein homogenes.

Wenn wir zwei gattungsgleiche Protozoen (einzellige Lebewesen) zusammen in ein Reagenzglas tun und mit Nahrung versorgen, überleben sie nicht. Wenn wir zwei gattungs*un*gleiche Protozoen zusammen in ein Reagenzglas tun und mit Nahrung versorgen, überleben sie. Wegen der vermehrten Kombinationsmöglichkeiten bietet Vielfalt Entwicklungsmöglichkeiten und damit Überlebenschancen, die unter homogenen Bedingungen unmöglich sind. Je größer die Vielfalt in einem einheitlichen neuronalen Feld, desto größer, reicher und vielfältiger sind die Zukunftschancen. Die 100 Tier- und Pflanzenarten, die täglich auf der Erde aussterben, reduzieren die Heterogenität, Robustheit und Anpassungsfähigkeit des Lebens auf unserem Planeten.

Die heterogene Zusammensetzung eines Teams fördert die Kreativität. Wenn die Heterogenität sich auf möglichst viele Merkmale bezieht – Alter, Rasse, Religion, Temperament, Geschlecht, Ausbildung, Erfahrung, Betriebszugehörigkeit – ist die Kreativität maximal. Heterogenität, die funktioniert, ist um ein Vielfaches fruchtbarer als

Homogenität; aber sie ist auch anstrengend. Und interkulturelle Manager wissen das.

Sobald es der Europäischen Union mit ihrer großen Zahl von Traditionen, Mentalitäten und Sprachen gelingt, aus ihrer Vielfalt nicht einen faden Eintopf zu administrieren, aus dem man die Unterschiede nicht mehr herausschmeckt, sondern sie zu einem prächtigen, blühenden, bunten Strauß zu binden, der erst als Ganzes betörend duftet und strahlt, erwächst aus dieser Vielfalt Kraft, Freude und Vitalität. Ein Sprichwort der deutschen Sprache sagt, daß „viele Köche den Brei verderben". Das stimmt, wenn die Köche gegeneinander arbeiten. Aus solchen Vorgaben ist das autoritäre Führungsmodell und das totalitäre Staatsmodell entstanden. In einem bunten Europa, das von einer einheitlichen höheren Schwingung überlagert wird und sich zusammengehörig fühlt, wird das deutsche Sprichwort durch ein spanisches ersetzt, das die familiären Strukturen der Südeuropäer anders – tragfähiger – prägt als die der Mitteleuropäer: „Cuatro ojos ven más que dos" (Vier Augen sehen mehr als zwei).

Als nach dem Beitritt Schwedens und Finnlands zur Europäischen Union zusammen mit Dänemark drei skandinavische Länder Vertreter in die Brüsseler Kommission entsenden, werden erstmals seit Bestehen dieser Gemeinschaft von ihren Ländern benannte Kommissionsmitglieder vom Europäischen Parlament nicht bestätigt – skandinavische Vertreter. Das bis dahin von mediterraner Selbstdarstellungskunst dominierte Europa hat die skandinavische Offenheit nicht gekannt und die Auskunft „das weiß ich nicht" in der Befragung durch die Abgeordneten nicht als Aufforderung zu einem ehrlichen Gespräch interpretiert, sondern als Inkompetenz.

Jedes Volk in Europa hat seine Stärken. Die Improvisationsgabe der Italiener, die Brillanz der Franzosen, der Pragmatismus der Briten, die Verbindlichkeit der Portugiesen, die Aufrichtigkeit der Finnen, der Perfektionismus der Deutschen, die Offenheit der Holländer, die Überschwenglichkeit der Griechen, die Solidarität der Schweden, die Beharrlichkeit der Dänen, die Kompromißfähigkeit der Belgier und Luxemburger, die Grundsätzlichkeit der Spanier, die Tiefgründigkeit der Iren, der Charme der Österreicher – dies alles ergibt, wenn es erhalten bleibt und zusammenwächst, ein starkes Orchester.

Und wenn es gut spielt, kann es der gesamten Menschheit als Modell dienen und jeden Bürger dieser Welt zu jemandem entwickeln, dessen erste und vorrangige Identität die eines Weltbürgers ist; dessen zweite, nachrangige Identität die des Mitglieds einer ethnischen Gruppe oder eines Volkes ist – was sich nicht mehr durch Nationen oder Staaten manifestieren muß – und dessen dritte Schwingungs- und Identitätsebene die des Mitarbeiters in einem Unternehmen oder des Bürgers in einer Gemeinde ist.

Noch ist es oft umgekehrt. Ein Balinese ist zuerst Balinese, dann Indonesier, dann Asiate. Ein Ewe ist zuerst Ewe, dann Ghanaer, dann Afrikaner. Ein Schotte ist zuerst Schotte, dann Brite, dann Europäer. Die einzigen großen Staaten, die die primäre Identifikation ihrer Bewohner auf sich ziehen, sind die drei großen gemischtrassigen Modelle: Brasilien, die Vereinigten Staaten von Amerika und Südafrika.

Alle aber übersehen sie gleichermaßen, was Edgar Mitchell bewegt, als er unseren wunderschönen blauen Planeten an einem dunklen schwarzen Himmel vom Mond aus über sich strahlen sieht: „Dieser harmonisch und friedlich wirkende Himmelskörper gibt mir ein starkes Heimatgefühl, ein Gefühl des Seins und Einsseins; unmittelbares Weltbewußtsein möchte ich es nennen. Und wenn du zurückkommst, fühlst du dich nicht mehr als Bürger der Vereinigten Staaten, sondern als Bürger der Erde." Russell Schweikart drückt es so aus: „Dir wird klar, auf diesem kleinen Ding dort befindet sich alles, was dir etwas bedeutet, alles, was es gibt an Geschichte und Musik, Dichtung und Kunst, Tod, Geburt und Liebe, Tränen, Freuden und Spielen – alles auf der winzigen Kugel dort. Du erkennst, daß du ein Stück davon bist, daß du dazugehörst. Dieses Erlebnis ändert dein Verhältnis zur Erde und zu allen Formen von Leben auf ihr."

Raumerlebnisse verwandeln Identität und schaffen eine neue Definition von „zu Hause". Das einheitliche neuronale Feld der irdischen Humanität ist auf dem Mond entstanden und breitet sich seitdem langsam aber spürbar als hochfrequenter Schleier über die Erde. Distanz läutert. Der Blick von außen klärt vieles. Mahatma Gandhi bewirkt die Befreiung Indiens von Afrika aus – in Gedanken. Charles de Gaulle bewirkt die Lösung Frankreichs von Algerien von England aus – in Gedanken. Nelson Mandela bewirkt die innere Einigung Südafrikas vom Gefängnis aus – in Gedanken. Daß Helden im Exil durch ein einheitliches neuronales Feld mit ihrer heimatlichen Gemeinschaft gestärkt werden, ist ein wiederkehrendes Muster in der Geschichte.

Das „Eintauchen" in ein größeres, höherfrequentes Schwingungsfeld setzt voraus, daß das individuelle Schwingungsfeld nicht so dominant, so laut, so schrill ist, daß darüber nichts anderes bestehen kann. Schrille Frequenzen sind nicht integrierbar. Nähe allein begründet kein einheitliches Schwingungsfeld, sondern erst das gemeinsame Verbringen von Zeit, die gemeinsame Aktivität, die gemeinsame Aufgabe.

> Ein Nebeneinander bei Heterogenität ist eine subtile Balance, die sich gern zum Miteinander neigt, aber auch leicht zum Gegeneinander.

Nähe ohne Gemeinsamkeit betont Schwingungsdifferenzen, hebt sie hervor, kann sie unerträglich machen. Unverständnis und Rivalitäten zwischen Volks-, Sprach- und Religionsgruppen, Rassen, benachbarten „Erzfeinden", Nachbarregionen und -gemeinden, sozialen Klassen, verschiedenen Bildungsschichten, Berufs- oder Freizeitgruppen, politischen Parteien, Fraktionen, Belegschaften, Abteilungen, Familien mit anderen Traditionen und Generationen mit anderem Selbstverständnis belegen dies. „Die meisten von euch sind daran gewöhnt, ihren Haß gegen jene zu richten, die in eurer Nähe sind", begründet der jugoslawische Arzt Max Löwenfeld seine Auswanderung nach Frankreich in einem Brief an einen Freund in Sarajewo im Jahre 1920.

Miteinander bei Heterogenität und interkultureller Gärung ist die Erfolgsformel für Staatengemeinschaften und für Unternehmen. Wenn zwei Menschen von Anfang an gleicher Meinung sind, hat einer der beiden die alleinige Funktion, das Ego des anderen zu stärken. Wer solche Verstärkung braucht, ist ein Minderwicht. Deshalb ist in einem Unternehmen einer von zwei Homogenzlern überflüssig.

Ein Team kann ich zusammensperren, meist aber keine ganze Belegschaft. Wie erreiche ich da heterogenes Miteinander? Die Psychologie hat entdeckt, daß es Distanzzonen gibt. Deren verhaltensbiologische Wurzel ist das Revier, in das, wenn es meines ist, Fremde nicht ohne meine Erlaubnis eindringen dürfen. Wenn sie es doch tun, ist es eine Kampfansage. Unser heutiges Revier ist unser Zimmer, unsere Wohnung, unser Garten, unser Arbeitsplatz.

Will ein Fremder in mein Revier eindringen, dann muß er sich zuvor meine Erlaubnis holen. Wenn ein Fremder ungebeten in Ihre Wohnung kommt, dann rufen Sie die Polizei. Und wenn er sich Ihnen auf 20 Zentimeter nähert, schreien Sie um Hilfe. Er ist in Ihre Intimzone eingedrungen. So schön das ist, wenn die es tun, mit denen wir gerne intim sind, so schrecklich ist es, wenn andere sich dazu erdreisten. „Den Königen erlaubt die Gottheit leicht, was sie bei Lumpen nur abscheulich findet", sagt Edgar Allan Poe dazu.

So wie für Intimitäten, gibt es auch für Arbeitsbesprechungen, für Konferenzen und für Tagungen optimale Teilnehmerzahlen und optimale Distanzzonen. Wo diese mißachtet werden – besonders häufig im politischen Betrieb –, muß die Veranstaltung zur effektlosen Show entarten. Dies ist neben der Bürokratie ein weiterer Grund für die Ineffizienz der meisten internationalen Organisationen.

Gewiß sind Sie schon oft mit anderen Leuten in einem Aufzug gefahren. Starre Blicke nageln sich an die Decke oder durchbohren den Boden; die anderen in der engen Kabine evaporieren (lösen sich in Luft auf) und existieren nicht mehr; die Atmosphäre erklirrt vor eisigem Schweigen. Endlich öffnet sich die Tür, alles drängt hinaus, erhellt den Blick, atmet erleichtert durch und setzt sein munteres Geplauder fort. Aufzüge sind kommunikative Gefrierschränke, weil Menschen, mit denen Sie nicht intim sind, in Ihre Intimzone eindringen. Und damit ganz klar bleibt, daß das nichts zu bedeuten hat, vereisen Sie die Beziehungen für diese Zeit; das heißt, sie reduzieren Ihre Frequenz, Ihre Energie, Ihre Attraktivität. Niedere Frequenzen entsprechen negativen Gedanken, Einstellungen, Stimmungen.

Damit finden die meisten nicht geplanten informellen Begegnungen im Unternehmen auf vereistem Gelände statt, obwohl sie als Schmierstoff, wenn es quietscht, als Dämmstoff, wenn es klemmt oder als Gärstoff, wenn es stockt, von größerer Innovationskraft sind als alle Schilder mit Qualitätsslogans, als alle professionellen Kommunikationstechniken, als alle effizient geplanten und straff moderierten Besprechungen zusammen. Reißen Sie Ihre Aufzüge heraus und bauen Sie Rolltreppen ein. Das bringt den gleichen Effekt wie ein Betriebsausflug in jedem Monat.

Jeff S. Wyles, Allan C. Wilson und Joseph G. Kunkel beweisen es: Singvögel sind, gemessen an ihrem relativen Gehirngewicht, die intelligentesten Tiere. Eine neukaledonische Krähenart bastelt standardisiertes sägeförmiges Arbeitsgerät, was der Entwicklungsstufe der Menschen der frühen Altsteinzeit entspricht. Vögel haben sich erst seit 70 Millionen Jahren entwickelt. Die Säuger haben einen vielfach längeren „Vorlauf" gehabt und vielfach mehr Generationen ausprobieren können, was funktioniert und was nicht. Was haben die Vögel den Säugern voraus, daß sie sich so viel schneller entwickeln?

Der englische Landwirt Arthur Picton ist nicht gut auf sie zu sprechen. Er deckt die Kannen, in denen er die Milch seiner Kühe verkauft, mit Aluminiumfolie ab und stellt sie an den Straßenrand, wo ein Molkereifahrzeug sie abholt. Immer wieder erlebt er, wie Vögel die Deckel durchpicken und von der Milch trinken. Wenn es danach regnet, verwässert die Milch. Die Biochemiker wundern sich, daß Vögel Milch verdauen können, fehlen ihrer Darmflora doch die Enzyme, die Lactose (Milchzucker) abbauen. Deshalb fangen sie ein paar dieser Vögel ein, um die Sache zu erforschen.

Auch der Darmflora des Menschen fehlen nach dem Säuglingsalter ursprünglich die Enzyme, die Lactose abbauen. Als aber vor 10 000 Jahren einige Völker in Nordeuropa und Afrika mit der Viehzucht beginnen und nicht nur das Fleisch, sondern auch die Milch der Tiere verwerten, entwickelt die Darmflora dieser Völker – nur dieser – die dazu erforderlichen Fermente. Die Darmanalyse bei Vögeln der britischen Insel bringt nun ein erstaunliches Ergebnis. Die Darmschleimhaut aller untersuchten Meisen hat innerhalb weniger Jahrzehnte die genetische Mutation vollbracht, für die die Milchtrinker unter den Menschen Jahrhunderte oder Jahrtausende gebraucht haben. Aber in der Darmschleimhaut keiner der untersuchten Sperlinge konnte ein Ferment zum Abbau von Lactose nachgewiesen werden.

Arthur Picton hat nun den Unterschied zwischen Meisen und Sperlingen studieren müssen, sich mit dem Fernglas auf die Lauer gelegt und den Forschern berichtet: „Mal sind die Milchräuber Meisen, mal sind es Buchfinken – eine Sperlingsgattung." Einen von Pictons Buchfinken einzufangen ist nicht gelungen. Aber der Unterschied zwischen beiden Vogelarten enthält die Lösung des Rätsels. Buchfinken sind Reviervögel, Meisen haben kein Revier, sondern fliegen in neugierigen kleinen Gruppen überall herum und schauen, wo es etwas „zu holen" gibt.

In der Zoologie ist ein Revier ein begrenztes Gebiet innerhalb des artspezifischen Lebensraums, welches das Tier als eigenes Territorium betrachtet, markiert und verteidigt. Die Anwesenheit eines Revierbesitzers schließt die Anwesenheit artgleicher Konkurrenten aus. Wer sein eigenes Revier besetzt hält, wird dadurch daran gehindert, sich in fremden Revieren herumzutreiben. Arthur Pictons Buchfinken haben seine Milchkannen genauso zu knacken gelernt wie seine Meisen. Das Wissen seiner Buchfinken ist als Herrschaftswissen in ihrem Revier geblieben. Das Wissen seiner Meisen hat sich innerhalb kurzer Zeit über die ganze britische Insel verbreitet; Millionen von Meisen haben davon profitiert und dadurch ihre Population im Vergleich zu den Buchfinken vertausendfachen können.

> In turbulenten Zeiten haben nur solche Systeme Überlebenschancen, bei denen jedes Element des Ganzen Veränderungen schnell aufnimmt und verarbeitet, kreative Konsequenzen daraus zieht und diese mit der Gemeinschaft abstimmt.

Eine schnelle Aufnahme und Verarbeitung von Veränderungen und ihre Abstimmung setzt voraus, daß die Empfangsfrequenz der Sendefrequenz entspricht. Unser Körper zum Beispiel erfüllt diese Voraussetzung. Eine Hautverletzung ist augenblicklich dem ganzen Körper bekannt, und alle Subsysteme reagieren blitzartig mit angemessenen Konsequenzen.

In unseren Unternehmen steht das Wissen einer beliebigen Zelle nicht sofort dem gesamten Organismus zur Verfügung, weil Informationen nicht auf den Frequenzen verbreitet werden, auf die die Empfänger eingestellt sind und weil Störsender die Botschaften verzerren. Resonanz setzt voraus, daß Sender und Empfänger sich aufeinander einstellen, sich aufeinander zu bewegen. „Bewegung ist das zentralen Konzept des Lebens; Lebewesen erschließen sich ihr Umfeld durch Bewegung", sagt Francisco Varela; sie verbreiten ihre Schwingungsfrequenz und erleben andere Frequenzen durch Bewegung.

Die Chaos-Theorie kennt den Begriff der „dissipativen Struktur". Dissipation ist Auseinanderfallen, Struktur ist Zusammenhalt. Eine dissipative Struktur integriert ständig Strömungen und Einflüsse ihres Umfelds und sichert so ihre Existenz.

> Netzwerke kleiner überschaubarer Gruppen, die sich aufeinander „einschwingen", sind dissipative Strukturen; sie sind das Organisationsmodell der Zukunft. Die Menschen in den Gruppen sind Resonanzkörper; sie schwingen – wie Stimmgabeln – wenn sie in ihrer Frequenz angesprochen werden.

Wir Menschen verteidigen seit unseren Anfängen in der Steinzeit unser Revier wie die Buchfinken. Die organisatorischen Trennwände in unseren Unternehmen sind solche steinzeitlichen Relikte. Wenn wir das nicht ändern, werden die Meisen mit ihrem ohnehin höheren Entwicklungstempo uns eines Tages überholen und uns dann als ihnen fast ebenbürtige Arbeitstiere gut einzusetzen wissen. Für die Gescheiten unter uns ist das nicht tragisch – die werden dann wohl als Meisen wiedergeboren, Resonanz statt Aktion schaffen und Milliarden von Stimmgabeln schwingen lassen.

9 Unternehmer sind Neuronenkraftwerke

Die Zeichnungen haben sie geliefert. Toleranzen und Spezifikationen haben sie vorgegeben. Liefermengen und -daten wollen sie mitteilen, wie es ihnen paßt. Lieferkonditionen und Preise haben sie diktiert. Und zwei Möglichkeiten haben sie offen gelassen: „Entweder Sie unterschreiben *diesen* Vertrag, oder Sie unterschreiben keinen Vertrag." Der Rahmenvertrag beschert dem Unternehmen trotz einer harten Rationalisierungskur einen ordentlichen Verlust. Wolf Veyhl ist im Würgegriff seiner großen Kunden. Er führt sein Unternehmen weiter, um die Arbeitsplätze seiner Mitarbeiter zu erhalten.

„Wir müssen die Abhängigkeit umkehren;" das ist sein Traum, als er mit seiner Führungsmannschaft berät, wie es weitergehen soll. „Das ist doch ganz und gar unmöglich", lautet der Einwand, der schwer zu widerlegen ist. „Es gibt Dutzende von Alternativen zu uns in Ländern, wo die Kosten niedriger sind", ergänzt der Leiter des Rechnungswesens, „Zulieferer können die Bedingungen nie diktieren."

Ich kann ihn mit einer Parabel verunsichern: Ein Fisch fragt die Schildkröte: „Erzähl mir, wie es auf dem Land ist. Ist es dort sehr salzig?" „Nein", antwortet die Schildkröte, „dort ist es überhaupt nicht salzig." „Sind da starke Strömungen?" fragt der Fisch weiter. „Nein", sagt die Schildkröte, „da sind gar keine Strömungen." „Gibt es Riesenfische?" möchte der Fisch wissen. „Nein", lautet die Auskunft der Schildkröte, „dort gibt es überhaupt keine Fische." „Schwimmen die Landtiere schneller?" wundert sich der Fisch. „Nein", belehrt die Schildkröte, „Landtiere schwimmen überhaupt nicht." „Kann ich da tief tauchen?" fragt der Fisch weiter. Die Schildkröte muß ihn wieder enttäuschen: „Nein, da kannst du überhaupt nicht tauchen." Der Fisch weiter: „Ist es auf Grund dort auch immer dunkel?" „An Land gibt es keinen Grund", sagt die Schildkröte. „Sieht man dort auch manchmal Schiffsrümpfe über sich?" fragt der Fisch. „An Land sieht man keine Schiffsrümpfe", sagt die Schildkröte. „Sinken die dort immer gleich in die Tiefe?" wundert sich der Fisch. „An Land kann nichts in die Tiefe sinken", erklärt die Schildkröte. „Überschlagen sich die Wellen dort oft?" fragt der Fisch nun. „An Land gibt es gar keine Wellen", antwortet die Schildkröte. „Ist das Meer dort immer ruhig?" wundert sich der Fisch. „An Land gibt es auch kein Meer", sagt die Schildkröte. Endlich versteht der Fisch, was das ist, wovon ihm die Schildkröte erzählt – das, wo es nichts von dem gibt, was ist. „Das Land", sagt er, „das gibt es überhaupt nicht."

„Das, was es nicht gibt, gibt es eben doch; wir müssen die Abhängigkeit umkehren", wiederholt Wolf Veyhl, „ich weiß nicht, wie es gehen soll, aber ich will es, und deshalb wird es gehen." In zwei langen Brainstormings mit seinem Führungskreis darf die Frage, *ob* es geht, nicht gestellt werden. Alle Äußerungen müssen dazu beitragen, *wie* es gehen kann, muß und wird. Am Ende steht das Konzept. Veyhl besucht seine großen Kunden und gewinnt die meisten dafür, zu einer „Zukunftswoche" in sein Werk zu kommen, um gemeinsam ein Zukunftsprodukt zu entwickeln.

Die Experten verstehen ihr Handwerk. Die Synergie zwischen ihnen bringt rasche Ergebnisse. Nach dem ersten Tag hängt das Produkt der Zukunft als Skizze auf einer Packpapierbahn an der Wand. Einige wollen abreisen, werden aber an ihr Versprechen erinnert, eine Woche zu bleiben; ein Festessen am Abend und eine „große Überraschung" am nächsten Tag halten sie fest.

Als die Gäste am nächsten Morgen in den Besprechungsraum treten, ist es wie bei einem Kindergeburtstag: „Toll!", „Ja, aber!", „Nein!", „Unglaublich!", „Großartig!", „Wunderbar!", „Wahnsinn!", „Wow!", können sie sich kaum beruhigen. Da steht das Produkt der Zukunft in voller Pracht und Größe – zwei Kubikmeter aus Metall, Kunststoff und Glas perfekt gearbeitet. Sofort beginnen die Herren mit dem, was alle mit einem großen, neuen Spielzeug tun: sie fassen es an, setzen sich davor und dahinter, kriechen darunter, kippen es um, prüfen Details, nehmen es auseinander, setzen es wieder zusammen. Auch für Experten ist zwischen Zeichnung und Prototyp ein großer

Unterschied. Allen macht es einen Riesenspaß, den ganzen Tag lang die Konstruktion zu verbessern, bis sie am Abend auf Papier makellos erscheint.

Beim Festessen des zweiten Abends bekommen einige ein schlechtes Gewissen und möchten die Techniker dazu einladen. Aber die haben keine Zeit. Diesmal ist es keine Überraschung mehr; aber auch Vorfreude ist schön. Niemand will jetzt vorzeitig abreisen. Die Perfektionierung des zweiten Prototyps am nächsten Tag zeigt, daß ein einziges Modell nicht den gesamten Markt abdecken kann, und so bilden sich zwei Entwicklungsgruppen – für eine Standardausführung und für eine Luxusausführung –, die beide am Ende der Woche fertig sind und alle Anforderungen und bereits sichtbaren Trends berücksichtigen.

Wo werden die Einkaufs- und Entwicklungschefs, die dort versammelt gewesen sind, nach dieser Woche wohl die Zwischenerzeugnisse für ihr Endprodukt beschaffen? Natürlich werden sie ihre Modelle haben wollen; die, die sie selbst entwickelt haben und die alle Merkmale aufweisen, die sie sich wünschen. Und natürlich werden sie, weil sie zu dieser großartigen Umsatzausweitung ihres Kunden kräftig beigetragen haben, Preisnachlässe haben wollen. Preiszugeständnisse erhalten sie auch – gegen das Versprechen, im nächsten Jahr zu einer weiteren Zukunftswoche in das Werk ihres Kunden zu kommen. „Ist die Zukunft schon vorbei?" fragt einer. „Die geht erst richtig los, das nächste Mal mit noch größeren Überraschungen", antwortet Veyhl.

Damit hat niemand gerechnet. Als die Runde ein Jahr später in das Besprechungszimmer tritt, steht kein neues Modell in der Mitte, sondern die Wände sind mit Packpapierbahnen voller Zahlen behängt – mit der Kalkulation von Wolf Veyhl für alle gelieferten Zwischenprodukte und mit seinem Gewinn bei jedem Produkt. „Wenn Sie mir den lassen, absolut und in Prozent vom Umsatz", erklärt er seinen verdutzten Zuhörern, „dann können Sie jetzt hier im Hause treiben, was Sie wollen; alle Kostensenkungen, die Sie möglich machen, werde ich im Preis an Sie weitergeben." Einige der Gäste telefonieren gleich Verstärkung herbei, und was folgt, ist die beste und billigste Betriebsberatung, die sich denken läßt. Was aus den Preissenkungen folgt, die sich daraus ergeben, ist leicht zu sehen: Wolf Veyhl wird faktisch Monopolist. In den Wertschöpfungspartnerschaften mit seinen Großkunden hat sich die Abhängigkeit umgekehrt.

„Wer mit dem Leben spielt, kommt nie zurecht. Wer sich nicht selbst befiehlt, bleibt stets ein Knecht. Wer sein selbst Meister ist und sich beherrschen kann, dem ist die weite Welt und alles untertan", sagt Goethe dazu. Was aber ist es, das die weite Welt dem Willen des Herrn Veyhl untertan werden läßt? Wie kann er sich selbst befehlen, die Gesetze des Marktes umzukrempeln? Wie kann er seinen Markt seinem Willen unterwerfen?

Nach dem noch immer vorherrschenden Ursache-Wirkungs-Paradigma der Physik ist der tatsächliche Lauf der Dinge die Folge von Zufallsereignissen, welche mit naturgesetzlichen Mechanismen aus gegebenen Anfangsbedingungen das auswählen, was Realität wird. Daß ein Herr Veyhl die Wirkung festlegt und dann den Lauf der Dinge so gestaltet, daß die von ihm gewollte Wirkung auch eintritt, darf es danach nicht geben. Sein Wille kann allenfalls Zufallsgenerator spielen, also das tun, was eine spezielle Apparatur oder Software eine Ziffernreihe generieren läßt, bei der jede Ziffer unseres Zahlensystems mit der gleichen Wahrscheinlichkeit erscheint. Der Kosmos – ein gigantisches Lottounternehmen.

Das kollektive neuronale Feld, das die Sprache und das Denken schafft, weist mit dem Begriff „Wahrscheinlichkeit" auf das, was wahr ist. Wahr-schein-lich ist nur der Schein der Wahrheit, also der Irrtum Die Wahrheit liegt hinter der Grenze, bis zu der die Wahrnehmung unserer Sinne, unserer Instrumente und unseres Intellekts reicht. „Wir Kaufleute rechnen nicht, wie Sie vielleicht glauben könnten", sagt Emil Rathenau, „sondern wir lernen, unsere wirklich erfolgreichen Einfälle als etwas zu betrachten, das jeder Berechnung spottet."

Unser heutiges physikalisches Weltbild, das unfertig ist wie jedes seiner Vorgänger, geht davon aus, daß die Zeitachse in zwei Richtungen zeigt. In der einen Richtung wird es immer einfacher, in der anderen immer komplexer. Die Richtung zu größerer Einfachheit nennen wir Vergangenheit, die Richtung zu größerer Komplexität nennen wir Zukunft. Unsere Zeit hat vor 10 bis 15 Milliarden – also vor mehr als 10^{10} – Jahren mit dem Urknall begonnen. Seit ihrer

Entstehung fliegen die Galaxienhaufen unseres Universums explosionsartig auseinander. Der Anfangszustand, bei dem die gesamte universale Energie und Masse in einem Punkt konzentriert ist, ist sehr einfach. Heute, wo allein unsere Galaxie etwa 100 Milliarden Sonnen umfaßt und wo es Haufen mit bis zu 1 000 Galaxien gibt, ist das Universum schon etwas komplexer. Und diese Entwicklung soll noch 10^{35} Jahre so weiter gehen; das ist eine Jahreszahl mit 35 Nullen. Allein 10^{11} Jahre sind zehnmal so lang wie 10^{10} und 10^{12} zehnmal so lang wie 10^{11}. Unser Universum ist noch im Embryonalzustand.

In 10^{35} Jahren – so lehrt die Physik – wird sich die Zeitachse um 180 Grad drehen und die Kontraktion des Universums einleiten; vielleicht bis wieder die gesamte Energie und Masse in einem Punkt vereinigt ist, der dann andere Eigenschaften haben wird als der letzte und deshalb den nächsten Urknall mit anderen Anfangsbedingungen auslöst als denen des letzten Urknalls. Die Erfahrung unseres jetzigen Universums ist in den Anfangsbedingungen konzentriert. Die praktischen Konsequenzen eines Drehens der Zeitachse kennen wir nicht. Aber eines scheint klar: Wir sollten die nächsten 10^{35} Jahre genießen.

Vielleicht aber dreht sich die Zeitachse gar nicht; vielleicht „läuft" die Zeit immer weiter und wir müssen eine Unvorstellbarkeit durch eine andere Unvorstellbarkeit ersetzen: Versetzen Sie sich in die Lage eines zweidimensionalen Wesens, einer Wanze, die so platt ist, daß sie keine Höhe hat. Für dieses Wesen – nennen wir es Zwenze – gibt es nur lang und breit; Höhe kann eine Zwenze nicht denken, also existiert Höhe für sie nicht. Mit solch einer Zwenze sind Sie dreidimensionaler Mensch an einem Strand, blicken zum Horizont, wo der Himmel im Meer versinkt, und erzählen ihr, daß sie, wenn sie zum Horizont hin sehr lange immer geradeaus schwimmt, fährt oder fliegt, irgendwann wieder hier, am Ausgangspunkt, ankommen wird. Das kann die Zwenze sich nicht vorstellen, denn daß sich eine Fläche an ihren Enden nach unten neigen und so die Erdkugel formen kann, gibt es in einer zweidimensionalen Welt nicht. Erst durch die Einführung der dritten Dimension können Sie sich von einem Ausgangspunkt immer weiter entfernen und dadurch wieder zu ihm zurückkommen.

Wir sind dreidimensionale Zwenzen. Wenn ein vierdimensionales Wesen uns erzählt, daß wir nach einem unvorstellbar langen Geradeausflug in unseren dreidimensionalen Weltraum hinein, bei dem wir nie umkehren, irgendwann einmal wieder auf der Erde ankommen werden, können wir das nicht denken. Erst durch die Einführung der vierten Dimension können wir uns von unserem Ausgangspunkt immer weiter entfernen und dadurch wieder zu ihm zurückkommen. Und wenn dieses vierdimensionale Wesen uns weiter erzählt, daß unser Universum, nachdem es unvorstellbar lange explodiert ist, ohne daß die Zeitachse sich dreht, wieder zu seinem Ausgangspunkt zurückfindet, bei dem alle Energie und Materie in einem Punkt konzentriert ist, können wir auch das nicht denken. „Da herrscht Well auf Welle kraftbegeistet; Zieht sich zurück, und es ist nichts geleistet." Vielleicht hat Goethe dabei an mehr gedacht als an das Meer.

> Was wir nicht denken können, kann für uns nicht existieren. Materie muß sich so verhalten, wie es das Denken des Wissenschaftlers zuläßt, der sie erforscht. Jede Frage, die wir stellen, enthält die Antwort.

Ein Tier fragt nicht nach Gott; also existiert er für ein Tier nicht. Ein Analphabet fragt nicht nach der Quantenmechanik; also existiert sie für einen Analphabeten nicht. Ein Materialist fragt nicht nach dem Geist; also existiert er für einen Materialisten nicht. Ein Einfaltspinsel fragt nicht nach der vierten Dimension; also existiert sie für einen Einfaltspinsel nicht. Ein Fisch kann die Schildkröte gar nicht nach dem Land fragen, weil es das Land für ihn nicht gibt. Wer die Freiheit nicht kennt, kann nicht nach ihr fragen. Und wer in seiner Ratio gefangen ist, kann nicht fragen, wie er Kausalketten umkehren kann. Da diese Frage undenkbar ist, kann und wird sie nicht gestellt werden.

Der dritte Geburtstag ist der erste, den meine Tochter Debora bewußt erlebt. Bald darauf habe ich Geburtstag, und sie fragt mich, ob ich auch drei Jahre alt werde. „Nein, ich bin ja älter als du", erkläre ich ihr. Da erhebt sie drei Finger ihrer rechten Hand und fügt einen vierten hinzu. „Wirst du so alt?" fragt sie. „Nein, noch älter", antworte ich. Nun spreizt sie alle fünf Finger der Hand und meint: „Aber so alt." Als das immer noch nicht genug ist, fällt es ihr schwer zu glauben, daß sie offenbar einen wirklich uralten Vater hat. Also geht es weiter mit einem sechsten Finger von der linken Hand, mit einem siebten, achten und neunten Finger, bis sämtliche Finger beider Hände im Einsatz sind. Aber ich muß sie sehr enttäuschen. „Ich bin noch viel, viel älter", sage ich. Ratlos schaut sie auf die zehn Finger ihrer beiden Hände – die biologische Basis des dekadischen Zahlensystems – und sagt: „Das geht doch gar nicht."

Weiter kann sie mit drei Jahren nicht fragen. Weiter können wir alle nicht fragen, nur unsere Finger haben sich vermehrt. Das aber ändert nichts daran, daß wir Dinge, nach denen wir fragen, zuvor gedacht haben müssen, und daß es Dinge, die wir nicht denken können, für uns nicht gibt. Es ist nicht der Bereich unseres Nichtwissens – den können wir erforschen, weil wir wissen, daß wir davon nichts wissen. Es ist der Bereich unseres Nichtseins. Durch Fragen, die wir bisher nicht gestellt haben, können wir unser Bewußtsein erweitern, unser Sein vergrößern, unsere Existenz erhöhen.

> Die Frage erschafft das, wonach gefragt wird, im Denken. Das Denken erschafft das, woran gedacht wird, in der Wirklichkeit. Indem wir nach etwas fragen, erdenken wir es und bringen es hervor. Wir erschaffen den Bereich unseres Nichtseins dadurch, daß uns unser Nichtwissen darüber bewußt wird.

Überregulierung stellt die Funktionstüchtigkeit in Frage und produziert den Zusammenbruch. Übervorsorge stellt die Gesundheit in Frage und produziert Krankheit. Überversicherung stellt die Sicherheit in Frage und produziert Unsicherheit. Überbehütung stellt die Eigenständigkeit in Frage und produziert Hilflosigkeit. Überkontrolle stellt die Ehrlichkeit in Frage und produziert Betrug. Überaktivität stellt den Erfolg in Frage und produziert das Scheitern. „Fragen sind Wege zu einer Antwort", sagt Martin Heidegger.

Im griechischen Drama werden die Helden immer Opfer des Schicksals, das sie durch alles Mühen in jeder Wendung der Handlung zu vermeiden trachten. In unserem Alltag spielen wir das griechische Drama seit 2 000 Jahren weiter, weil wir nicht hören wollen, wovon der Prophet Hiob berichtet: „Was ich gefürchtet habe, ist über mich gekommen, und was mich sorgte, hat mich getroffen."

„Machet Euch die Erde untertan", hat Gott uns aufgefordert. Die Übersetzung stammt nicht von ihm, und die Berechtigung zum Raubbau, die wir daraus ableiten, hätte anders gelautet. Was wir tun sollen, ist etwas anderes: Wir sollen das Gesetz des Handelns in die Hand nehmen, wir sollen Verantwortung übernehmen und die Wirkungen festlegen, die wir haben und mit deren Konsequenzen wir leben wollen. „Wir müssen die Abhängigkeit umkehren. Ich weiß nicht, wie es geht, aber ich will es, und deshalb wird es gehen", sagt Wolf Veyhl. Das ist Unternehmergeist, das ist Schöpfergeist.

Die von uns gewollten Wirkungen verwirklichen sich selbst und gestalten die Ursachen, die sie hierzu brauchen. Die Gesetze, nach denen dies funktioniert, sind uns vorgegeben, naturgegeben, wir können auch sagen kosmisch gegeben. Die Anfangsbedingungen, von denen aus diese Gesetze wirken, setzen wir bei jedem Schöpfungsakt selbst; sie sind das Werk des Unternehmers, der die Schöpfung vollbringen will.

Viele Menschen verstehen diesen Mechanismus nicht und meinen, sie können die Gesetze gestalten. Der Kommunismus will die Gesetze ändern, die das menschliche Verhalten steuern. Der Sozialstaat will die Gesetze ändern, nach denen Reichtum verteilt wird. Die Unternehmensstrategie will die Gesetze ändern, nach denen der Markt funktioniert. Die Unternehmensorganisation will die Gesetze ändern, die komplexe Systeme steuern. Die Führungslehre will die Gesetze ändern, unter denen Mitarbeiter Leistung bringen. Die Rezepturen haben hohe Wellen geschlagen, aber auf Dauer nicht viel bewirkt. *Business Reframing* ändert keine Gesetze, sondern unterwirft sich ihnen, arbeitet nicht gegen, sondern durch sie.

Es gibt Menschen, die nach dem letzten Schritt auf einen Abgrund zu noch einen weiteren Schritt tun, weil sie meinen, bei ihnen werde die Schwerkraft eine Ausnahme machen. Die Menschheit als Ganzes hat gerade diesen letzten Schritt getan und überlegt nun wohl noch, ob sie den allerletzten wagen kann. Das Gesetz kennt keine Ausnahme. Was wir da tun, sind alles Versuche, in den Teil der Schöpfung einzugreifen, der uns vorgegeben ist; und er zieht unsere Aufmerksamkeit von den Schöpfungsmöglichkeiten ab, die uns überlassen sind: die Gestaltung der Anfangsbedingungen für *unser* Werk.

Die Physik beschreibt die Anfangsbedingungen unseres Universums. Wäre dabei die Symmetrie zwischen Materie und Antimaterie nicht gelegentlich verletzt worden, wäre der Kosmos nicht entstanden. Hätte sich der Wasserstoff minimal langsamer in Helium umgewandelt, wäre das Universum überwiegend Wasserstoff geblieben; hätte er sich minimal schneller umgewandelt, wäre es überwiegend zu Helium geworden; in beiden Fällen hätten Sterne nicht entstehen können. Wäre die starke Wechselwirkung, welche die sich gegenseitig abstoßenden Protonen und Neutronen im Atomkern zusammenhält, minimal stärker, würden die Elementarteilchen aufeinanderstürzen. Die Masse unseres Sonnensystems hätte in einem Apfel Platz. Wäre die starke Wechselwirkung minimal schwächer, würden die Atomkerne auseinanderfliegen und Materie könnte sich nicht bilden. Gleiches gilt für die schwache Wechselwirkung, die die Elektronen auf ihrer Umlaufbahn um den Atomkern hält und sie weder auf ihn stürzen noch davonfliegen läßt. Wäre das Verhältnis von Elektronen- und Protonenmasse nur geringfügig anders, könnten komplexe Moleküle nicht entstehen.

Hätten sich nicht irgendwo sehr niedrige Temperaturen gebildet, die auf der Erde nur etwa 300 Grad Celsius über dem absoluten Nullpunkt liegen – nach oben geht die Skala um 100 Millionen Grad weiter –, wäre eine Chemie nicht entstanden, weil bei der Temperatur der Sterne die Atome vermutlich auseinandergerissen werden. Hätte die chemische Evolution nicht einen ganz bestimmten Verlauf genommen und auf der Erde den Salzgehalt der Meere mit genau dreieinhalb Prozent und den Sauerstoffgehalt der Atmosphäre mit genau 21 Prozent festgelegt, so wäre eine Biologie nicht möglich gewesen. Wäre der Atmosphäre nicht eine geringe Menge von Ammoniak beigemischt, so könnte sie die Tonnen von Salpetersäure, die bei einem Gewitter entstehen, nicht neutralisieren, und der Säuregehalt des Regens und der Böden wäre lebensfeindlich. Hätte die Ozonschicht in der Atmosphäre nicht genau die vorgegebene Konzentration, würde die kosmische Utraviolettstrahlung das Leben vernichten.

Hätte der überwiegende Teil der Erdoberfläche nicht seit Jahrmillionen die optimale Temperatur zwischen 15 und 35 Grad Celsius, so hätte höheres Leben sich nicht entwickeln können. Hätte die biologische Evolution unsere Körpertemperatur nicht auf 36,8 Grad

Celsius eingestellt, so wäre die notwendige konstante „Betriebstemperatur" für das menschliche Gehirn nicht gegeben und dieses Organ hätte sich nicht bilden können. Bei 36,8 Grad Celsius ist die molekulare Struktur des Wassers in seiner höchsten Labilität. Wasser schafft und erhält Leben, kodiert unsere Gene und trägt alle Materie. 67 Prozent der physischen Substanz unseres Körpers bestehen aus Wasser. 67 Prozent der physischen Substanz unseres Planeten bestehen aus Wasser.

Die „Gateway Events" (Anfangsbedingungen) umfassen vielleicht die Möglichkeiten vieler verschiedener Physiken, und es ist die Physik entstanden, die diesen Kosmos hat werden lassen. Die Physik umfaßt gewiß die Möglichkeiten vieler verschiedener Chemien, und es ist unsere Chemie entstanden. Die Chemie umfaßt eine praktisch unendliche Bandbreite an möglichen Biologien, und es ist unsere irdische biologische Evolution herausgekommen. Diese Biologie umfaßt eine große Zahl denkbarer Psychologien, und die Psychologie, nach der wir funktionieren, umfaßt wiederum eine ungeheuer große Zahl von Modellen, nach denen Menschen zusammenleben können; die wenigen aller möglichen Ausprägungen, die gelebt worden sind, werden – soweit bekannt – von der Geschichte beschrieben und von den Politik-, Rechts-, Wirtschafts-, und Sozialwissenschaften analysiert.

Die herrschende Lehre der Naturwissenschaften geht heute noch davon aus, daß die Weichenstellungen bei jeder Gabelung der kosmischen Evolution, die jeweils einen weiteren Entwicklungspfad wählt und eine Unzahl anderer auch möglicher Entwicklungspfade verwirft, zufällig sind. Danach wäre auch unsere Existenz auf einem kleinen Planeten, der aus den gleichen chemischen Elementen zusammengesetzt ist wie wir Menschen und um eine kleine Sonne am Rande der Milchstraße kreist, die zu einem kleinen Galaxienhaufen gehört, Ergebnis einer Kette von Zufällen. So lang muß diese Kette seine, daß ihr Ergebnis als unwahrscheinlich bezeichnet werden muß.

> Wenn der Schein der Wahrheit – der Irrtum – wahrscheinlich ist, deutet die Existenz des Unwahrscheinlichen auf die Wahrheit.

Die anthropische Schule der Kosmologie nimmt an, daß die Weichenstellungen in der kosmischen Evolution bewußt eingerichtet werden; daß alle physikalischen Konstanten, chemischen Reaktionen, geologischen und biologischen Prozesse präzise so eingestellt, alle Weichen gezielt so gestellt werden, daß sie das Ergebnis produzieren, das sich daraus ergeben soll. Einstein hat dieses Prinzip prägnant formuliert: „Gott würfelt nicht."

„That idea seems to me so ridiculous as to merit no further discussion" (Diese Vorstellung erscheint mir derart lächerlich, daß sie keine weitere Diskussion verdient); mit diesen Worten zertrampelt Murray Gell-Mann die zarten Pflänzchen der naturwissenschaftlichen Forschung, die als einzige überleben werden, und wirft die fällige Synthese von Physik und Metaphysik, von Rationalismus und Mystik um eine Generation zurück. „Es ist nämlich Unerzogenheit, keinen Blick zu haben dafür, mit Bezug worauf es nicht nötig ist, einen Beweis zu suchen, in bezug worauf dies nicht nötig ist", würde Heidegger das tadeln. Deutlicher: Wer keinen Blick hat für die Grenze zwischen dem, was beweisbar, und dem, was denkbar ist, ist unreif.

Die Burgen der kleinen roten Waldameise sind so groß, daß die Tierchen im Inneren an dem von ihnen selbst ausgeschiedenen Kohlendioxyd ersticken müßten. Die bautechnische Optimierung bewirkt aber nicht nur eine thermische Konvektion im Hausinneren, sondern auch konstante Luftfeuchtigkeit, Schutz vor Überschwemmung, vor Austrocknung und vor extremen heißen und kalten Außentemperaturen.

„Im Winter sind die Möwen in Woods Hall meine wichtigste Gesellschaft", erzählt Albert Szent-Györgyi. „Die Silbermöwen haben einen roten Fleck auf dem Schnabel. Dieser rote Fleck hat eine wichtige Bedeutung, denn die Möwe füttert ihre Jungen, indem sie Fische fängt und den gefangenen Fisch verschluckt. Wenn sie ins Nest zurückkehrt, klopfen die hungrigen Möwenjungen an den roten Fleck. Dadurch wird bei der Mutter ein Brechreiz ausgelöst, und das Junge nimmt den Fisch aus ihrem Kropf. Wie konnte sich ein solches System entwickeln? Der rote Fleck wäre sinnlos ohne den komplexen Nervenmechanismus des klopfenden Jungen und der erbrechenden

Mutter. Alles dieses mußte gleichzeitig entwickelt werden. Und die Wahrscheinlichkeit, daß es als zufällige Mutation geschah, ist gleich Null."

Auf einer Segeltour in der Karibik kommen wir an einem Schiffswrack vorbei, das fern jeder Insel auf flachem Grund aufgelaufen ist. Auf dem rostigen Deck liegen noch Scherben edlen Geschirrs, und an jeder Stelle des Wracks, wo der Rost tief genug ist, um winzigen Wurzeln Halt zu geben, breiten sich Gräser, Moos, Kakteen und andere Pflänzchen aus. In der Sierra Nevada gibt es blanke Felsblöcke, die so gewaltig sind, daß sich ein Teil Manhattans in ihnen verstecken könnte. Aus jedem winzigen Haarriß im Fels sprießen kleine Pflanzen, und aus jeder Ritze, in die sich eine Wurzel klemmen kann, wachsen vom Wind zersauste Sträucher und Bäume.

Wenn wir diesen unbändigen Existenzwillen des Lebens in den Kosmos übertragen, können wir annehmen, daß auf vielen der nach einer Hochrechnung von David Hughes vier Milliarden erdähnlichen Planeten der Milchstraße und denen in anderen Galaxien irgendwann einmal Leben entsteht, daß dies vielleicht der Sinn jedes Planeten ist, und daß es der Sinn jeder Sonne ist, irgendwann in ihrem Orbit höheres Leben werden zu lassen; daß das ganze Universum nur dafür explodiert und Leben der Sinn seiner Existenz ist. „Anzunehmen, die Erde sei der einzig bewohnte Himmelskörper, ist so absurd wie der Gedanke, daß auf einem mit Hirse besäten Feld nur ein einziges Saatkorn aufgeht", schreibt Metrodorus vor zweieinhalb Jahrtausenden. „Es ist erstaunlich, in welchem Maße die Natur auf Sicherheit bedacht ist und nicht auf Effizienz", berichtet Ernst Jünger von seiner Amazonasreise. Überlebenssicherheit ist die biologische Konstruktionsmaxime; vermutlich auch die kosmische; und ganz gewiß die unternehmerische.

Würden wir als Unternehmer alle Möglichkeiten errechnen oder ausprobieren, um diejenigen zu finden, die funktionieren und Ergebnisse produzieren, so würden wir uns nach Auffassung des „accidental materialism" (des Roulette spielenden Materialismus) – so will ich die Theorie nennen, die den kosmischen und den irdischen Entwicklungsprozeß mit Zufallsereignissen erklärt – evolutionsgerecht verhalten. Ein solches „evolutionäres Management" aber wäre tödlich.

Stellen Sie sich vor, Sie sind nicht in der Branche tätig, in der Sie arbeiten, sondern sind Langstreckenläufer von Beruf und nehmen an *dem* entscheidenden Wettrennen teil. Die Regeln sind brutal: Alle außer dem ersten Sieger werden getötet. Der Sieger erhält eine hohe Prämie: 100 Jahre lang, wenn er so lange will und kann, jeden Tag alles, was er braucht und was gut für ihn ist. Und stellen Sie sich weiter vor, daß Sie gegen eine Million trainierter Konkurrenten antreten und als erster durchs Ziel laufen. Sind Sie erleichtert, zufrieden und stolz? Ja, das können Sie sein. Neun Monate vor Ihrem Geburtstag haben Sie genau diesen Lauf gegen eine Million Mitbewerber gewonnen. Sie sind ein Sieger.

Stellen Sie sich weiter vor, daß Sie als Familienunternehmer alles einmal ausprobieren wollen. Eine Million Kinder schaffen Sie nicht. Oder daß Sie als kommerzieller Unternehmer alles einmal ausrechnen wollen. Wenn die natürliche Auslese jede mögliche Kombination der Gene von Algen erproben will, muß sie 10^{300} Kombinationen untersuchen, berichtet M. Mitchell Waldrop. Wenn jedes Elementarteilchen im Kosmos ein Supercomputer wäre, der seit dem Urknall nichts anderes berechnet hätte, gäbe es noch immer keine Lösung – für Algen.

Das bedeutet: als Mitschöpfer, als Unternehmer, können wir unserem Sein nur Sinn geben, indem wir die Anfangsbedingungen für unser Werk weder durch Probieren noch durch Berechnen finden, sondern durch die Verbindung mit einer Bewußtseinsebene, in der höhere Weisheit als die unsere gespeichert und abrufbar ist – durch Intuition.

Lateinisch „intueri" heißt hineinschauen. „Yogastah Kurn Karmani" (Gegründet im Sein handle) lautet die Sanskritweisheit, die sagt, wo hinein: gegründet in Ihrem eigenen Sein. Intuition heißt, in sich selbst hineinschauen, von einem aktiven zu einem rezeptiven Funktionsmodus umschalten, einen niedrigen Reizzustand der Nerven mit hoher Wachsamkeit kombinieren, vom Bewußtsein ins Unterbewußtsein abtauchen, in dem die Neuronen auf der sogenannten Alphafrequenz schwingen und die physisch ausgerichteten Persönlichkeitsmerkmale mit dem inneren Selbst verbinden. Je länger der Hebel, desto weniger wahrnehmbar ist seine Bewegung. „Auf den tieferen Ebenen werden die zum Interferenzmuster beitragenden Wellen zunehmend universaler", schreibt Philip Goldberg. Henry David Thoreau sagt es direkter: „Das Unbewußte des Menschen ist das Bewußtsein Gottes."

Mit dem Begriff „Sensitivität für schwache Signale" verdrängt die betriebswirtschaftliche Literatur, daß die erfolgreichen Unternehmer eher auf Conan Doyle hören als auf Erich Gutenberg: „Gibt es noch etwas, worüber ich Bescheid wissen sollte? Den merkwürdigen Vorfall mit dem Hund letzte Nacht?" fragt Sherlock Holmes. „Der Hund hat sich nicht gerührt letzte Nacht", beruhigt ihn sein Diener. „*Das* ist der merkwürdige Vorfall", sagt Sherlock Holmes.

Es gibt Verfahren, mit denen die Intelligenz von Menschen gemessen wird. Das Ergebnis dieser Tests ist der Intelligenzquotient. Über 100 ist ordentlich; für unter 100 muß man sich schämen. „Euch geht's gut, Ihr seid blöd", will Fritz Schallinger, einer meiner genialen Mathematiklehrer, das Urteil dieses Tests über uns einmal vorwegnehmen. Wir fragen ihn, wie er „blöd" definiert, woraus er sein Ergebnis ableitet und wie er es beweisen will. Da schmunzelt er und gibt zu, daß blöd wohl das Gegenteil von intelligent sei, daß er aber nicht wisse, wie intelligent definiert sei und daß es uns – nachdem wir so pfiffig gefragt haben – vielleicht doch nicht besser gehe als ihm. Später, als Student, erfahre ich, wie Intelligenz definiert ist: Intelligenz ist das, was der Intelligenztest mißt.

Eine für einen statistischen Schluß ausreichend große Grundgesamtheit erfolgreicher amerikanischer Spitzenmanager ist bereit gewesen, sich einem Intelligenztest zu unterziehen. Das Ergebnis ist erstaunlich: Die erfolgreichen Unternehmer sind nicht unterdurchschnittlich intelligent; sie sind aber auch nicht überdurchschnittlich intelligent. Durchschnitt sind sie bei diesem Test. Spitze sind sie nur bei den Bilanzen, die sie vorlegen. Zur Erklärung wird Roger Sperry bemüht: Die linke Hälfte unseres Gehirns ist primär zuständig für Sprache, Logik und Analyse – all das, was wir gern „Verstand" nennen. Die rechte Hälfte unseres Gehirns ist primär zuständig für nichtverbale Kommunikation, Gefühle und das Unterbewußte – all das, was wir gern „Intuition" nennen.

> Solange ein Vorfall „merkwürdig" ist, kümmert sich die rechte Gehirnhälfte darum. Sobald wir die Merkwürdigkeit verstanden haben, übernimmt ihn die linke Gehirnhälfte. Amateure hören Musik mit der rechten, professionelle Musiker mit der linken Gehirnhälfte.

Im Unternehmen können Dinge, die klar sind, analysiert und berechnet werden; sie sind Routine. Ein Unternehmer wird dann nicht mehr gebraucht. Die Harvard Business Review hat daraus eine wunderbare Schlagzeile getextet: „Plan left and decide right" (Planen Sie links, und entscheiden Sie rechts).

Dummheit ist, wie Intelligenz, auch links. Entscheidung, Unternehmertum ist rechts. Da der Intelligenztest überwiegend Fähigkeiten der linken Gehirnhälfte mißt, ist es kein Wunder, daß erfolgreiche Unternehmer nur durchschnittlich intelligent sind; ihre Stärken müssen rechts liegen.

Diese Einsicht hat zu einer weiteren Testserie mit den erfolgreichen Unternehmern und der Frage geführt: Sind ihre Gehirne rechtslastig? Die meisten von ihnen sind Männer, die damit die Ausnahmen bei ihrem Geschlecht wären – während die Gehirne der meisten Frauen rechtslastig sind, sind die der meisten Männer linkslastig. Margaret Thatcher hat diesen Tatbestand auf ihre Art gewürdigt: „Wenn Sie etwas erklärt haben wollen, fragen Sie einen Mann. Wenn Sie etwas erledigt haben wollen, fragen Sie eine Frau."

Das Ergebnis der zweiten Testreihe ist auch wieder erstaunlich: Die Gehirne der erfolgreichen männlichen Unternehmer sind entgegen der Mehrheit der Männer nicht linkslastig, und die Gehirne der erfolgreichen weiblichen Unternehmer sind entgegen der Mehrheit der Frauen nicht rechtslastig. Erfolgreiche Unternehmer beiderlei Geschlechts haben eine sehr ausgeglichene Gehirnaktivität mit einer ungewöhnlich starken Ausprägung des corpus callosum – des Balkens, der die beiden Hälften der Großhirnrinde miteinander verbindet, über den sie kommunizieren. Er enthält 200 Millionen Nervenfasern, von denen jede bis zu 1 000 Impulse pro Sekunde abgeben kann; das sind, wenn wir unser Potential ausnutzen, insgesamt 200 Milliarden Informationen pro Sekunde, die Intuition mit Ratio abgleichen.

Merkwürdige Vorfälle werden also aufmerksam registriert, emotional betastet, berochen, geschmeckt und dann erst mit dem Verstand gefiltert und bewertet. Cerebrales Gleichgewicht ist sicher auch in der Politik das hervorstechende Merkmal großer Führerpersönlichkeiten und außergewöhnliche Intelligenz – wie bei den großen Unternehmern – wohl eher kontraproduktiv. Wer sehr intelligent ist, spricht nicht die Sprache des Volkes, dem Martin Luther „aufs Maul geschaut" hat, und kann deshalb nicht mit ihm reden, ihm seine Entscheidungen nicht vermitteln, kommt nicht an. Oft kann er auch gar nicht entscheiden. Mein Statistiklehrer an der Universität, ein bedeutender Ordinarius der Mathematik, ist mehrfach durch die Fahrprüfung gefallen, bevor er es hat aufgeben müssen. Seinen Berechnungen ist jedesmal ein anderes Fahrzeug – oder der Fahrlehrer mit der Notbremse – zuvorgekommen.

Konrad Adenauer hat – Linguisten haben das herausgefunden – einen aktiven Wortschatz von 400 Wörtern gehabt; jeder mittlere Schulabgänger hat um die 2 000. Als ihm aber die Vertreter der Siegermächte des Zweiten Weltkriegs die Urkunden zur Anerkennung eines westdeutschen Staates überreichen wollen und er auf einen Teppich zugeht, auf dessen Kante ihn die hohen Herren aufgereiht erwarten, bleibt er nicht auf dem Holzfußboden vor ihnen stehen, sondern geht auf dem Teppich um die Sieger herum, die sich umdrehen müssen, um ihn – nun auch mit Teppichunterlage – ebenbürtig zu begrüßen.

Alle Analysen seiner Berater sprechen dagegen, McDonald's zu kaufen. Ray Kroc berichtet, was er nach der Besprechung getan hat: „Ich habe die Tür zu meinem Büro geschlossen", die in Amerika sonst immer offen steht, „bin fluchend hin und her gerannt, habe Gegenstände aus dem Fenster geworfen und dann meinen Anwalt angerufen und ihm gesagt: Kaufen! Ich hatte es in den Knochen."

Otto Loewi ist es jahrelang nicht gelungen, die Rolle der Chemie bei der Übermittlung von Nervenimpulsen zu beweisen. Dann berichtet er von einer Nacht: „Ich erwache, schalte das Licht ein, kritzele ein paar Worte auf ein Stück Papier und schlafe wieder ein. In der Frühe geht mir auf, daß ich während der Nacht etwas sehr Wichtiges notiert habe, doch ich bin nicht imstande, mein Gekritzel zu lesen. In der nächsten Nacht gegen drei kommt die Idee wieder. Es ist der Entwurf eines Experiments." Die Entdeckung, die sich daraus ergibt – eines der klarsten, einfachsten und prägnantesten Experimente in der Geschichte der Biochemie – wird mit dem Nobelpreis ausgezeichnet.

Das berühmteste „Heureka" (altgriechisch: ich habe es gefunden) ist das des antiken Mathematikers Archimedes. Sein König will wissen, ob eine ihm geschenkte Krone aus massivem Gold oder nur vergoldet ist. Die Waage zeigt das Gewicht der Krone an. Das spezifische Gewicht von Gold ist bekannt. Um die Frage zu beantworten, muß man das Volumen kennen. Dies von einem so komplizierten Gebilde auszurechnen, ist selbst Archimedes nicht möglich. Die „zündende" Idee kommt ihm – kommt *zu* ihm – als er in die Badewanne steigt und beobachtet, wie sich dadurch der Wasserpegel erhöht. Mit dieser Technik erhält er das Volumen der Krone und kann die Frage des Königs beantworten.

Mozart berichtet, daß er die Musikstücke, die er komponiert, bevor er sie niederschreibt, hört, und zwar nicht vom Anfang bis zum Schluß wie wir im Konzertsaal, sondern das ganze Stück gleichzeitig, in einem einzigen Augenblick. Rossini liegt beim Komponieren im Bett, kritzelt seine Blätter so schnell voll, wie die Feder nur über das Papier gleiten kann, und wirft sie auf den Boden. Seine Helfer müssen das geschmierte Chaos aufsammeln und die Mosaikstücke zusammensetzen. Als Bach gefragt wird, woher er seine Melodien nehme, sagt er: „Das Problem ist nicht, sie zu finden; das Problem ist, nicht auf sie zu treten." Als Michelangelos Skulpturen bewundert werden, wiegelt er ab: „Die Figuren sind schon im Stein. Ich muß nur noch abtragen, was nicht dazu gehört."

Der Unternehmer, der mit dem Verstand allein regiert, tut das, was in der Unternehmensstrategie als optimal gepriesen wird: er kontrolliert sein Umfeld und gestaltet es nach seinen Bedürfnissen. So sind die Planungs- und Kontrollinstrumentarien entstanden; so wird Lobbying (das Herumschwänzeln um die Mächtigen) getrieben; unter diesem Gesichtspunkt ist Macht effizient.

> Fernab jedes Konsenses ist Macht die einzige Möglichkeit, zu einer Entscheidung zu kommen. Gefräßigkeit setzt Effizienz mit Intoleranz gleich.

Auf dieser linkslastigen rationalen Basis entstehen auch all die wunderbaren Voraussagen über das, was die Zukunft bringt. „Wir werden die Sahara mit so viel Regen versorgen, daß sie wieder bewohnbar wird", sagt der Physiker Hermann Oberth im Jahre 1963. Mit gewaltigen Spiegeln im Weltall will er Landstriche künstlich erwärmen und dadurch Winde, Tiefdruckgebiete und Regen steuern. „Wir können bis 1984 unsere Lebensmittel ohne Tiere und Pflanzen in chemischen Fabriken herstellen", meint der Biologe C. H. Waddington 1964. „Spätestens 1980 werden Tausende von Menschen in gigantischen Weltraumstädten wohnen", meint der Physiker Gerald K. O'Neill 1957. Der Babymond des Ingenieurs Darrell C. Romick hat nach dreieinhalb Jahren Bauzeit fertig sein sollen. „Wir werden das Erbgut von Affen so verändern, daß sie als Erntearbeiter einsetzbar sind; das der Vögel so, daß sie Früchte sortieren können", meint der Psychologe Burrhus F. Skinner. „Im Jahre 2050 wird die Lebenserwartung des Menschen auf 130 Jahre gestiegen sein; der Mensch wird die Baupläne von Zellen kennen und beschädigte Organe nachwachsen lassen", meinen maßgebliche Mediziner um 1960.

Fünf Jahre später berichtet Nigel Calder im „New Scientist", daß der Gütertransport auf den Weltmeeren spätestens 1985 von atomgetriebenen U-Booten besorgt wird, unangefochten von Stürmen und Seegang. Olaf Helmer von der kalifornischen Denkfabrik „Rand Corporation" geht zur gleichen Zeit davon aus, daß bis 1990 nicht nur der Mond, sondern auch der Mars besiedelt wird. IBM geht 1950 davon aus, daß es in den Vereinigten Staaten niemals mehr als 18 Computer geben wird. Digital Equipment – Wegbereiter der dezentralisierten Datenverarbeitung – sieht 1977 keinen Grund, weshalb Kunden jemals einen Computer zu Hause haben sollten. Im Jahre 1900 schätzt Daimler-Benz den Weltmarkt für Autos langfristig auf eine Million, weil mehr geeignete Chauffeure nicht verfügbar sein werden.

Die Entwicklung der Mikroelektronik, der Informations- und Kommunikationstechnik, die unsere Welt tatsächlich aus den Angeln gehoben hat, die Begrenztheit der Rohstoffe, die ökologische Frage, die Auflösung des Ostblocks und den wieder auferstehenden Regionalismus hat kein Futurologe vorausgesehen.

Unser Denken um Zukünftiges ist notwendig immer in der Gegenwart verhaftet. Die Zukunftsforscher haben drei Dinge nicht bedacht:

Zum einen hat die Wissenschaft die Materie bis zu Quarks und Strings zerlegt, aber keinem der „dummen" und identischen elementaren Bausteine, aus denen alle Materie zusammengesetzt ist, Leben zuordnen können. Und zum zweiten ist diese Technik dabei, dem Menschen das Leben zu nehmen, ihn zu einem Roboter zu machen. Karel Capek hat das tschechische Wort Roboter (Sklave) im Jahre 1921 in einem Bühnenstück eingeführt. Die Technik gehört nicht uns, wir gehören der Technik und werden von ihr aufgefressen. Und zum dritten läßt sich die Zukunft nicht aus der Gegenwart ableiten. Hätte man 1870 die Zunahme von Pferdemist in Paris extrapoliert, wäre die Stadt heute unter einer fünf Meter dicken Mistschicht begraben.

Nur demjenigen Unternehmer gehört sein Unternehmen, der mit seinem gesamten neuronalen Potential regiert. Für ihn ist die Zeit der Fluß, an dem er angeln geht. Und da wir nie zweimal an dem gleichen Fluß angeln können – jedesmal fließt anderes Wasser darin –, müssen wir mit dem Fluß leben, das heißt, uns mit ihm wandeln. Wer lange lebt, muß viele Veränderungen mitmachen, und wer das nicht will, lebt nicht lange. Wir können nur solche Veränderungen erleben, die wir ertragen können; die, die wir nicht mehr ertragen können, töten uns. Ein chinesisches Sprichwort drückt es so aus: „Der Wind wird, was erstarrt ist, zu Sand zermahlen und hinwegwehen."

Offen für die Eindrücke von außen und von innen, beide über den corpus callosum abgleichen und auf den ersten Blick durchschauen – das ist unternehmerische Kunst. Der wohl erfolgreichste Samurai, Miyamoto Musashi, formuliert sie im Jahre 1643 in drei Grundsätzen:

▶ Halte dich nicht mit nutzlosen Beschäftigungen auf.

▶ Vernachlässige nie deine Aufmerksamkeit auch gegenüber den kleinsten Dingen.

▶ Bemühe dich, das Wesen auch dessen zu erkennen, was unsichtbar bleibt.

Wer so lebt, wird zu dem, was die Chaosmathematik „Attraktor" nennt, zu dem, wohin in einer nichtlinearen Welt alles strebt, was alle

Bahnen anzuziehen scheint und das System gleichsam in sich hineinsaugt. Turbulenzen entstehen, weil alle Elemente eines Ganzen voneinander abhängen und die vielen Rückkoppelungen immer neue Elemente hervorbringen. Bei Turbulenzen entstehen in großem Abstand vom Gleichgewicht dissipative Strukturen, die ihre Identität nur dadurch behalten können, daß sie Strömungen und Einflüsse aus ihrer Umgebung in sich aufnehmen – von außen und von innen.

Der Attraktor repräsentiert die Grundschwingung des Systems, er baut um sich ein Feld auf, das sich wegen seiner Attraktivität auf seine Umgebung überträgt und sie in seiner Frequenz schwingen, erklingen läßt. Dies erklärt, warum wir in verschiedenen Umgebungen verschieden denken, uns anders verhalten, anders sind. Trotzdem beherrscht der Attraktor das System nicht. Es ist ein iterativer Prozeß, bei dem jeder von jedem beeinflußt wird. Der Attraktor saugt alle Strömungen auf und integriert sie in sein Schwingungsfeld. Große Politiker, große Führer, große Unternehmer sind immer Attraktoren, denn „das Geheimnis der großen Politik ist", wie Johann Gottlieb Fichte sagt, „einfach dem Ausdruck zu geben, was ist."

Ein Attraktor ist ein Neuronenkraftwerk. Sein Klang bannt das System im Einklang mit den Gesetzen einer Zivilisation, die nach dem durch *Business Reframing* ausgelösten Evolutionssprung höher entwickelt ist als die unsere heute; die einen Einklang herstellt zwischen dem neuronalen Feld des eigenen Unternehmens und der Menschheit, ihrer Dichtung und ihrer Philosophie, ihrer Religion und ihrer Wissenschaft; die in diesem Einklang die Menschheit zu einer Einheit verschmelzen läßt.

> Das Maß für die Absorptionsfähigkeit von Veränderungen heißt Toleranz; sie ist offen für das, was anders ist und ehrt Unterschiede, statt sie zu fürchten. Weil Toleranz Veränderungen absorbiert, statt sie zu bekämpfen, ist sie auch ein Maß für Überlebensfähigkeit.

Diese neue überlebensfähige Welt – und ich darf ein Wort von James P. Womack übernehmen – „wird völlig anders und sehr viel besser sein." Diese Welt schwingt nicht gegen die Natur, sondern mit ihr und dem Kosmos, in den sie eingebettet ist. Diese Welt ersetzt Macht durch

Liebe, Strategie durch Schwingung, Kampf durch Klang, Zoff durch Zauberei. Und Johann Wolfgang Goethe beschreibt sie so: „Da fassen Geister, würdig, tief zu schauen, zum Grenzenlosen grenzenlos Vertrauen."

Verwurzelt im eigenen Unbewußten und damit im Bewußtsein Gottes, werden wir zu verantwortungsvollen Schöpfern. Unsere Wirklichkeit ist eine Funktion unseres Denkens; unser Denken ist eine Funktion unserer Sprache, und unsere Sprache ist eine Funktion unserer Kommunikation. Diese neuronalen Kraft, welche die Welt aus Über-Zeugung – einer Zeugung höheren Grades – in Schwingung versetzt, verleiht der Komplexität die Einfachheit eines Samenkorns und der Relativität von Sein und Zeit eine Hebelkraft, die uns alle – so wie diese junge Dame – entrückt, beglückt, verzückt:

**Ramona Picht
ist sehr diskret
und schneller als Licht,
wenn es schon spät.
Und sie geht aus
in einer Nacht
und kommt nach Haus
am Vortag um acht.**

10 Visionen sind stärker als Dynamit

„Der König von Großbritannien hat die Rechtsprechung behindert. Er hat Richter von seinem Willen abhängig gemacht. Er hat eine Vielzahl neuer Verwaltungen eingerichtet und Schwärme von Beamten entsandt, um unser Volk zu schikanieren und sein Vermögen zu verzehren. Er hat unsere Meere geplündert, unsere Küsten verwüstet, unsere Städte verbrannt und das Leben unseres Volkes zerstört.

Wir, das Volk der Vereinigten Staaten von Amerika, verfügen und errichten diese Verfassung, um eine vollkommene Union zu bilden, Gerechtigkeit zu schaffen, in innerem Frieden zu leben, eine gemeinsame Verteidigung zu ermöglichen, den allgemeinen Wohlstand zu fördern und die Segnungen der Freiheit für uns und unsere Nachkommen zu sichern.

Wir glauben, daß alle Menschen gleich geschaffen sind, daß sie von ihrem Schöpfer mit unveräußerlichen Rechten wie Leben, Freiheit und dem Streben nach Glück ausgestattet sind. Im festen Glauben an den Schutz der göttlichen Vorsehung verbürgen wir einander unser Leben, unser Vermögen und unsere geheiligte Ehre."

Das ist – ich habe verkürzt zitiert – eine starke Vision von Verfassungsvätern. „Im Anfang war das Wort", definiert der Apostel Johannes den Urknall – ganz so wie bei der amerikanischen Verfassung. Das Wort des Schöpfers oder der Schöpfer produziert die Gedanken, die neuronalen Felder, welche die Realität schaffen. Schöpfungsgeschichten sind Parabeln, die das Sein so darstellen, daß es vom Bewußtseinszustand ihrer Kultur aufgenommen werden kann. Die Schöpfungsgeschichte unserer Physik ist auch eine solche Parabel, mehr nicht; sie schildert uns die Geschichte bis dahin, „wo der wissenschaftliche Straßenbau gerade sein vorläufiges Ende gefunden hat", wie Carl Gustav Jung es ausdrückt. Die Ontologie Ludwig

Wittgensteins, die das Sein aus dem Denken und das Denken aus der Sprache ableitet, ist der Religion so nahe wie der Physik. „Und Gott sprach:" berichtet der Prophet Moses, „Es werde Licht! Und es ward Licht."

„Vor dem Gesetz steht ein Türhüter", schreibt Franz Kafka und erklärt, daß dies nur der unterste Türhüter ist, von Pforte zu Pforte aber neue Türhüter stehen. „Schon den Anblick des dritten kann nicht einmal ich mehr vertragen", sagt der unterste Türhüter.

Und jetzt denken Sie bitte nicht mehr an die amerikanische Verfassung und nicht mehr an Kafka, sondern an *Business Reframing*, das ist handfester; Sie haben es in Ihren Händen. Stellen Sie sich vor, daß dieses Buch sich plötzlich vor Ihren Augen vergrößert, ausdehnt und den ganzen Raum ausfüllt, in dem Sie es gerade lesen. Das Buch dehnt sich noch weiter aus und füllt das ganze Haus aus, schließlich den ganzen Ort, in dem das Haus steht, die ganze Region, das ganze Land, den ganzen Kontinent, die ganze Erde, unser Sonnensystem, die Milchstraße, den Galaxienhaufen, mit dem die Milchstraße sich synchron bewegt und – das gesamte Universum. Können Sie sehen, daß dann zwischen dem Buch und dem Universum kein Unterschied mehr ist; daß dieses Buch das Universum ist; daß – entsprechend der „hermetischen" Weisheit des Hermes Trimogesimus – „Alles in Einem und das Eine in Allem" ist?

> ▶ Wenn Sie sich mit einer Vision identifizieren, mit ihr identisch sind, dann sind Sie kein Paket aus Fleisch, Knochen und Eitelkeit mehr, dann sind Sie Ihre Vision. Ihre Vision sprengt die Grenzen Ihres Körpers und macht Sie größer als Ihren Körper. Wie groß Sie sind und wie lange Sie so groß bleiben, hängt von der Größe und der Kraft Ihrer Vision ab.

Die Vision ist umfassender, weiter, weniger dicht als der Körper; sie schwingt höher und beherrscht, wenn sie groß ist, viele Körper, viele Gehirne, bestimmt deren Denken und Handeln; ganz so wie unser Denken, wenn es groß ist, die nicht denkende Materie, die dichter ist und tiefer schwingt, beherrscht und gestaltet. Die Visionen großer Unternehmer tragen ein Weltunternehmen 100 Jahre lang. Die Visionen großer Verfassungsväter tragen eine Weltmacht mehrere Jahrhunderte. Die Visionen großer Religionsschöpfer tragen ihre Anhänger Jahrtausende. Die Vision Gottes trägt das für uns erkennbare Universum Milliarden Milliarden Jahre.

Wenn die Religion von einem Himmel spricht, der oben ist, so meint sie damit nicht die blaue Atmosphäre, die die Erde umgibt und deshalb sowohl oben als auch unten ist; sie meint damit keine „himmlische" Galaxie irgendwo in der Weite des Alls, sondern eine höhere Frequenz, die die tieferen Schwingungen überlagert. Und wenn die Religion von einer Hölle spricht, die unten ist, so meint sie damit nicht den glühenden Kern unseres Planeten, sondern eine tiefere Frequenz, welche sich in dem gleichen Raum befindet. „Hoch" assoziieren wir mit hell und „tief" mit dunkel. Beides, das himmlische Licht und die höllische Finsternis, ist hier. Und wo wir uns befinden, hängt von dem Feld ab, das wir um uns bilden. Es liegt an uns, so zu denken, so zu sein, so auszustrahlen, daß da, wo wir sind, oben ist.

Bei Heiligen wird das phosphoreszierende Leuchten in der unmittelbaren Umgebung des Körpers mit einem Heiligenschein dargestellt; er symbolisiert ein Feld, das jeden Menschen umgibt, aber nicht bei jedem heilig ist und das mit einem von dem russischen Ingenieurehepaar Kirlian entwickelten und nach ihm Kirlian-Fotografie benannten Verfahren farbig aufgenommen und reproduziert werden kann. Haß und Liebe, Leiden und Freuden, Schwächen und Kräfte werden dort sichtbar. Danielle Matarasso kann in entspanntem Zustand diese „Aura" der Menschen sehen; sie kann sehen, wie heilig oder wie unheilvoll sie sind. Nicht nur Frauen, deren Frequenzbandbreite bis in den „Himmel" reicht, Göttinnen können das auch.

Die Aura spiegelt denjenigen Teil unseres neuronalen Schwingungsfeldes, der in Gefühlen verankert ist. Gefühle sind die Wurzeln unserer Sprache, unseres Denkens, unserer Realität und laden diese auf. Auf einer höheren Bewußtseins- oder Schwingungsebene sind sie nicht geheim, sondern immer sofort sichtbar, weil sie sich auf dieser Ebene sofort verwirklichen. Sprache, Denken und unsere physische Realität sind Ausdrucksmittel unserer Gefühle; nur das Material, aus dem diese Realität besteht, ist verschieden.

Die physischen Formen sind eine Tarnung, und unsere fünf Sinne sind auf die Wahrnehmung dieser Tarnung spezialisiert und sehen die Wirklichkeit hinter ihr nicht. „Meinst du wohl, daß dergleichen Menschen von sich selbst und von einander je etwas anderes gesehen haben als die Schatten, welche das Feuer auf die ihnen gegenüberstehende Wand der Höhle wirft?" umschreibt Platon unsere materialistische Illusion. Diese höhere und umfassendere Wirklichkeit können wir uns als elektromagnetische oder thermische Realität vorstellen, in der jeder Gedanke augenblicklich so sichtbar ist wie unsere wechselnde Kleidung; in der die Stärke eines Gefühls die Intensität der Kommunikation bestimmt; in der telepathische Kräfte wirken und das ver*wirk*lichen – be*wirken* –, was sie fühlen.

Die Wurzeln der neuronalen Felder, in denen wir schwingen, sind die Gefühle derjenigen Menschen, die diese Felder am stärksten prägen oder geprägt haben. Jeder, der in einem Feld „schwimmt", beeinflußt es mit und verursacht kleine Wellen. Viele Leute verursachen Wellensalat, manche auch einen grauenvollen Wellensalat. Andere verursachen eine stetige Brandung und wieder andere Strumfluten oder Gezeiten. In solcher Gestaltungskraft liegt die Aufgabe des homo sapiens. „Das Zweifeln macht Menschen, das heißt Kinder des Elends; der Glaube aber macht Gotteskinder und Wundertäter", sagt Martin Luther dazu, und Friedrich Schleiermacher: „Das ist des Menschen Ruhm, zu wissen, daß sein Ziel unendlich ist."

Diejenigen, die das wissen, sind die kraftvollen Visionäre, die großen Unternehmer, die Transformatoren der Energien zwischen den Welten, deren Gefühle überkommene Vorstellungen sprengen, deren Glaube Berge versetzt, deren Denken die Welt nach ihren Bildern gestaltet und deren Taten eine neue physische Realität schaffen. „Nichts ist der Ruhm, die Tat ist alles", beschreibt Goethe sie; das Plagiat von Karl Marx sollten wir nicht mehr zitieren.

„Panta rhei" (alles ist im Fluß) erkennt Heraklit aus Ephesos. Alles, was wir als Schöpfung erkennen, auch alle Materie, ist Schwingung in einem bestimmten Frequenzbereich. Alles, was ist, existiert nur durch seinen „Fluß", durch seine Schwingung. Würden die Anziehungskräfte des Atomkerns und der Elektronen nicht durch die Fliehkraft ihrer Bewegung im Gleichgewicht gehalten, stürzten sie aufeinander und es wäre nichts mehr. Es sind nicht die Elementarteilchen, aus denen Materie besteht, es ist deren Bewegung.

Der Durchmesser eines Atoms mißt etwa einen millionstel Millimeter. Wenn wir den Kern des Atoms auf eine Murmel mit einem Durchmesser von einem Zentimeter vergrößern, entspricht die Größe der Elektronen einem Sandkorn, das im Abstand von 100 Metern mit annähernder Lichtgeschwindigkeit um den Atomkern rast. Das ist wie ein Propeller oder Ventilator, der, sobald er sich mit Lichtgeschwindigkeit dreht, für uns als feste Scheibe zu sehen ist. Die Bewegung produziert die Illusion der Festigkeit, die uns zu umgeben scheint.

Ein Gegenstand mit mittlerer Umdrehungsgeschwindigkeit – ein Flugzeugpropeller oder Ventilator – ist für uns unsichtbar wie das, was die Physik „dunkle Materie" nennt. Dunkle Materie ist Materie in einem anderen Schwingungsbereich als dem, der von unseren Frequenzen aus zugänglich, beobachtbar, erfaßbar ist.

„Unser" Universum baut seine „wave function" (Wellenfunktion), wie Stephen Hawking es nennt, in dem gleichen leeren Raum auf wie das Universum aus dunkler Materie. Beide koexistieren sehr ähnlich, wie verschiedene biologische Arten, die nebeneinander den gleichen Lebensraum bewohnen und sich gegenseitig nicht beeinträchtigen, weil – das ist die Definition einer Art und ihr Unterscheidungsmerkmal – eine natürliche genetische Verbindung zwischen ihnen nicht möglich ist. Die Bibel sagt „und er erkannte sie", wenn zwei Menschen sich genetisch verbinden, sich fortpflanzen. Die Universen in für uns unzugänglichen Frequenzen sind für uns nicht „erkennbar", also von anderer kosmischer „Art" als unser Universum. Deshalb können sie im gleichen „Lebensraum" koexistieren.

Der Physiker Hugh Everett spricht von vielen Welten, „that are all equally real" (die alle gleichermaßen real sind), und streicht dabei den Begriff der Wahrscheinlichkeit aus seinem Wortschatz. Seine Fachkollegen, die das nicht verstehen, interpretieren dies als „many histories, all treated alike by the theory except for their different probabilities" (viele theoretisch gleichwertige Abläufe, allerdings mit unterschiedlichen Wahrscheinlichkeiten), so Murray Gell-Mann. Everett kann sich posthum gegen diese Verfälschung nicht mehr wehren.

Das Maß für Frequenz ist nach Heinrich Rudolf Hertz benannt; es mißt die Zahl der Schwingungen pro Sekunde. Unser Gehör erfaßt Schallwellen von 40 bis 14 000 Hertz. Elefanten haben eine tiefere, Mäuse eine höhere akustische Frequenzspanne. Schallfrequenzen, die wir nicht hören, sind gleichermaßen real. Unsere Augen sehen Licht in einem sehr schmalen Frequenzband zwischen 10^{14} und 10^{15} Hertz. Das tiefere ultrarote und das höhere ultraviolette Strahlenspektrum sehen wir nicht, aber es ist gleichermaßen real. Das Spektrum elektromagnetischer Wellen, die wir weder hören noch sehen, aber mit Antennen empfangen und manchmal körperlich empfinden können, ist nicht begrenzt; ihre Realität ist von der Wahrnehmung unserer Technik und unserer Sinne unabhängig.

> Die Kräfte im Kosmos wirken unabhängig davon, ob wir sie mit unseren Sinnen oder unserer Technik erkannt haben, jemals erkennen werden oder überhaupt erkennen können.

Der physikalische Mechanismus, mit dem sich neuronale Felder ausbreiten, mit dem Gefühle und Gedanken übertragen werden, ist nicht erforscht. Entweder sind es noch unbekannte Elementarteilchen oder bereits bekannte: Neutrinos, die mit annähernder Lichtgeschwindigkeit ihre Bahnen ziehen. Neutrinos sind „freie" Elektronen, die sich von der elektromagnetischen Kraft und von der nuklearen Wechselwirkung – und damit von einem Atomkern – befreit haben. Würde ein Neutrinostrahl durch einen Bleiklotz von einem Lichtjahr Dicke hindurchschießen, bliebe lediglich jedes tausendste Teilchen darin stecken. Natürlich sind Planeten, Sonnen und alle anderen Klötze für diese Teilchen kein Hindernis. „Unser" leeres Weltall ist ein „Elementarteilchensee", der in jedem Kubikzentimeter 200 Neutrinos enthält.

Die Energie eines Atomkerns, seine Kernenergie, entspricht, wenn sie freigesetzt wird, 25 000 000 000 Kilowattstunden. Die Neutrinoenergie ist schon „befreit", und ihre Hebelwirkung, wenn sie durch Gefühle und Gedanken auf eine Vision ausgerichtet wird, ist stärker und dauerhafter. Neutrinos reisen für immer durch den Kosmos, hören also nie auf, unsere Gefühle, Gedanken und Visionen dort zu verbreiten, wo sie auf Resonanz stoßen.

Diese Resonanz nennt die antike Philosophie „sympatheia ton holon" (Gleichklang mit dem Ganzen); Platon nennt sie „eide" (Gestalten), deren „eidola" (Schatten) die von uns wahrgenommene Realität bilden; Hippokrates von Chios „conflatio" (Zusammenfließen); die mittelalterlich Naturphilosophie nennt sie „correspondentia" (Entsprechung); Johannes Kepler „angeborene Ideen"; Gottfried Wilhelm Leibniz „Synchronismus"; Immanuel Kant „intellectus archetypus" (der eingepflanzte Intellekt); Arthur Schopenhauer „prima causa" (Ur-Sache); Niels Bohr „Korrespondenz"; Carl Gustav Jung „Synchronizität"; die deutsche Sprache „Wellenlänge" und die englische „chemistry" (Chemie).

„Nur mit dem Herzen kann man sehen", umschreibt es Antoine de Saint-Exupéry, und Konfuzius folgert: „Meine ganze Lehre, in einem Satz zusammengefaßt, ist: Laß nichts Böses in deinen Gedanken sein."

Schauen Sie erneut dieses Buch an, aber nicht diese Seite, sondern das Buch als Ganzes, als „holon", holistisch. Jetzt stellen Sie sich vor, daß es vor Ihren Augen so klein wird wie Ihr Daumen; dann noch kleiner, so wie ein Neuron Ihres Gehirns, wie ein Atom, wie ein Atomkern und schließlich wie ein Neutrino; aber trotzdem ist es immer noch das ganze Buch mit seinem gesamten Inhalt. Wir haben gesehen, daß es mit dem Universum identisch sein kann. Jetzt haben wir das Bewußtsein des Universums in einem einzigen Neutrino konzentriert.

In jeder Sekunde jagen Millionen von Neutrinos durch unseren Körper, durch unser Gehirn und hinterlassen dort ihre Spuren, wenn diese mit unserer neuronalen Schwingung synchron sind. Und in jeder Sekunde laden wir diese gleichen Millionen von Neutrinos auf, stimmen sie nach unserer Frequenz und schicken sie auf ihre Bahnen um und durch die Erde und andere Himmelskörper in die Weiten des Alls.

Stimmgabeln können nur ihre Eigenschwingung „hören", andere Frequenzen existieren für sie nicht. Klangkörper können in einer Bandbreite von Frequenzen schwingen und ihre Schwingung ausbreiten. Gefühle und Gedanken, die Neutrinos aufladen, bestimmen das Frequenzband der Klangkörper, die im Kosmos nicht diejenigen Kräfte ertönen lassen, die sie aufladen möchten, sondern diejenigen

Kräfte, die ihnen entsprechen, die so sind wie sie, mit denen sie harmonieren.

Neutrinos sind die Elementarteilchen, mit denen der Zu-fall auf die Menschen zufällt, sich auf diejenigen zubewegt, die mit dem Ereignis, das sie trifft, synchron schwingen; es sind die Elementarteilchen, mit denen Ein-fälle bei den Menschen einfallen, welche sie anziehen; es sind die Elementarteilchen, die den Menschen ein-leuchten, denen das einleuchtet, womit sie synchron schwingen; es sind die Elementarteilchen, die Intuitionen an diejenigen Menschen übertragen, die ihre Antennen auf *diese* Frequenz eingestellt haben; es sind die Elementarteilchen, die Goethe ahnt, wenn er sagt: „Wir haben alle etwas von elektrischen und magnetischen Kräften in uns und üben wie ein Magnet selber eine anziehende und abstoßende Gewalt aus, je nachdem ob wir mit etwas Gleichem oder Ungleichem in Berührung kommen."

Neutrinos können als „Blitze" mehrere Menschen gleichzeitig anregen und so die berühmten Koinzidenzen auslösen: neue Ideen, Erfindungen, Patente, die „in der Luft liegen" und deshalb von mehreren Menschen unabhängig voneinander zur gleichen Zeit entwickelt werden. Die Null wird in Indien und im Reich der klassischen Maya gleichzeitig eingeführt. Das Telefon wird von Philipp Reis und von Graham Bell gleichzeitig erfunden. Das dynamoelektrische Prinzip wird von Werner Siemens und von Charles Wheatstone gleichzeitig ausgearbeitet. Der erste Halbleiterschaltkreis wird von Jack Kilby und von Robert Noyce gleichzeitig realisiert. Der Aidsvirus wird von Jean-Luc Montagnier und von Robert Gallo gleichzeitig entdeckt.

Ein weiteres Elementarteilchen neben dem Elektron ist das Photon. Photonen haben eine Präferenz für identische Zustände; wir können sagen, sie sind „Herdentierchen", die sich durch „**L**ight **a**mplification by **s**timulated **e**mission of **r**adiation" — *Laser* — (Verstärkung von Licht durch stimulierte Strahlenemission) mit identischer Geschwindigkeit in die gleiche Richtung bewegen und so den Laserstrahl bilden, der medizinische Operationen durchführen, Raketen in der Luft sprengen und Stahl zerschneiden kann. In der Lasertechnik müssen nur etwa sieben Prozent der Photonen auf ein Ziel ausgerichtet sein, um ein Feld zu bilden, aus dem die übrigen 93 Prozent nicht ausbrechen können.

Bei sozialen Feldeffekten müssen nur etwa sieben Prozent der Menschen auf ein Ziel ausgerichtet sein, um ein Feld zu bilden, aus dem die übrigen 93 Prozent nicht ausbrechen können. Die 93 Prozent sind „Mitläufer", in Jungs „kollektivem Unbewußten" gefangen.

> ▶ Der Aufbau eines sozialen Feldes erfolgt nicht durch verbissenes Wollen, nicht durch kämpferischen Ehrgeiz und nicht durch hektische Betriebsamkeit, sondern durch die Kraft der Stille.

Eine Methode, die diese Kraft hervorbringt, ist die Meditation. Mehr als 150 wissenschaftliche Untersuchungen weisen die Wirkung der Zen-Meditation und mehr als 1 000 Untersuchungen die Wirkung der Transzendentalen Meditation auf ein soziales Feld schon bei einer Mitwirkung von nur einem Prozent der Bevölkerung nach. Während einer Reihe gut dokumentierter Experimente ist die Kriminalitätsrate in mehreren asiatischen und amerikanischen Großstädten um etwa zehn Prozent gesunken. Sieben Prozent gleich ausgerichteter Visionäre in einer menschlichen Gemeinschaft – einem Unternehmen, einer Institution, einem Staat – *sind* diese Gemeinschaft. „Wir sind das Volk", rufen die Mitglieder von Bürgerbewegungen zu Recht, als sie von Leipzig aus den Kommunismus in Ostdeutschland hinwegfegen. Eine Sprengladung Dynamit ist ein Heuhaufen dagegen.

Gefühle sind die Wurzeln von Kommunikation, von Sprache, von Denken und von Realität; sie gestalten die Welt. Eine präzise emotionale Ausrichtung, die aus unserer Verantwortung für das Ganze erwächst und ihre Kraft für die Entwicklungsmögichkeiten aller Menschen einsetzt – das ist es, was Leben lebenswert macht.

> ▶ Die Flut banaler Texte, trockener Daten und egozentrischer Spiegelfechtereien, die unsere Köpfe heiß und unsere Herzen kalt lassen, gestalten nicht, sondern verwässern, verwirren, verseuchen.

Sämtliche „paperwork reduction acts" (Programme zum Abbau von Bürokratie) der Vereinigten Staaten erhöhen die Papierflut und vergrößern die Probleme. Die „tramites" (Verwaltungsvorgänge) in der iberischen Welt zwingen die Bevölkerung, mehr zu „tramitar" (in den

Fallstricken der Behörden zu verzweifeln) als zu arbeiten. Die Verordnungen zum europäischen Bananenmarkt regeln mit 3 724 855 Worten – einem Beschäftigungsprogramm für Heerscharen von Bürokraten – einen einzigen Aspekt des Bananenmarktes. Die zehn Gebote Gottes, wie sie vom Propheten Moses überliefert und erlassen worden sind, regeln mit 279 Worten sämtliche Lebensbereiche der Menschen. Das ist kraftvoll. Wir wollen nicht verwaltet werden wie ein Vorgang, wir wollen nicht funktionieren wie ein Funktionär, wir wollen nicht regiert (aus dem lateinischen: „gelenkt") werden wie ein Esel,

- wir wollen geliebt und anerkannt werden,
- wir wollen über uns selbst bestimmen, und
- wir suchen einen Sinn hinter dem, was wir tun.

> Liebe, Würde und Sinn sind die zentralen Forderungen der **Business-Reframing**-Revolution, die der „liberté, égalité et fraternité" (Freiheit, Gleichheit und Brüderlichkeit) der Französischen Revolution nachfolgen.

Liebe hängt mit Lust zusammen, auch mit der Lust, ein Problem zu lösen, eine Aufgabe zu bewältigen, eine Gefahr zu bestehen. Würde hängt mit Anstrengung zusammen, auch mit der Anstrengung der Verantwortung, der Leistung, des Risikos. Sinn hängt mit Gott zusammen, mit dem, was wir werden können, was wir werden wollen und was wir daraus machen. „Der Mensch kann nicht leben", sagt Franz Kafka, „ohne ein dauerndes Vertrauen zu etwas Unzerstörbarem in sich."

Sie sitzen jetzt irgendwo und lesen dieses Buch. Stellen Sie sich vor, sämtliche Feuer- und Alarmsirenen heulen. Sie schalten das Radio ein und hören: „Verlassen Sie nicht Ihr Haus, schließen Sie Fenster und Türen. Dichten Sie Außenkanten und -öffnungen mit Klebestreifen ab. Es besteht Vergiftungs- und Lebensgefahr. Lassen Sie das Radio eingeschaltet, wir informieren Sie." Das steigert Ihre Präsenz, Ihre Energien, Ihre Kraft. Krise ist auf chinesisch wei chi. „Wei" heißt Vorsicht, Gefahr und „chi" Gelegenheit zur Veränderung. Unsere gegenwärtige Krise ist *die* Chance. Ohne sie wären wir verloren.

Die Krise zwingt uns, Energien, Kräfte und Zauberkünste einzusetzen, um uns selbst zu verbessern. Wenn uns das gelingt, wird der Planet Erde von selbst, von unserem Selbst, geheilt werden. Dann haben wir uns von kleinen Zauberern der zweiten Phase – der Phase des Reparaturbetriebs der Industriegesellschaft – zu großen Zauberern entwickelt.

Der kleine Zauberer hat Hunger und zaubert sich seine Lieblingsmahlzeit. Aber die Früchte sind vertrocknet, weil der Fluß versiegt ist. Daraufhin unternimmt der große Zauberer, dem auch das Wetter gehorcht, eine beschwerliche Wanderung zur Quelle, wo die guten Früchte wachsen, und bringt sie dem kleinen Zauberer. Dieser schaut seinen Meister fassungslos an: „Warum hast du nicht einfach Regen gezaubert?" „Das habe ich früher getan", antwortet der große Zauberer, „aber die Folgen sind entsetzlich."

Wir müssen von kleinen Zauberern, die sich von der Lösung eines Detailproblems zur nächsten schwingen, zu großen Zauberern werden – zu in ihrem Selbst verwurzelten und für das Ganze verantwortlichen planetaren Unternehmern. Die große unternehmerische Aufgabe, die jetzt ansteht, ist eine rückstandsfreie und rohstoffunabhängige Energiegewinnung mit der Leistungsfähigkeit von Turbinen und Triebwerken, von Verbrennungsmotoren und Atomkraftwerken. Das Unternehmen, das dies erreicht, wird sich Staaten untertan machen, sie auflösen können.

Bei einem dritten Sequoia-Erlebnis habe ich gesehen, wie wir dieses Ziel erreichen. Wir dürfen unter den vielen Bäumen, wo wir uns verirrt haben, nicht den Wald suchen. Wir müssen zur Quelle gehen, wo der Wald uns findet. Zur Quelle kommen wir gegen den Strom, bergauf. Kommen Sie mit?

Literatur

Die Lehre des *Business Reframing* kann ich hinter herkömmlichen Referenzen nicht verstecken. Bis auf die Zitate trage ich die Verantwortung allein. Zweifler, Sucher und Versucher werden einzelne Aspekte vertiefen wollen. Dafür habe ich einige Empfehlungen zur weiteren Lektüre zusammengestellt und kommentiert.

Die Bausteine des *Business Reframing* finden Sie dort nicht. Was ich zu sagen habe, steht in diesem Buch. Und worüber wir nicht reden können, darüber sollen wir schweigen. Die Statik von *Business Reframing* können Sie logisch ableiten, ohne jeden Stein zu zählen, jeden Balken zu berechnen. Wollen Sie das Haus deshalb niederbrennen? Der Scheiterhaufen der Erbsenzähler wird zum Denk- und Mahnmal werden. Das Feuer wird weit leuchten und nicht zu löschen sein.

Vorwort

> DAVID WHYTE: The Heart Aroused – Poetry and the Preservation of the Soul in Corporate America. Bantam Doubleday Dell, New York 1994.

David Whyte – Dichter und Unternehmensberater – behandelt das Spannungsfeld zwischen der ewigen Seele und dem termingebundenen Management, zwischen dem Feuer der Innovation und dem Frost der Konsolidierung, zwischen der Weisheit der Mythen und den Zwängen der Arbeitswelt, zwischen der Kraft des Herzens und der Verzweiflung durch Umstände, zwischen dem Sein, das immer währt, und dem Handeln, das vergeht. Ein tiefgründiger und besinnlicher Beitrag eines Literaten und Kenners von „Corporate America".

Die Whyte-Zitate im Vorwort, im ersten und im vierten Kapitel stammen aus dieser Quelle; das Whyte-Zitat in der Widmung, das am Schluß des zehnten Kapitels von *Business Reframing* aufgelöst wird, stammt aus einer Dichterlesung vom 15. Mai 1995 in London.

1. Mythen sind Moden im Management

JAMES P. WOMACK, DANIEL T. JONES, DANIEL ROOS: The Machine That Changed the World. Rawson, New York 1990; deutsche Fassung: Die zweite Revolution in der Autoindustrie. Campus, Frankfurt 1981 (vielfach als „MIT-Studie" bezeichnet, weil sie am Massachusetts Institute of Technology entstanden ist).

Die weltweite und inzwischen klassische Untersuchung der Autobranche quantifiziert den Kostennachteil der nordamerikanischen und westeuropäischen Autoindustrie gegenüber Japan mit 40 Prozent; sie prägt den Begriff „Lean Production" für das Wertschöpfungssystem japanischer Unternehmen und erklärt es am Beispiel von Toyota; sie löst ein grundlegendes Umdenken im westlichen Management und eine Fülle von Folgeveröffentlichungen aus. Auch das Womack-Zitat im zehnten Kapitel von *Business Reframing* stammt aus diesem Werk.

Die weiteren im ersten Kapitel von *Business Reframing* aufgeführten Managementkonzepte beziehen sich auf Veröffentlichungen anderer Autoren oder auf Hauskonzepte einflußreicher Beratungsgesellschaften.

JOHN P. KOTTER: A Force for Change – How Leadership Differs from Management. Free Press, London 1990.

Unsere Unternehmen sind „overmanaged but underled" (mit zu viel Führungstechnik, aber zu wenig Führungskunst). Modelle der Führungskunst entwickeln aus evolutionärer Sicht *Ervin Laszlo, Christopher Laszlo, Prinz Alfred von Liechtenstein: Evolutionäres Management. Paida, Fulda 1992*, aus psychologischer Sicht *Dudley Lynch, Paul Kordis: Delphin-Strategien – Managementstrategien in chaotischen Systemen, Paida, Fulda 1991*, aus strategischer Sicht *Rudolf Mann: Das visionäre Unternehmen. Gabler, Wiesbaden 1990* und aus organisatorischer Sicht *Hans-Jürgen Warnecke: Revolution der Unternehmenskultur – Das Fraktale Unternehmen. Springer, Berlin 1993*.

Die Bemerkung zum Management von Veränderungen im ersten Kapitel von *Business Reframing* bezieht sich auf Kotter; die zu Delphin-Strategien im zehnten Kapitel auf Lynch und Kordis.

André Gorz: Métamorphose du travail. Éditions Galilée, Paris 1988 und André Gorz: Capitalisme, socialisme. Éditions Galilée, Paris 1991.

Der Philosoph Gorz beschäftigt sich mit den menschlichen und sozialen Folgen der ökonomischen Rationalität; er sagt eine Dreiklassengesellschaft von konzentriertem „Global-Player"-Kapital, privilegierten Arbeitsplatzbesitzern und einem Heer unterprivilegierter Bürger voraus und leitet daraus eine Spaltung der Gesellschaft ab, die in Gewalt, Ungerechtigkeit und Angst abgleitet. Erwerbsarbeit muß als Faktor sozialer Eingliederung anerkannt und die volkswirtschaftlichen Konsequenzen betriebswirtschaftlicher Maßnahmen müssen bewertet werden. Ein geistreiches Buch eines scharfen Denkers zu aktuellen Fragen von Ökonomie, Arbeit und Gesellschaft.

Der Begriff „Management by Stress" ist von Gorz geprägt worden. Die Gedanken zu einer neuen Dreiklassengesellschaft in *Business Reframing* sind von ihm angeregt.

Karl R. Popper: Logik der Forschung. Mohr, Tübingen 1969.

Der Begründer der modernen Wissenschaftstheorie entwickelt eine Theorie der Forschung, in welcher der Erklärungsvorgang als Deduktion dessen angesehen wird, was erklärt werden soll. Eine Erklärung ist durch besondere Anfangsbedingungen allein nicht möglich; sie bedarf immer auch wenigstens eines allgemeinen Gesetzes. Dabei ist der Beweis der Wahrheit einer Aussage nicht möglich, sondern lediglich der Beweis, daß eine Aussage nicht wahr ist. Daraus folgt: 1. Eine Aussage hat solange als wahr zu gelten, wie sie nicht widerlegt ist. 2. Nicht widerlegbare – nicht „falsifizierbare" – Aussagen sind unzulässig. Ein anspruchsvolles Werk eines großen Logikers.

Die Aussagen in *Business Reframing*, die der herrschenden Lehre widersprechen, sind – so meine ich – falsifizierbar und damit nach Popper zulässig.

Thomas S. Kuhn: The Structure of Scientific Revolutions. University of Chicago Press, Chicago 1970; deutsche Fassung: Die Struktur wissenschaftlicher Revolution, Suhrkamp, Frankfurt 1976.

Kuhn beschäftigt sich mit dem „allgemeinen Gesetz", ohne das nach Popper Aussagen nicht möglich sind und das er Paradigma nennt. Ein

Paradigma ist für diejenigen, die ihr Denken auf ihm aufbauen, so selbstverständlich, daß sie es nicht in Frage stellen *können*. Ein Paradigma ist das Produkt seiner Zeit und seines Umfelds; also ist auch jede wissenschaftliche Aussage das Produkt ihrer Zeit und ihres Umfelds. Da auf eine gegebene Sammlung von Daten immer mehr als eine theoretische Konstruktion paßt, sind auch empirisch belegte Aussagen relativ; ihnen kann nicht nur durch ihnen widersprechende Daten, sondern auch durch ihnen widersprechende Paradigmata das Fundament entzogen werden. Ein brillante wissenschaftshistorische Analyse, die das Selbstvertrauen der Forschung erschüttert hat.

Business Reframing baut auf den Erkenntnissen Kuhns auf und überträgt sie auf das Management. Das Planck-Zitat zur wissenschaftlichen Wahrheit ist Kuhns Werk entnommen.

ERICH GUTENBERG: Grundlagen der Betriebswirtschaftslehre. Band 1: Die Produktion, Band 2: Der Absatz, Band 3: Die Finanzen. Springer, Heidelberg 1984.

Mit diesem Werk begründet Gutenberg die moderne deutschsprachige Betriebswirtschaftslehre. Aus dem Gebäude der makro- und mikroökonomischen Theorie deduziert er eine unternehmensbezogene Optimierungslehre, die von Verhaltenswissenschaftlern in Frage gestellt wird. Das Gutenbergsche Theoriegebäude bildet das Fundament der meisten nach ihm erschienenen betriebswirtschaftlichen Arbeiten. Ein klassisches akademisches Lehrbuch. Eilon allerdings zeigt, daß diese mechanistische Betriebswirtschaftslehre Mißmanagement und Fehlentscheidungen verursacht: *Samuel Eilon: Management Practice and Mispractice. Routledge, London 1992.*

Business Reframing stellt die Optimierungslehre nicht aus verhaltenswissenschaftlicher Sicht in Frage, sondern aus ontologischer Sicht und bezieht sich dabei nicht auf sozialwissenschaftliche Forschungsergebnisse, sondern auf neue naturwissenschaftliche Erkenntnisse und die ontologische Philosophie Martin Heideggers und Ludwig Wittgensteins: 1. *Martin Heidegger: Zur Sache des Denkens. Niemeyer, Tübingen 1988*, 2. *Martin Heidegger: L'endurance de la pensée. Plon, Paris 1968.* 3. *Ludwig Wittgenstein: Wittgenstein's Lectures Cambridge 1930–32 und 1932–35. University of Chicago Press, Chicago 1989.* 4. Eine achtbändige deutschsprachige Ausgabe der Werke Wittgensteins ist 1984 bei Suhrkamp in Frankfurt erschienen. Die Kritik an dem Gutenbergschen Paradigma im neunten Kapitel von *Business Reframing* stimmt mit aktuellen Arbeiten zur Unternehmensführung überein.

WERNER HEISENBERG: Physik und Philosophie. Hirzel, Stuttgart 1990.

Das Buch enthält die Vortragsreihe Heisenbergs im Rahmen der Gifford-Vorlesungen an der schottischen St. Andrews Universität. Gifford, ihr Stifter, wollte sie den letzten und von der Bindung an eine bestimmte Religion unabhängigen theologischen Fragen des Seins widmen. Heisenberg behandelt den Beitrag der Physik zur Theologie. Eine Beobachtung ist abhängig von ihrem Beobachter, und Realität ist ein Spiegelbild dessen, der sie denkt. Eine kompakte Einführung in eine Materie, deren Quellen dem physikalischen Laien unzugänglich sind.

Die Quantenphysik hat in den Wirtschaftswissenschaften bisher kaum Spuren hinterlassen. *Business Reframing* legt nahe, daß die Unternehmertheorie Schumpeters dem ontologischen und quantenmechanischen Kenntnisstand entspricht: *Joseph A. Schumpeter: Aufsätze zur Ökonomischen Theorie. Mohr, Tübingen 1952.*

RUPPRECHT WEERTH: NLP und Imagination – Grundannahmen, Methoden, Möglichkeiten, Grenzen. Junfermann, Paderborn 1994.

Neurolinguistisches Programmieren ist ein psychotherapeutisches Metamodell, das die Gemeinsamkeiten effektiver Therapie in verschiedenen Schulen identifizieren will; es geht nach einem ihrer Begründer, Richard Bandler, darum, „Menschen beizubringen, wie sie ihr eigenes Gehirn nutzen können" *(Richard Bandler, John Grinder: Frogs into Princes, Real People Press, Moab, Utah 1979).* Eine praktisch relevante Darstellung, die in wissenschaftlich präziser Diktion die heterogene NLP-Literatur aufbereitet und die veröffentlichte Kritik dazu zusammenstellt.

Im Neurolinguistischen Programmieren ist *Framing* eine Technik zur Gestaltung der „inneren Landkarte" des eigenen Umfelds, eine Technik zu einer „funktionierenden" Umfeldinterpretation. Daraus habe ich *Reframing* abgeleitet: der Prozeß der Schöpfung eines neuen Umfelds – bei *Human Reframing* nicht durch „Konditionieren" (Unterwerfen des Denkens und Fühlens anderer) und bei *Business Reframing* nicht durch „Lobbying", sondern allein durch ein neues Denken.

2. Integrität ist das einzige Tor zum Erfolg

JORGE LUIS BORGES: Obras completas. Historia universal de la infamia. Emecé Editores, Buenos Aires 1954.

Borges' Kurzgeschichten sind sprachliche Meisterwerke, inhaltliche Kraftwerke und historische Präzisionswerke. Den meisten lateinamerikanischen Gebildeten gilt Borges als der beste Dichter spanischer Sprache im 20. Jahrhundert.

Die Borges-Zitate im zweiten und im vierten Kapitel von *Business Reframing* stammen aus diesem Werk; Übersetzungen sind von mir.

MICHAEL E. PORTER: The Competitive Advantage of Nations. Free Press, New York 1990; deutsche Fassung: Nationale Wettbewerbsvorteile. Droemer Knaur, München 1991.

Nicht Staaten stehen miteinander im Wettbewerb, sondern Unternehmen. Das jeweilige nationale Umfeld ist der entscheidende Faktor, von dem die Wettbewerbsfähigkeit von Unternehmen abhängt. Die positiven Faktoren hierbei sind 1. ein strenges und kompromißlos durchgesetztes Wettbewerbsrecht, 2. sehr weitgehende Gesundheits- und Sicherheitsvorschriften, 3. massive Investitionen in Humanressourcen, also Qualifizierung durch Aus- und Weiterbildung. Die negativen Faktoren sind a) Interventionen und Subventionen zur Rettung notleidender Branchen oder Unternehmen, b) den Wettbewerb einschränkende Regulierung, c) die meisten Importbeschränkungen und d) die Besteuerung von langfristigen Kapitalerträgen. In einer voluminösen empirischen Studie zur Standortpolitik belegt Porter diese Ergebnisse.

In bezug auf Standortfragen können wir Michael Porter als Nachfolger von Max Weber sehen, der dieses Forschungsfeld begründet hat, auf dessen „Standorttheorie" das zweite und auf dessen Organisationstheorie das sechste Kapitel von *Business Reframing* aufbaut: *Max Weber: Wirtschaft und Gesellschaft – Grundriß der verstehenden Soziologie. Mohr, Tübingen 1980 – Erstauflage posthum 1922.*

KENNETH RING: Heading Toward Omega – In Search of the Meaning of the Near-Death Experience. Quill, New York 1984 und ELISABETH KUBLER-ROSS: Death – The Final Stage of Growth. Simon & Schuster, New York 1986.

So, wie wir ihn uns vorstellen, existiert der Tod nicht. Er ist das Heraustreten des Bewußtseins aus dem physischen Körper, wie ein Schmetterling aus seinem Kokon heraustritt; ein Umziehen in ein schöneres Haus; ein Hinübergehen in einen neuen Seinszustand, wo man fortfährt, zu fühlen, zu sehen, zu hören, zu verstehen, zu lachen, sowie seelisch und geistig zu wachsen. Die empirischen Ergebnisse der führenden Sterbe- und Todesforscherin und Ärztin Elisabeth Kübler-Ross sind mit vielen Ehrendoktorwürden ausgezeichnet worden; ihre Quelle sind Gespräche mit Wiederbelebten, die klinisch tot gewesen sind.

Anton Ramsl, der nach einem Motorradunfall zwei Stunden lang klinisch tot gewesen ist, hat mir von Erlebnissen in dieser Zeit berichtet, welche die Erkenntnisse von Ring, Kübler-Ross, Platon, Buddha, Konfuzius, dem Urchristentum und dem Hinduismus bestätigen und in die Lehre des *Business Reframing* eingeflossen sind.

3. Unternehmen sind nicht für den Markt da

BIREN ROY (Übersetzer): Mahābhārata – Indiens großes Epos, aus dem Sanskrit übersetzt. Eugen Diederichs, Köln 1984.

„Wer weder von Sorgen gequält noch von Freude erregt wird, wer weder durch Kummer betrübt noch durch Glück entzückt wird, wer keinerlei Furcht fühlt, ist wirklich ein Weiser. Wer nicht nach Dingen strebt, die angenehm sind, und solche nicht vermeidet, die unangenehm sind, hat Beständigkeit erreicht. Da war nicht Raum für Mitleid oder Reue. Da war nicht Anfang noch Ende. Gott umschloß Raum und Zeit; und als Zeit war er der Tod. Ein Mensch, der sich an nichts bindet, begeht keine Sünde." Das große Epos der Hindus, in Roys brillanter Übersetzung dem deutschsprachigen Leser zugänglich, berichtet von einem viele Jahrtausende zurückliegenden Krieg, der Sieger wie Besiegte vernichtet. Das Mahābhārata ist eine der Quellen für die religiösen, sozialen und sittlichen Gesetze Indiens.

Die Zitate im dritten Kapitel von *Business Reframing* stammen aus dem vierten Buch des Mahābhārata, *Virāta Parva*.

Reinhard Blum: Soziale Marktwirtschaft – Wirtschaftspolitik zwischen Neoliberalismus und Ordoliberalismus. Mohr, Tübingen 1969; Reinhard Blum: Organisationsprinzipien der Volkswirtschaft – Neue Mikroökonomische Grundlagen für die Marktwirtschaft. Campus, Frankfurt 1982 und Richard L. Merritt: Democracy Imposed – US Occupation Policy and the German Public, 1945–1949. Yale University Press, Yale 1996.

Ordnungspolitik spielt in Deutschland eine große Rolle, ein Konsens in gemeinsamen Grundvorstellungen aber fehlt; die Wirtschaftswissenschaft hat mit ihrer „Theorie der Wirtschaftspolitik" eine rationale Wirtschaftspolitik erfunden, im Gegensatz zur als irrational empfundenen praktischen Wirtschaftspolitik; der moderne Staat hat weltweit ein großes wirtschaftspolitisches Gewicht, obwohl im Modell des vollständigen Wettbewerbs ein Staat gar nicht vorkommt und es so scheinen muß, als ob keine Wirtschaftspolitik die beste Wirtschaftspolitik ist. Merritts Arbeit ist eine Dissertation, Blums erstes Buch eine Habilitationsschrift.

Die Bezüge auf die alliierte Besatzungspolitik in *Business Reframing* gehen auf Merrit, die auf die deutsche Wirtschaftsgeschichte und die Zitate dazu auf Blum zurück.

Manfred Perlitz: Internationales Management. Schäffer-Poeschel, Stuttgart 1993.

Lebenszyklen und Erfahrungskurven sind Instrumente der Unternehmensstrategie. Der Produktlebenszyklus operationalisiert die Lebensphasen eines Produkts – analog den Lebensphasen eines Organismus – durch die Variable Marktwachstum. Die Erfahrungskurve operationalisiert den Lerneffekt großer kumulierter Stückzahlen durch die Variable Stückkosten. Aus der Verbindung beider Instrumente ergibt sich das strategische Unternehmensziel eines hohen relativen Marktanteils. Ein übersichtliches und instruktives akademisches Lehrbuch des Internationalen Managements.

Lebenszyklus- und Erfahrungskurvenkonzepte gehen auf *H. Igor Ansoff, The Corporate Strategy. Wiley, New York 1988 (Erstveröffentlichung 1965)*, zurück, sowie auf empirische Untersuchungen von General Electric und der Boston Consulting Group: *PIMS, Profit Impact of Market Strategy*.

4. Erfahrung ist nicht übertragbar

PAUL WATZLAWICK, J. H. BLAVIN, D. D. JACKSON: Pragmatics of Human Communication. Norton, New York 1967.

Meine Information zum von Margaret Mead erforschten Paarungsverhalten bei Menschen in *Business Reframing* stammt von Watzlawick et al. Das Paarungsverhalten von Tieren ist von Konrad Lorenz erforscht worden, auf den sich auch die „Urhorde" im siebten Kapitel von *Business Reframing* bezieht: KONRAD LORENZ: *Die Naturwissenschaft vom Menschen – Eine Einführung in die vergleichende Verhaltensforschung 1944–1948 (Hrsg. Agnes Cranach). Piper, München 1992.* Die Verhaltenslehre von Lorenz befindet sich an einer Nahtstelle von Biologie, Medizin, Psychologie, Soziologie und Geisteswissenschaft. Einer der neueren Überblicke der Disziplin, die heute Soziobiologie heißt, bietet *Edward O. Wilson, Sociobiology. Harvard University Press, Cambridge, Massachusetts 1975.*

ERIC DAVALO, PATRICK NAÏM: Des Réseaux de Neurones. Éditions Eyrolles, Paris 1990.

Die beiden Wissenschaftler geben eine Einführung und einen kompakten Überblick über neuronale Netze, einen Forschungsgegenstand an der Schnittstelle von Biologie und Informatik.

Von dem im vierten Kapitel von *Business Reframing* beschriebenen Katzenexperiment berichten Davalo und Naim in ihrem Kapitel 13. Meine Aussagen zu neuronalen Feldern im achten Kapitel von *Business Reframing* basieren auf dieser Arbeit und den Forschungsergebnissen von Francisco Varela und anderen, die dort genannt sind.

MIYAMOTO MUSASHI: Das Buch der fünf Ringe. Econ, Düsseldorf 1993.

Erleuchtung bedeutet im Zen-Buddhismus nicht Verhaltensänderung, sondern die Anerkennung der kosmischen Gesetze. Diese Gesetze werden durch Selbstverwirklichung erkannt. Mit diesem Ziel werden in Japan Schwertkampf, Bogenschießen, Ikebana und Zen-Sitzen praktiziert. Musashi, ein Weiser des Schwertes, ist nie besiegt worden und hat seine stärksten Gegner innerhalb der ersten Sekunden eines Duells mit dem

Holzschwert getötet. Als alter Mann setzt er sich zur Ruhe und kommt durch Meditation zur Einsicht in fünf „Prinzipien": 1. Das Prinzip der Erde lautet: „Der Wege gibt es viele. Ein jeder gehe den, der seinen Neigungen entspricht." Auf die Früchte kommt es an, nicht auf den Schein, die Blüten. Es gilt, dem Rhythmus zwischen Blühen und Welken zu folgen, um die Ernte nicht zu versäumen. 2. Das Prinzip des Wassers mahnt, in jeder Situation derselbe zu bleiben: offen, unbefangen, aufrecht, klar, direkt, entspannt, ruhig, aufmerksam. „Lasse dein Herz nicht darben, aber laß es auch nicht übermäßig Anteil nehmen. Betrachte alle Dinge von einer höheren Warte aus." 3. Das Prinzip des Feuers lehrt, unsere Gegner zu lenken, indem wir sie als unsere Soldaten einsetzen: wir müssen reden wie sie, uns bewegen wie sie, denken wie sie – uns in sie verwandeln. 4. Das Prinzip der Luft oder des Windes lehrt Schwierigkeiten unter Einsatz der ganzen Kraft zu überwinden, zum Beispiel mit dem „durchdringenden Blick" – die totale Konzentration auf den Geist des Gegners. 5. Das Prinzip der Leere behandelt das fünfte Element, die „quinta essentia", das Nichts, das Nirwana: „Indem du das Existierende erkennst, wirst du auch fähig werden, das Nicht-Existierende zu erkennen." Dies ist der Weg zu unbesiegbarem Selbstvertrauen. Im Jahre 1643 schreibt Musashi je ein Buch zu jedem der fünf „Prinzipien eines Kriegers", die den kosmischen Elementen der antiken griechischen Philosophie entsprechen (dargelegt im ersten Kapitel von *Business Reframing*), und überträgt seine Weisheit auch auf andere „Künste": die des Zimmermanns, des Fischers, des Bauern und des Kaufmanns.

Meine Bemerkungen zum Shintó-Glauben gehen auf Musashi zurück. Die kosmischen Elemente der antiken Philosophie sind im ersten Kapitel von *Business Reframing* dargelegt. Im neunten Kapitel beziehe ich mich erneut auf Musashi, fasse seine „Tugenden" der Schwertkunst zusammen und übertrage sie auf das Management.

THORWALD DETHLEFSEN, RÜDIGER DAHLKE: Krankheit als Weg – Deutung und Bedeutung der Krankheitsbilder. Goldmann, München 1983.

Krankheit ist kein Alibi für ungelöste Probleme. Das Opfer einer Krankheit ist Täter und Anstifter. Symptome sind körperliche Ausdrucksformen ungelöster Konflikte. Die Medizin schafft ständig neue Möglichkeiten und verschiebt damit psychisch bedingte Symptome in immer dramatischere Krankheitsbilder. Die Folge ist keine Gesundheitsexplosion, die schulmedizinisch nicht erreichbar ist, sondern eine Kostenexplosion. Ein aufrüttelndes Buch eines Psychologen und eines Mediziners, das sich neu mit den Problemen von Krankheit und Heilung auseinandersetzt.

Die Aussagen zu Managemerkrankheiten im vierten Kapitel von *Business Reframing* gehen auf eigene Erfahrungen, die medizinischen Begründungen und Erklärungen auf Dethlefsen und Dahlke zurück.

5. Sachkonflikte gibt es nicht

ERIC BERNE: Games People Play – The Basic Handbook of Transactional Analysis. Ballantine, New York 1964; deutsche Fassung: Spiele der Erwachsenen. Rowohlt, Reinbek 1967.

Die meisten Probleme, die wir haben, resultieren aus dem Umgang mit Menschen. Andere Menschen können wir nur ändern, wenn wir anders mit ihnen umgehen, und das können wir nur, wenn wir selbst uns ändern. Wer sich aber ändern möchte, wird das nicht in Gegenwart von Leuten tun, denen er nicht vertraut; das Risiko ist zu groß. Die Grundlage für jegliche Entwicklung von Menschen und von Dingen, die zwischen Menschen geschehen, ist eine gute persönliche Beziehung. Ein Klassiker und damals Bestseller, mit dem Berne die Transaktionsanalyse begründet.

Zur Transaktionsanalyse, die dieses Kapitel von *Business Reframing* angeregt hat, gibt es eine umfangreiche Literatur. Drei lesenswerte Beiträge aus drei Kulturkreisen möchte ich hervorheben: 1. *Mara Selvini Palazzoli: Sul fronte dell'Organizzazione. Giangiacomo Feltrinelli, Milano 1981*. 2. *Melody Beattie: Codependent No More. HarperCollins, San Francisco 1987*. 3. *Friedemann Schulz von Thun: Miteinander reden – Störungen und Klärungen – Allgemeine Psychologie der Kommunikation. Rowohlt, Reinbek 1991*.

6. Organisatorische Macht ist wirkungslos

CYRIL NORTHCOTE PARKINSON: Parkinson's Law and Other Studies in Administration. Ballantine, New York 1979.

Parkinson erläutert „seine" Gesetze am Beispiel der Marineverwaltung. Heute müssen wir die Marine wohl durch die Landwirtschaft ersetzen: in vielen Industriestaaten hat sich in den letzten Jahrzehnten die Zahl der Landwirte halbiert und die der Mitarbeiter in den für sie zuständigen Ministerien und Verwaltungen verdoppelt. Parkinson hat die moderne Bürokratieforschung ausgelöst und die Arbeit ihres Klassikers Max Weber weiterentwickelt: Eine gute Bürokratiestudie „nach Weber und nach Parkinson" ist *Anthony Downs: Inside Bureaucracy. Little, Brown and Company, Boston 1967.* In subventionierten Branchen kostet der Erhalt eines Arbeitsplatzes oft ein Vielfaches des Durchschnittseinkommens eines Beschäftigten. Finanz-, Sozial- und Verwaltungsgerichte entwickeln sich zum Reparaturbetrieb für eine Gesetzgebung, deren Folgen für die Verwaltung nicht abgeschätzt werden. Eine geistreiche und humorvolle Analyse des legendären Statistikers, Historikers, Journalisten und Schriftstellers, der am 9. März 1993 gestorben ist und für die Bürokratie das von ihm noch nicht so benannte „Management by Jeans" entdeckt hat: an jeder entscheidenden Stelle ist eine Niete.

Die Ergebnisse der 61. Staatswissenschaftlichen Fortbildungstagung zum qualitäts- und erfolgsorientierten Verwaltungsmanagement an der Hochschule für Verwaltungswissenschaften Speyer, Rheinland-Pfalz, im Jahre 1993 haben meine einschlägigen Ausführungen in *Business Reframing* befruchtet.

7. Planung ist Dummheit

PETER M. SENGE: The Fifth Discipline – The Art and Practice of the Learning Organization. Century Business, London 1992; deutsche Fassung: Die fünfte Disziplin. Klett, Stuttgart 1996.

Die alte Sichtweise, nach der oben geplant und unten realisiert wird, muß einer neuen Sichtweise weichen, nach der auf allen Ebenen integriert gedacht und gehandelt wird. Gelebte Innovation und Kreativität verwandeln Unternehmen in einen lernen Organismus. Reaktives Anpassungslernen (generative learning) reagiert effektiv auf Umstände und Veränderungen, die sich aus ihnen ergeben. Aktives Lernen aus innerem Antrieb (generative learning) gestaltet die Umstände und die aus ihnen abgeleitete Zukunft entsprechend den eigenen Zielvorstellungen. Nicht Führer sind die Helden der Krise, sondern Coachs, welche die Bedingungen gestalten, unter denen ihre Mitarbeiter sich entwickeln können. Die Ursprünge des Coachingkonzepts bei der Entwicklung von Leistung stammen aus dem Spitzensport und können nachgelesen werden bei *Michael Murphy and Rhea A. White: The Psychic Side of Sports. Addison-Wesley, Reading,*

Massachusetts 1978. Zu diesem Aspekt ist lesenswert *Michael Murphy: The Future of the Body. Tarcher, Los Angeles 1992*.

Senge, Murphy und White kommen auf anderen Wegen zu den Ergebnissen von Konfuzius, Adam Smith, Karl Marx, *Business Reframing* und jedem, der die Führungsfrage zu Ende denkt.

> ROBERT K. MERTON: Social Theory and Social Structure. Free Press, New York 1964.

Das Denken einer Epoche in unterschiedlichen Wissenschaftszweigen ist interdependent. Deshalb läßt sich der jeweilige Wissensstand einer Teildisziplin eher aus allgemeinen Bewußtseinsmustern erklären, als aus der Entwicklung des Wissens der Teildisziplin. Der Physiker Albert Einstein, der Physiologe Claude Bernard, der Biologe Alexis Carrel, der Architekt Frank Lloyd Wright, der Philosoph A. N. Whitehead, der Psychologe W. Koehler, der Soziologe Theodor Litt, der Politologe Hermann Heller, der Jurist B. Cardozo, die jeweils verschiedene Disziplinen in verschiedenen Ländern vertreten, sehen Realität nicht als Ergebnis materieller Substanz, sondern funktionaler Interaktion. Solche Interaktionsmuster können ebenso sich selbst erfüllende Prognosen (self fulfilling prophecies) produzieren, wie sich selbst ausschließende Prognosen (suicidal prophecies). Ein grundlegendes wissenschaftliches Werk der theoretischen Soziologie, das Fragen und Einsichten der aktuellen Komplexitätsforschung vordenkt.

Das Konzept der „self fulfilling prophecies" in *Business Reframing* ist von Merton übernommen.

8. Mitarbeiter sind Resonanzkörper

> REINHARD K. SPRENGER: Mythos Motivation – Wege aus der Sackgasse. Campus, Frankfurt 1995.

Motivierungstechniken sind Verführungstechniken, die innere Kündigung und Burn-Out-Symptome verursachen. Die Incentive-Branche hebt durch Bedrohen, Bestrafen, Bestechen, Belohnen und Belobigen das Reiz- und Anspruchsniveau und produziert eine Abschöpfungsmentalität. Leistung entsteht nicht durch Motivation, sondern durch die Gelegenheit zu persönlichem Wachstum.

Sprenger kommt zu seinen Ergebnissen mit psychologischen Überlegungen – nicht mit ontologischen wie *Business Reframing*.

HANS CHRISTIAN ALTMANN: Sternstunden der Führung – Die besten Motivationsstrategien der Geschichte. Verlag Moderne Industrie, Landsberg 1993.

Außergewöhnliche Führungserfolge basieren auf drei Voraussetzungen: 1. der direkten Ansprache in den Denkmustern der Geführten, der Tuchfühlung zwischen Führern und Geführten, dem Augenkontakt, 2. der absoluten Identifikation des Führers mit dem Ziel, auch unter Einsatz des eigenen Lebens, und 3. der bedingungslosen Freiheit der Geführten, sich dem Führer anzuschließen oder nicht. Der Historiker Altmann beschreibt Führungsaufgaben und -situationen der Vergangenheit und leitet daraus die Erfolgsmethoden großer Persönlichkeiten der Geschichte ab: Alexander der Große, Michelangelo, Admiral Nelson, Friedrich der Große, Kaiserin Maria Theresia, Mahatma Gandhi und andere.

Die in *Business Reframing* wiedergegebene Rede Friedrichs II., König in Preußen, an seine Soldaten vom 1. Dezember 1757 bei Leuthen habe ich aus Zitatstücken zusammengestellt, die dem Altmann-Buch entnommen sind.

FRANCISCO J. VARELA: Autonomy and autopoises. In: G. Roth & H. Schwengler (eds.): Self-organizing systems. Campus, Frankfurt, New York 1981. HUMBERTO R. MATURANA, FRANCISCO J. VARELA: El árbol del conocimiento, Secretario General de la OAS, Santiago de Chile 1987 und FRANCISCO J. VARELA, EVAN THOMPSON, ELEANOR ROSCH: The Embodied Mind – Cognitive Science and Human Experience. The MIT Press, Cambridge, Massachusetts 1993.

Das „Gesetz des Dschungels" der klassischen Evolutionslehre und der klassischen Wirtschaftslehre muß den Maximen von Kooperation und Toleranz weichen, die allein das Überleben und den Fortbestand des Menschen auf der Erde möglich machen: „Die Erkenntnis der Erkenntnis als biologisches Phänomen verpflichtet uns zu einer Haltung ständiger Wachsamkeit gegenüber der Versuchung der Gewißheit. Die Welt, die jedermann sieht, ist nicht die Welt, sondern *eine* Welt, die wir mit anderen hervorbringen. Sie verpflichtet uns dazu zu sehen, daß die Welt sich nur ändern wird, wenn wir anders leben. Dies impliziert eine Ethik, die unentrinnbar ist. Bezugspunkt dieser Ethik ist die Bewußtheit der biologischen und sozialen Struktur des Menschen." Das neue Verständnis elementarer Lebensvorgänge stellt unser tradiertes Weltverständnis in Frage. Der Neurologe Varela, Forschungsdirektor der École Polytechnique de Paris, ist ein führender Repräsentant der naturwissenschaftlichen Revolution, die am Ende des 20. Jahrhunderts die Biologie erschüttert. Das wissenschaftliche Erdbeben in dieser Disziplin ist vergleichbar mit dem der Physik zu Anfang dieses Jahrhunderts.

Meine Ausführungen zu neuronalen Schwingungen in *Business Reframing* beziehen sich auf Forschungsergebnisse von Varela und seinen Mitarbeitern, sowie den oben zitierten Überblick von Davalo und Naïm. Weitere Quellen sind: *Peter Tompkins, Christopher Bird: The Secret Life of Plants. Harper & Row, New York 1973* und *Rupert Sheldrake: A New Science of Life – The Hypothesis of Formative Causation, London 1981.* Die Singvögelstudie, auf die ich mich beziehe, stammt von den Biochemikern und Zoologen *Jeff S. Wyles, Joseph G. Kunkel, and Allan C. Wilson: Birds, behavior, and anatomical evolution. In: Proceedings of the National Academy of Science, USA, Vol. 80, pp. 4394–4397, July 1983.*

GEERT HOFSTEDE: Culture's Consequences – International Differences in Work-Related Values. Sage Publications, Beverly Hills, London 1980 und Geert Hofstede: Dimensions of national cultures in fifty countries and three regions. In: J. Deregowski, S. Dziurawee, and R. C. Annis (eds): Explications in Cross-Cultural Psychology, Swets and Zeitlinger, Lisse, Niederlande, 1983.

Vor einigen Jahrzehnten haben wir an die Konvergenz der Systeme geglaubt und daran, daß „richtiges" Management weltweit gleichermaßen richtig sein muß. Heute glauben wir, daß eine bestimmte Form des Managements immer nur in einem bestimmten kulturellen Kontext funktioniert; seine kulturelle Bedingtheit hat politische, soziologische und psychologische Gründe. Kulturen unterscheiden sich durch die unterschiedliche mentale Programmierung von Menschen, die mit vier Polaritäten operationalisiert wird: 1. Individualismus versus Kollektivismus, 2. Gleichheit versus Abstand im Hinblick auf Macht und Wohlstand, 3. Sicherhheitsstreben versus Suche nach Chancen und Entwicklungsmöglichkeiten, 4. Solidarität versus bedingungslose Leistungsorientierung. Hofstede stellt jede dieser Polaritäten graphisch durch ein Koordinatenkreuz mit vier Quadranten dar und lokalisiert jede nationale oder regionale Kultur mit empirischen Befunden in jedem Koordinatenkreuz. Die Zusammenfassung einer Untersuchung in mehr als 50 Staaten, mit der Hofstede die empirische Basis für seine Aussagen erstellt.

Meine Hinweise in *Business Reframing* auf kulturell bedingte neuronale Schwingungsfelder beziehen sich auf Hofstede.

9. Unternehmer sind Neuronenkraftwerke

> MURRAY GELL-MANN: The Quark and the Jaguar – Adventures in the Simple and the Complex. Freeman, New York 1994.

Die Maxwellschen Gleichungen beschreiben in wenigen Zeilen das Verhalten des Elektromagnetismus im gesamten Universum. Während Newtons universale Gravitationskraft auf Distanz wirkt, breitet sich Einsteins Gravitationskraft ebenso wie die elektromagnetische Kraft mit Lichtgeschwindigkeit aus. Der Traum der Physiker seit Einstein ist es, hinter diesen Kräften und auch den nuklearen Kräften, die den Atomkern und das Atom zusammenhalten, eine einheitliche Urkraft zu entdecken, welche aus Quarks („kworks" ausgesprochen) Neutronen und Protonen bildet, aus diesen Atomkerne, aus Atomkernen und Elektronen Atome und aus diesen die Moleküle, welche „unsere" Materie bilden. Es gibt Teilchen, die beim Verglühen sterbender Sonnen aus der Gefangenschaft der starken nuklearen Kraft ausgebrochen und nicht mehr elementare Bausteine von Materie sind; sie jagen „frei" von der Einbindung in einen Atomkern mit Lichtgeschwindigkeit im Universum umher. Für diese Teilchen – das Neutrino ist eines von ihnen – ist die dichteste Materie so leer wie für uns ein Vakuum. Wenn wir das Universum als geschlossenes System mit einer konstanten Energiemenge verstehen und davon ausgehen, daß freie Teilchen irgendwelche Informationen übertragen und ausbreiten, nimmt das Maß an universaler Komplexität ständig zu. Der eminente Physiker Gell-Mann gibt einen Überblick über den Stand der Teilchenphysik und führt zu den Grenzen unseres Wissens, wo gegenwärtig eine Synthese zwischen verschiedenen Wissenschaften entsteht.

Jede Information wird durch Materie übertragen, also auch Gedanken. Nach *Business Reframing* sind Neutrinos ein Kadidat für die Verbreitung von Gedanken und für die Produktion von „Synchronizitäten". Sollte sich erweisen, daß nicht Neutrinos, sondern andere Elementarteilchen dieses Geschäft besorgen, haben meine einschlägigen Aussagen trotzdem Bestand; nur das Übertragungsmedium muß ausgewechselt werden.

M. MITCHELL WALDROP: Complexity – The Emerging Science at the Edge of Order and Chaos. Simon & Schuster, New York 1993; deutsche Fassung: Inseln im Chaos – Die Erforschung komplexer Systeme. Rowohlt, Reinbek 1993.

Moleküle bilden Zellen, Neuronen bilden Gehirne, Arten bilden Ökosysteme, Wirtschaftssubjekte bilden Wirtschaftssysteme, Bürger bilden Staaten; und für all diese „Gebilde" ist nicht das Überleben allein erstrebenswert – Kellerasseln haben auf der Erde Hunderte von Millionen Jahre länger überlebt als Menschen – sondern Entwicklung. Die Geschichte des Universums seit dem Urknall ist eine Geschichte der Entwicklung zu immer größerer Komplexität, und da wir uns noch im kosmischen Babyzeitalter befinden, ist das alles erst der Anfang. Komplexe Systeme können nur überleben, wenn sie sich an die Anforderungen ihres Umfelds anpassen. Komplexitätsforschung untersucht Mechanismen und Gesetzmäßigkeiten dieser Anpassungsprozesse. Der Physiker Waldrop gibt einen Überblick über den Stand der interdisziplinären Komplexitätsforschung, wie sie insbesondere am Santa Fe Institute in New Mexico betrieben wird.

Weitere Arbeiten zur Komplexitätsforschung haben das Gedankengebäude von *Business Reframing* beeinflußt, ohne daß die Spuren konkret nachzuzeichnen sind: 1. *Stuart A. Kauffman: At Home in the Universe.* Oxford University Press, Oxford 1995, 2. *Michael F. Barnsley: Fractals Everywhere.* Academic Press, San Diego, California 1988, 3. *John Briggs, F. David Peat: Turbulent Mirror – An Illsutrated Guide to Chaos Theory & the Science of Wholeness.* Harper & Row, New York 1990 und 4. *John Holland: Hidden Order – How Adaptation Builds Complexity.* Addison-Wesley, Reading, Massachusetts 1995.

10. Visionen sind stärker als Dynamit

STEPHEN W. HAWKING: A Brief History of Time. Bantam Press, London 1990; deutsche Fassung: Eine kurze Geschichte der Zeit. Rowohlt, Reinbek 1991.

Zeit entsteht durch die Ausdehnung des Raumes seit dem Urknall. Wenn die gesamte Masse des Universums eine bestimmte, bisher noch nicht nachgewiesene, Menge überschreitet, wird das Universum nach einer langen Zeit der Ausdehnung kollabieren und die Zeitachse in die Gegenrichtung laufen. Das bedeutet nicht, daß Spiegeleier sich wieder in rohe Eier verwandeln, aber, daß die zunehmende Komplexität, die Garant und Bedingung für Entwicklung ist und Leben hervorbringt, sich in einfache Strukturen auflöst. Der wohl bekannteste moderne Physiker behandelt allgemein verständlich die physikalische Dimension Zeit.

Vergangenheit haben wir immer irgendwie bewältigt und können sie „ablegen". Zukunft beschert uns eine höhere Komplexität. Leben ist eine Wanderung auf dem Grat zwischen Vergangenheit und Zukunft, den wir Gegenwart nennen; sowie auf dem Grat zwischen Ordnung und Chaos, den wir Entwicklung nennen. Dieser Grundgedanke von *Business Reframing* ist von Hawking angeregt.

> ALAN VAUGHAN: Incredible Coincidence – The Baffling World of Synchronicity. J. B. Lippincott C., New York 1979 und CARL GUSTAV JUNG: Synchronizität als ein Prinzip. In: C. G. Jung: Synchronizität, Akausalität und Okkultismus. Deutscher Taschenbuch Verlag, München 1990.

Während in der Psychologie Freuds das Lustprinzip im Mittelpunkt steht, ist es bei Adler der Machthunger und bei Jung das Konzept von der immer neuen Wiedergeburt der Seele. Haben sich die psychologischen Schulen ihre Meister nach den Namen ausgesucht, die zugleich ihrem Programm als Schlagzeile dienen könnten? Zu einer Zeit, wo die Kausalität absolute Gültigkeit gehabt hat, unterstellt *Arthur Schopenhauer* in seiner Abhandlung *Transcendente Spekulation über die anscheinende Absichtlichkeit im Schicksale des Einzelnen* solche Wirkungen, die auf der Grenze der Welt der Erscheinung liegen und durch die Einheit ihres Hintergrunds die Gleichzeitigkeit und Verwandtschaft kausal unverbundener Ereignisse hervorrufen. Jung leitet daraus sein Prinzip der „Synchronizität" ab, das einen Sinn voraussetzt, der außerhalb des Menschen vorhanden ist und die Koordination der psychischen und physischen Vorgänge nicht als kausale Relation versteht, sondern als synchronistisches Phänomen. Er zeigt, daß sich dieses Prinzip der Überprüfung durch das Experiment entzieht, weil im Experiment nicht zugehörige Einflüsse ausgeschaltet sind, die Natur also sterilisiert wird und nicht aus der unbeschränkten Ganzheit schöpfen kann, um diejenigen Synchronizitäten zu bilden, die sie bilden möchte. Die Wissenschaft ist eine Angelegenheit des Intellekts, der nur eine unter mehreren fundamentalen psychischen Funktionen ist.

Vielleicht behindern Kafkas „Türhüter" das Wirken unerwünschter Kausalitäten, und vielleicht ist dies der Grund für das erstaunliche Ergebnis eines Forschungsprojekts theoretischer Ökonomen aus Stanford, Modena und Bocconi im Jahre 1995. *David Lane, Franco Malerba, Robert Maxfield, and Luigi Orsenigo: Choice and Action. Santa Fe Institute Research Paper 95-01-004*:

> „Just doing seems clearly superior to rational choice."
> (Spontanes Handeln führt zu deutlich besseren Ergebnissen als rationales Abwägen.)

Der Autor

Wolfgang Berger, am 4. November 1941 in Kassel geboren, jetzt wohnhaft in Karlsruhe, studierte Wirtschafts- und Sozialwissenschaften in Deutschland, Frankreich und den USA. Er promovierte in Berlin mit einem Beitrag zur Bildungsforschung zum Dr. phil. und mit einem Beitrag zur Volkswirtschaftslehre zum Dr. rer. pol. 20 Jahre lang arbeitete er in Europa, Amerika, Afrika und Asien. Er war Manager im Maschinenbau, in der Chemie und in der Informationstechnik; hatte die Verantwortung für Investitionen, für Personal und für Vertrieb; war Mitglied im Vorstand und im Aufsichtsrat von Aktiengesellschaften.

Er ist nun gefragter Managementberater und seit 1988 Professor für Betriebswirtschaftslehre an der Fachhochschule Pforzheim im Südwesten Deutschlands, seit 1995 Adjunct Professor (Gastprofessor) für Internationales Management an der California State University Hayward, USA.

„Aber", so sagt er, „da innerhalb von zwei Jahren jedes Atom in meinem Körper ausgetauscht wird, ist von dem, der ich einmal war, nichts mehr übrig. Meinen Weg zu *Business Reframing* habe ich mit der Erfahrung von Jahrzehnten gepflastert. Mit diesem Buch haben Sie eine Bewußtseinsneutronenbombe in der Hand. Damit können Sie die Pflastersteine weglassen."

Weitere Management-Top-Titel

Don Tapscott
Die digitale Revolution
Verheißungen einer vernetzten Welt – Die Folgen für
Wirtschaft, Management und Gesellschaft
1996, 368 Seiten, 68,– DM

„Cyber-Guru" Don Tapscott nimmt in diesem pragmatischen Führer
durch die digitale Welt der Zukunft die Chancen, aber auch die
Risiken unter die Lupe. Im Zentrum steht die entscheidende Frage:
Was bedeutet die neue Technologie für uns
und unsere Unternehmen?

Robert Salmon
Alle Wege führen zum Menschen
Strategien für eine humane Zukunft
1996, 324 Seiten, 78,– DM

Die Reflexionen des Topmanagers und Zukunftsberaters Robert
Salmon über die Entwicklung der modernen Gesellschaft machen
deutlich: Nur wenn es Unternehmen gelingt, den Menschen ins
Zentrum ihres Tuns zu stellen, werden sie langfristig Erfolg haben.

Charles Handy
Ohne Gewähr
Abschied von der Sicherheit – Mit dem Risiko leben lernen
1996, 224 Seiten, 68,– DM

Laut Management-Guru Charles Handy ist Ungewißheit die einzige
Gewißheit in Zeiten unaufhaltsamen Wandels. Unsere einzige
Chance besteht darin, neu zu denken, ständig zu lernen und mutig
zu experimentieren. Eine faszinierende Reise durch die Welt
des Wandels.

Stand der Angaben und Preise: 1.8.1996
Änderungen vorbehalten.

GABLER

BETRIEBSWIRTSCHAFTLICHER VERLAG DR. TH. GABLER GMBH, ABRAHAM-LINCOLN-STR. 46, 65189 WIESBADEN